날씨는 맑으나 波高는 높다

최장수 서울특파원이 들여다 본
韓日 현대사의 뒤안길

일러두기

- 본문의 외래어 표기는 국립 국어연구원의 표기법에 따랐다.
- 한국과 일본의 인명과 지명을 비롯한 고유명사는 원칙적으로 처음 나올 때에 한해 한자(漢字)를 병기했다.
- 일본의 정기 간행물은 원칙적으로 현지 발음을 사용했다.
- 본문의 한국(인), 조선(인) 등의 표기는 기본적으로 원서 그대로 유지했다.
- 옮긴이의 주석(注釋)은 따로 표시했다.

날씨는 맑으나 波高는 높다

최장수 서울특파원이 들여다 본
韓日 현대사의 뒤안길

구로다 가쓰히로(黑田勝弘) 지음

조양욱 옮김

조갑제닷컴

차 례

05_ 일본은 한국에 예(禮)를 다했는가?

히로시마와 한국의 기연(奇緣)

06_ 이조잔영(李朝殘影)

한국의 흙이 된 일본 황녀(皇女)

07_옛 총독부 청사는 왜 해체되었는가?

'아리랑'과 '감격시대'가 말해주는 것

08_일본인이 되고자 했던 한국인

한운사(韓雲史)와 가지야마 도시유키(梶山季之)

15_김일성을 이긴 박정희

일본이 한반도에 남긴 유산

한국 독자 여러분께

내가 한국을 처음 찾은 것은 1971년 여름이었다. 아직 20대 후반의 신출내기 기자 시절이었다. 그 후 한국과의 인연이 반세기가 가까워진다. 그런 가운데 장기 취재나 유학, 상주(常駐) 기자 등으로 35년을 한국에서 살았다. 그동안 일본인으로서 종내 신경 쓰였던 것이 이 땅에 대한 '일본의 발자취'였다.

이 책은 일본인 기자로서 바로 그 '일본의 발자취'를 추적한 체험적 한일 역사 이야기이다. 또한 나로서는 한국에서의 기나긴 기자생활을 정리한 중간 보고서이기도 하다.

한국, 한반도는 근대 이래 일본이 가장 영향을 끼친 외국이다. 그리고 일본 역시 이제까지 한반도 정세에 커다란 영향을 받아 왔다.

한국에서는 해방 전의 역사에 관해 '일제시대', 나아가 최근에는 '일제 강점기'라고 부르며 전체 부정(否定)의 대상으로 삼는다. 그 결과가 일본에 대한 '사죄와 반성' '올바른 역사인식'의 끝없는 요구이다. 하지만 반세기

가까이 한국에서 지내는 과정에서 알게 된 사실은, 그 같은 역사관(歷史觀)만으로는 진실한 역사를 이야기할 수 없다는 점이었다.

　한국이 일본에 요구해 마지않는, 한국의 주장을 절대적으로 치는 '올바른 역사인식'으로는 역사의 참된 모습을 결코 알 수 없는 것이다. 게다가 일본 또한 한반도 정세의 '피해자'였다는 역사가 존재한다는 사실을 안다면, 점점 더 한일 관계사가 그리 간단하고 단순하지 않다는 점을 이해하게 된다.

　이 책은 근대 이후 현재에 이르는 한일 역사에 관해 일본인으로서 '납득이 가는 점'을, 개인사적 관점을 섞어가면서 파헤친 '체험적 한일 관계사'이다.

　'한일의 역사' 혹은 '한일 상호이해'를 말하려면, 거기에는 당연히 일본인의 시각(視角)이 없으면 안 된다. '일본의 발자취'를 찾으려면 한국인의 견해뿐만 아니라 일본인의 견해가 필수이며, 그것을 합침으로써 비로소 역사의 진실이 밝혀진다고 믿는다.

1971년의 첫 한국여행은 친구와 여름휴가를 이용한 관광여행이었다. 친구는 어린 시절 해방 전의 서울에서 산 적이 있었다. 그래서 그로서는 "우선 옛날 살던 집을 찾아가 보고 싶다"는 것이 한국여행의 첫 번째 목적이었다.

서울 도착 이튿날, 상도동에 있던 옛집을 찾아갔더니 집은 그대로 남아 있었다. 문을 두드리자 주부인 듯한 한국여성이 나왔다. "집안을 둘러보고 싶다"고 하자 웃음 띤 얼굴로 친절하게 우리를 맞아주었다. 친구는 한국인의 친절에 감동하고, '예전의 우리 집'과의 재회에 감개무량한 표정이었다.

우리로서는 그것이 첫 해외여행이었다. 우리는 도쿄(東京)에서 재일 한국인 노인으로부터 취미로 한국어를 배우고 있었다. 그 집의 주부와는 한국어 단어를 늘어놓는 것 같은 식의 대화로 의사소통을 했다.

다음날, 이번에는 내가 가고 싶었던 수원(水原)으로 발걸음을 옮겼다. 그곳은 역사적으로 3·1 독립운동 당시의 '제암리(堤岩里) 사건'으로 알려진 현장이었다. 일본 관헌(官憲)이 주민들을 교회 안으로 몰아넣고 불을 질러 학살했다는 사건이었다. 이와 관련하여 1970년대 초, 일본의 기독교 관계자들 사이에서 교회 재건을 지원하려는 움직임이 일어났다. 나는 그것을 취재하여 기사를 쓴 적이 있었다. 그 이래 '제암리'라는 지명이 늘 마음속에 걸려 있었다.

현장은 한갓진 농촌으로, 길가에 조그만 표지가 있었다. 교회가 있던 자리에는 간단한 가건물이 보였다. 그러나 주변에는 민가(民家)가 없고, 오가는 사람도 전혀 눈에 띄지 않았다. 조용한 가운데 여름의 햇살이 따가웠던 기억이 난다. 지금도 뇌리에 남아 있는 감회 깊은 풍경이다.

나도 일본의 여러 선배 '코리아 워처(Korea Watcher)'들과 마찬가지로 역사와 연관된 '사죄와 반성', 즉 '속죄의식(贖罪意識)'에서 한국에 다가서기 시작했다. 한일의 역사를 말할 때, 일본인으로서 '사죄와 반성'이라는 역사적 속죄의식은 필요하다고 생각한다. 그렇지만 그것만으로는 역사의 진실이 보이지 않는다는 사실을 나중에 알게 되었다. 그 결과가 이 책이다.

최근 일본에서는 한국에 대한 감정이 좋지 않다. '반한(反韓)'이니 '혐한(嫌韓)'이니 하는 말까지 등장할 정도다. 원인은 한일 간의 과거사를 둘러싸고 한국에서 집요하게 거론하는 일본 비난 때문이다. 위안부 문제가 하나의 상징인데, 그 결과 일본에서는 한국에 대한 '피로감'이 번져가고 있다.

일본 국민 사이에서는 "한국은 이제 그만!"이라며 한국을 멀리하려는 분위기가 생겨났다. 텔레비전 토론에서도 "한국과는 접촉하지 않는 게 낫다"는, 국교 단절론과 같은 극단적인 주장마저 등장하기에 이르렀다.

이 책은 최근 일본사회에서 생겨난 그 같은 부정적인 대한(對韓) 감정을 염두에 두고, 떨어지고 싶어도 영원히 떨어질 수 없는 '이웃나라와의 관계'를 어떻게 생각하고, 어떤 식으로 재정립해야 하는가를 짚어본 것이기도 하다.

역사를 되돌아보면, 한국(한반도)은 일본으로서 결코 무시할 수 없는 존재임이 분명하다. 그러나 한편으로는 관여(關與)의 방법에 따라, 한국으로서도 그랬지만 일본으로서도 피해와 고난이 동반된 위험한 존재이기도 했다. 이런 위험은 21세기의 지금, 현 시점에서도 북한의 핵·미사일 문제와 결부지어 말할 수 있다.

일본은 북한을 포함한 한반도의 남북문제, 혹은 통일문제에 어떻게 관여해야 하는가? 역사적 경험에서 하나의 가설적(假說的) 결론을 말한다면, '깊숙한 개입은 금물(禁物)'이다. 그런 의미에서 '이웃나라에의 발자취'를 검증하는 것은, 현재로 이어지는 교훈을 얻기 위한 중요한 작업이다.

이 책은 원래 〈이웃나라에의 발자취〉란 제목으로 일본 독자들을 위해 쓴 것이다. 하지만 복잡한 한일 관계사를 다각적이고 올바르게 이해하고 싶어 하는 한국 독자들에게도, 아주 자극적이고 참고가 될 만하다고 여긴다.

그리고 무엇보다 해방 후, 그리고 한일 국교정상화(1965년) 후, 한국에서 가장 오랫동안 기자 활동을 계속해온 외국인 기자이자 일본인 기자인 나의 '역사 인식'을 알 좋은 기회가 되리라. 비판을 포함하여 독자 여러분의 의견을 기대하고자 한다.

이 책을 번역해준 조양욱(曺良旭) 씨는 1980년대로부터의 지인이다. 저널리스트 출신으로 도쿄특파원도 경험했고, 여러 일본 관련 저서를 펴낸 한국 언론계 유수의 지일파이다. 1983년에 그가 번역하여 출판한 한국에서의 내 첫 저서 〈한국인 당신은 누구인가〉는 당시 베스트셀러가 되었다. 이번에도 많은 독자들이 이 책을 읽어주시면 고맙겠다.

책을 출판해준 조갑제(趙甲濟) 씨 역시 1980년대로부터의 지인이며, 내가 한국에서 가장 존경하는 언론인이다. '기자'로서의 공감대(共感帶)에서 이번에 번역 출판을 결정해주셨다고 들었다. 진심으로 감사드린다.

2017년 늦가을, 서울에서
구로다 가쓰히로(黑田勝弘)

01

망국(亡國)의 미스터리

:

수수께끼의 황제 위임장

'잡상인'도
정보원(情報源)이다

신문사 해외지국은 어디나 마찬가지지만, 찾아오는 사람들이 많다. 모르는 사람이 느닷없이 들이닥치기도 한다. 일본인뿐 아니라 그 나라 사람들도 온다. 서울의 경우, 이웃나라라는 가벼운 기분에다 한국과 일본의 길고 깊은 '인연'으로 인해 한국인 방문객이 많다.

소위 기사(記事)를 팔려거나 기사거리를 제공하는 경우를 별도로 치고, 물건을 팔러오는 사람도 꽤 있다. 최근에 와서는 한국사회의 변화라고 할까, 나름대로 풍족해진 덕인지 행상(行商)은 줄어들었다. 하지만 예전에는 시골에서 올라왔다면서 농산물이나 약초를 팔러오는 사람들이 꽤 있었다. 예를 들자면 약용과 식용 겸용의 고려인삼은 그들의 단골 품목에 속했다.

엄격하게 금지된 포르노 잡지마저 '미군 부대'에서 흘러나왔다느니 어쩌니 하면서 들고 오는 이들이 흔했다.

외국인 기자의 경우, 그 같은 아저씨나 아주머니 잡상인들과 나누는 대화가 재미있어서 결국에는 아무 필요 없는 물건까지 사고 만다. 그들은 당연히 빌딩 내의 다른 사무실도 기웃거린다.

어느 날 아침, 내가 사무실로 출근하자 서울지국 도어에 '잡상인 출입금지'라고 쓴 종이가 붙어 있었다. 지국에서 근무하는 한국인 스태프가 그들을 응대하기 성가시니까 아예 들어오지 못하게 막으려고 했던 것이다.

하지만 잡상인은 흥미롭다. 떠돌이 장사꾼에 대한 그릇된 인식이 '잡상'이라는 표현에 담겨 있으나, 나로서는 잡상인 역시 분명히 정보원의 하나다. 시골 사투리, 시골의 풍정(風情)을 비롯하여 세상살이를 엿볼 수 있기 때문이다. 특히 외국인 기자로서는 가만히 앉은 채로 굴러 들어오는 '정보'를 얻는 것이나 마찬가지니까 절대로 그들을 막아서는 안 된다.

파는 물건 중에는 이른바 골동품 종류가 적지 않다. 그렇지만 골동품에 대한 안목이 없으니 상대하기가 벅차다. 그래도 "일제시대 물건인데요…"라면서 들고 오면 역사적인 상상력이 발동하여 끝내 말려들고 만다.

예컨대 "일제시대 조선총독부 직원 식당에서 사용하던 식기입니다"며 그럴싸한 마크가 새겨진 낡은 접시 따위는 너무 비싸게 부르는 바람에 구입하지는 않았으나 무척 흥미로웠다.

그런 가운데 평소 알고 지내던 한국인이 가져온 '글씨'가 있었다. 그것은 1989년에 87세로 돌아가신 이방자(李方子) 비(妃)가 쓴 것이라고 했다.

이방자 비는 제2차 세계대전 전에 일본의 황족(皇族) 신분으로 한국의 왕실로 시집을 온 분으로, 한국의 마지막 황태자였던 영친왕(英親王) 이은(李垠) 전하와 결혼했다. 일본의 한국 통치라는 국책(國策)에 얽혀서, 당시의 표현을 빌리자면 '일선융화(日鮮融和)'를 위한 이른바 '정략결혼'이었다. 그 바람에 파란만장, 우여곡절의 인생을 살게 되었다. 이방자 비는 1970년에 이은 전하가 돌아가신 다음에도 한국에서 여생을 보냈다.

그 액자에 담긴 글씨는 '무량수(無量壽)'라고 적혀 있었다. 이방자 비는

만년(晚年)에 서울에서 장애인을 위한 복지사업을 하셨다. 이 복지사업을
유지하느라 독지가들에게 종종 글씨를 써서 선물했다. 나도 돌아가시기
전에 몇 번 뵌 적이 있으므로, 그 사람이 들고 온 이방자 비의 서예작품
에는 오랜만에 회가 동했다. 값도 그리 비싸지 않았던지라 선선히 지갑을
열었다.

'무량수'란 불교용어로, '한없는 목숨' 쯤의 의미이리라. 마음마저 편안
해지는 부드러운 서체여서 지금도 내 방의 벽에 걸어두고 있다.

그로부터 얼마 지난 뒤 바로 그 한국인이 또 다른 것을 들고 찾아왔다.
"친구가 갑자기 돈이 필요해져서 그러니 도와주는 셈치고 사주면 고맙겠
다"고 했다. 값을 물어보니 상당히 비쌌다. 어떤 역사적인 문서로, 액자에
들어 있었다. 내가 별 흥미를 보이지 않자 그가 덧붙이기를 "소장하고 있
는 다른 물건을 덤으로 줄 수도 있는데 어떤가?"고 했다.

다른 물건이라는 것은 고(故) 박정희(朴正熙) 대통령이나 김종필(金鍾
必) 씨 등 유명한 정치가가 쓴 휘호였다. 그러면서 그 사람이 보여준 휘호
는 모두 복제품이었다. 그런 따위는 아무런 가치도 없었다. 그러나 무슨
수를 쓰던 팔겠다는 그의 열정과, '어려운 사람을 돕는다'는 명분에 끌려
마침내 구입하기에 이르렀다. 정말 상당한 값을 치렀다. 지금으로부터 4반
세기 전인 1990년대의 이야기이다.

나는 원래 골동품에 그다지 취미가 없었다. 그런지라 도자기 종류는 그
동안 몇 번이나 들고 와도 눈길조차 주지 않았다.

그러나 역사적인 문서라니까 상상력을 자극하여 꽤 신경이 쓰였다. 더군
다나 이 역사적인 문서라는 것이 진품인지 가짜인지를 떠나, 아주 미묘한
것이어서 더욱 흥미를 유발했다. 진품이라면 엄청난 물건이었다. 그런 것을
지니고 있다가는 경우에 따라 범죄가 될지도 몰랐다. 가짜라고 하더라도 그
런 것을 위조하는 행위는 범죄에 가까웠다. 내 상상은 점점 부풀어 올랐다.

굴러 들어온
황제의 위임장

이 역사적인 문서라는 것은 한국합병(1910년) 직전인 1907년에 일어난 '헤이그 밀사 사건'과 연관된 것이었다. 당시의 한국 황제 고종(高宗)이 일본을 규탄하느라 네덜란드 헤이그에서 개최된 제2회 만국평화회의에 파견하는 밀사들에게 준 '황제의 위임장'이라는 것이었다. 황제의 어새(御璽)도 분명히 찍혀 있었다.

다시 말해 조선왕조 말기의 대한제국 황제가, 이 밀사들은 자신이 임명하여 파견하는 정식 사절이라는 사실을 증명한 문서인 것이다. 크기는 가로 세로 30센티미터 가량의 거의 정사각형으로, 종이는 누렇게 변했다. 붓으로 쓴 것 같은 본문이나 황제의 사인은 선명했지만, '황제 어새(皇帝御璽)'의 붉은 인주는 색이 바랬다. 영락없이 고문서의 분위기를 자아냈다.

나중에 소개하겠지만, 이 밀사들은 황제가 정식으로 파견한 이들인지 아닌지, 가짜라고 주장하는 일본 대표의 항의로 인해 만국평화회의에서 한바탕 소동이 벌어진다. 그러나 어쨌든 100년도 더 전의 역사적 사건에

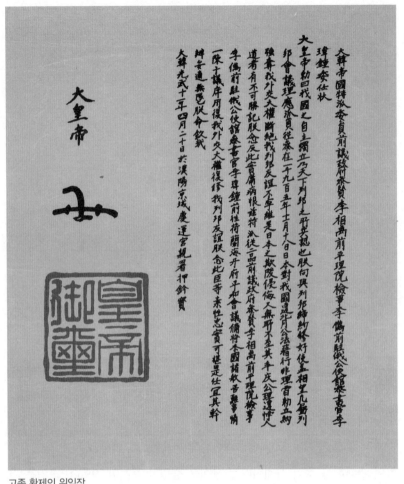

고종 황제의 위임장.

서 초점이 된 '황제의 위임장'인 것이다.

　묘한 물건을 구입한 셈이었다. 판 사람의 주장대로 이것이 진품이라면 대단히 귀중한 역사적인 자료가 된다. 한국에서는 오래된 도자기 등을 포함하여 문화재를 허가 없이 매매하거나 해외로 반출하는 것을 법률로 엄격하게 금지하고 있다.

이처럼 귀중한 역사적인 문서가 진품이라고 한다면, 문화재 그 자체이므로 일본으로 가져갈 수도 없다. 게다가 '헤이그 밀사 사건'이라는, 일본과 얽힌 민족적인 '애국 사실(史實)'과 연관된 자료인지라 일본인이 소지하고 있는 것 자체가 수상쩍게 여겨질지 모른다.

어쨌거나 진품인지 아닌지 확인해볼 필요는 있었다.

한국에는 '헤이그 밀사 사건'으로 파견된 밀사 3명 가운데 주인공인 이준(李儁)을 현창(顯彰)하는 '이준열사기념사업회'라는 단체가 있다. 여기로 전화를 걸어 "황제의 위임장을 갖고 있다"고는 밝히지 않고, 은근슬쩍 물어보았더니 "어디에도 원본은 없고, 사진으로 복사한 것이 있었지 싶다"는 대답이 돌아왔다.

나아가 일본 지배 시절의 항일 독립운동에 관한 자료를 대대적으로 모아서 전시하고 있는 독립기념관에 문의해본 결과, 역시 원본은 없다는 것이었다. 학자나 연구자들에게 물어보아도 원본은 본 적이 없다고 했다. 밀사들에게 주어진 황제의 위임장이 만국평화회의 뒤 과연 다시 한국으로 돌아왔는지 아닌지도 확인되지 않는다는 것이다.

그렇다면 진품일 가능성이 있다. 위임장에도 적혀 있듯이 밀사는 3명이었지만, 위임장은 한 장뿐이었을까? 그게 아니면 한 사람이 한 장씩, 3장이 있었던 것일까? 혹은 황제가 만든 것은 원본뿐이고, 여벌은 만들지 않았을까 등등 꼬리를 물고 의문이 솟구쳤다.

그렇지만 만약 진품일 경우 역시 외국인, 특히 일본인이 지니고 있다고 한다면 예사롭지 않게 된다. 그 사실이 한국인들에게 알려지면 여간 낭패가 아니다. 구입할 당시에는 이런 저런 상상으로 흐뭇해하거나 마음을 쓰곤 했다. 그래서 우선 전문가의 의견도 들어보았지만 진위는 확실치 않았다. 그럭저럭 하는 사이에 일에 쫓겨 사무실 책상 서랍에 넣어둔 채 잊어

버리고 말았다.

그런데 20세기가 끝나기 몇 해 전, 〈산케이신문(産經新聞)〉에서 20세기의 역사를 돌아보는 대형 기획연재가 시작되었다. '20세기 특파원'이라는 타이틀로, 각국에 파견된 기자가 저마다 생각대로 역사를 회고하는 연재 기사를 썼다. 나에게도 순서가 돌아왔는데, 그때 잊고 있었던 '황제의 위임장'이 번쩍 떠올랐다. 다시 한 번 진위를 따져볼 기분이 들었던 것이다.

그와 동시에 20세기 초, 한국과 일본을 뒤흔든 '헤이그 밀사사건'이 무엇이었던가? 밀사 세 사람 가운데 이준은 헤이그에서 '분사(憤死)'했다는데, 왜 그랬을까? 그러고 보면 예전에 북한에 납치되어 화제가 된 한국의 영화감독 신상옥(申相玉) 씨가 북한에서 제작한 영화에 〈돌아오지 않는 밀사〉라는 작품이 있었다는 사실도 떠올랐다. 그것은 '헤이그 밀사사건'을 드라마틱하게 그린 작품이었다. '20세기 특파원'의 기획기사는 '헤이그 밀사사건'으로 시작되었다.

청일전쟁은
'조선전쟁'이었다

그런데 예전에 타이완(臺灣)으로 여행을 갔을 때, 타이베이(臺北)의 호텔 방에 있던 영어, 중국어, 일본어로 된 가이드북을 본 적이 있었다. 거기에는 타이완의 역사를 소개한 부분에 이렇게 적혀 있었다.

"1894년에는 조선전쟁이 발발했다. 1895년 시모노세키(下關)조약으로 청국은 타이완과 펑후(澎湖)를 일본에 할양하는 데 동의했다. 중국에 속해 있던 조선도 독립을 선언하고, 그 후 일본의 영토로 편입되었다."

여기서 말하는 '조선전쟁'은 제2차 세계대전 후인 1950년에 한반도의 남북 사이에서 일어난 전쟁이 아니었다. 일순 고개가 갸웃거려졌지만, 그것은 19세기의 일이었으므로 청일전쟁(1894~95년)을 가리켰다. 타이완에서는 그것을 '조선전쟁'이라고 부르고 있었던 것이다.

과연 그랬다. 청일전쟁은 한반도에 대한 지배권을 에워싸고 일본과 청국이 주로 한반도에서 싸웠으니 '조선전쟁'이라고 해도 무방한 셈이었다. 그 전쟁이 중국 혹은 타이완에 그런 식으로 비친다는 사실이 흥미로웠다.

청일전쟁은 19세기 말이었으나, 20세기에 들어와 일어난 러일전쟁(1904~05년) 역시 실은 한반도의 지배권을 둘러싼 일본과 러시아의 전쟁이었다. 전쟁터는 오히려 한반도 이외로 넓혀졌지만, 이 '한반도에서의 러일전쟁'에 관해서는 나중에 상세하게 다루기로 한다.

러일전쟁에서 고전(苦戰)하면서도 러시아에 이긴 일본은 한반도에 대한 지배를 강화했다. 그 상징이 러일 강화조약인 포츠담조약의 2개월 뒤, 일본과 한국 사이에서 1905년 11월에 맺어진 보호조약이다.

정식으로는 '제2차 한일협약'이라고 하며, 한국에서는 그 해의 간지(干支)에서 따 '을사조약'이라고 한다. 이로써 일본은 한국의 외교권을 장악하여 한국을 일본의 보호국으로 만들고 만다. 한국합병 5년 전이었고, 이로써 한국은 실질적으로 일본의 지배 아래 들어갔다.

당시는 약육강식의 제국주의 시대였으므로 열강에 의한 영토 나눠먹기가 행해지고 있었다. 일본이 한국을 보호국으로 하여 외교권을 빼앗아도 라이벌인 러시아는 일본과의 전쟁에서 패했던지라 어쩔 도리가 없었다. 영국은 영일동맹으로 아무런 간섭을 하지 않았고, 미국은 같은 해 7월에 맺은 가쓰라(桂)·태프트 비밀협정으로 일본의 한국 지배를 묵인했다.

가쓰라·태프트 협정이라는 것은 미국의 태프트 육군장관이 필리핀을 방문하는 도중 일본에 들러, 가쓰라 타로(桂太郞) 수상과의 사이에 주고받은 비밀각서를 가리킨다. 일본이 필리핀에 대한 미국의 지배를 인정하는 대신, 미국도 한국에 대한 일본의 지배를 인정한다는 것이었다.

당시 미국은 필리핀을 지배하기에 앞서 1898년에 하와이 왕국을 무력으로 합병하여 오늘에 이른다. 이것은 청일전쟁 직후였는데, 그 같은 당시의 국제정세 속에서 일본 또한 '러시아의 위협'을 배경으로 한반도에 대한 지배에 나섰던 것이다.

여담이지만 미국의 하와이 합병과 관련해서 재미있는 이야기가 있다.

주지하다시피 한국은 거의 같은 무렵의 일본에 의한 한국 지배의 역사에 대해 지금도 여전히 '사죄와 반성'을 집요하게 요구하는 등 비난을 거듭하고 있다. 하지만 미국에 의한 하와이 합병·지배에 관해서는 실로 관용적이라고 할 수 있다.

일본과 한국 사이에는 독도(獨島), 일본 명 다케시마(竹島)를 둘러싼 영토분쟁이 있다. 그로 인해 한국에서는 독도가 반일과 애국의 심벌이어서 화제가 여기에 이르면 한국 여론은 어김없이 뜨거워져 일본 규탄으로 달아오른다. 그런 애국 여론의 형성에 한몫 거든 것이 '독도는 우리 땅'이라는 대중가요이다. 한국인 가운데에는 모르는 사람이 없다.

노래에는 '독도는 우리 땅'이라는 문구가 들어 있어 그것이 되풀이 된다. 가사 중에는 그걸 주장하느라 다른 나라의 예를 끌어들이는데, 놀랍게도 그게 바로 "하와이는 미국 땅, 독도는 우리 땅!"으로 되어 있는 것이다.

한국은 일본의 독도 영유권 주장이 일본의 한국 지배의 일환이라는 입장에서 비난해왔다. 그런데 일본의 한국 지배는 비난, 규탄하면서 미국의 하와이 지배는 당당하게 지지하고 칭송(?)하고 있는 셈이다. 영토 문제의 '애국 열풍'에서는 이 같은 모순이나 일종의 아전인수도 전혀 개의치 않게 되는 모양이다.

헤이그 만국평화회의에서
일본을 규탄

이야기를 20세기 초로 돌려보자.

아무리 약육강식의 시절이라고 하더라도 먹히는 쪽이 잠자코 조용히 물러날 리는 없다. 한국은 당연히 이런 보호국화에 맹렬하게 반발했다.

특히 고종 황제는 "나는 협약을 인정하지 않는다. 그래서 서명하지 않았다. 협약은 무효다"고 말하면서, 일본의 횡포를 국제사회에 호소하도록 비밀리에 움직였다. 1907년의 '헤이그 밀사사건'은 일본의 삼엄한 감시의 눈초리를 따돌린 고종 황제의 궁여지책이었다.

밀사가 된 세 사람은 이준, 이상설(李相卨), 이위종(李瑋鍾). 이준이 일본 당국의 눈길을 피하여 몰래 황제로부터 위임장을 받은 뒤, 부산에서 배편으로 블라디보스토크로 건너간 것으로 되어 있다.

거기서 이상설과 합류하여 다시 시베리아철도로 러시아의 수도 상트페테르부르크로 갔다. 여기서 러시아 주재 공사관원이며 외국어에 능통한 이위종을 만나, 세 사람이 제2회 만국평화회의가 열리는 네덜란드 수도 헤이그로 들어갔다.

　일행은 상트페테르부르크에서는 러시아 황제 니콜라이 2세를 만나 러시아의 지원을 요청하는 한국 황제 고종의 친서를 전달했다. 러시아 황제를 만났으니까 당연히 그 자리에서는 고종으로부터의 위임장이 통했을 게 틀림없다.

　만국평화회의라는 것은 군축(軍縮)을 목적으로 한 니콜라이 2세의 제창으로 1899년 제1회 회의가 개최되었다. 2회째는 러일전쟁이 끝나고 2년이 지났으나, 한국 황제는 여전히 한국에 대한 지배를 강화하는 일본의 힘을 견제하기 위해 러시아의 힘을 빌리려고 했던 것이다.

　그러나 만국평화회의는 세 밀사를 정식 대표로 인정하지 않았다. 당연히 일본의 강력한 저지가 있었기 때문이다. 그로 인해 세 밀사는 장외에서의 유인물 살포와 기자회견, 연설회 등을 통해 한일보호조약의 무효와 불법을 국제여론에 호소했다.

　이 언저리의 장면이 신상옥 감독이 북한에서 제작한 영화 〈돌아오지 않는 밀사〉에 그려져 있다. 정식 대표로서 회의에서의 발언을 인정하라면서 각국 대표들에게 요청하는 밀사들에게, 일본 대표인 쓰즈키 게이로쿠(都筑馨六)는 "저들은 가짜 사절단이다. 진짜로 황제가 파견한 사람인지 아닌지를 본국에 문의해보는 게 어떤가?"고 말한다.

　며칠 뒤 한국 황제로부터 회답 전보가 왔다. 그 내용은 "1905년 조약은 쌍방의 완전한 합의에 의해 원만하게 체결된 것이다. 나는 귀(貴) 회의에 그 어떤 대표나 사절도 보낸 적이 없으며, 누구에게도 위임장을 준 사실이 없다"는 것이었다.

　일본 측의 주장대로라면 밀사들이 지니고 온 황제 고종의 서명과 어새가 찍힌 위임장도 가짜라는 셈이었다. 회의장은 소란스러워졌고, 일본 대표와는 대조적으로 밀사들은 멍한 표정으로 서 있기만 했다. 각국 대표들은 밀사들을 향하여 '사기꾼!' '꺼지라고!'라며 욕설을 퍼부었다.

어디까지나 영화에서의 한 장면이지만, 이준은 분노에 떨면서 "아니야, 아니라고! 황제는 일본에 의해 연금되어 있다. 그 답장은 통감인 이토 히로부미(伊藤博文)가 보낸 것이다!"고 고함을 질렀다. 그리고 "우리가 어떤 식으로 일본에 저항하는지 보여주겠다!"고 외침과 동시에 숨기고 있던 단도를 꺼내 배를 갈라 자결한다. 이것이 영화에 의한 '헤이그 밀사사건'의 전말이다.

현재로는 밀사들의 주장이 옳았다는 것이 한국의 역사 인식에서 정설이 되어 있다. 헤이그의 만국평화회의에 보낸 한국 황제의 회답은 당시 한국 통감으로 서울에서 한국 조정에 대한 영향력을 행사하던 이토 히로부미 등 일본 측이 황제에게 압력을 가한 결과라는 것이다.

다만 이준의 회의장에서의 자결은 사실과 다르다. 지금은 호텔에서의 병사(病死)가 정설이 되어 있다. 하지만 애국지사가 병사했다면 모양이 좋지 않으니까 영화에서는 드라마틱하게 현장에서의 자결로 처리한 것이다. 한국에서는 '분사(憤死)'라고 표현하는데, 한국인의 역사관으로는 '(실제로) 있었던' 사실보다 '(당연히) 있었어야만' 한 것이 더 중요하므로 자결설을 믿는 국민이 많다.

황제 위임장의
진위를 밝힌다

그렇다면 그로부터 100년 이상의 세월이 흐른 지금, 내 수중에 있는 문제의 '황제 위임장'의 진위는 어떻게 된 것일까? 밀사들이 헤이그로 지니고 갔던 바로 그 위임장인 것일까?

고궁 경복궁 앞의 대로를 사이에 둔 골목 뒤쪽에 일본대사관이 있고, 그 옆에는 예전에 한국일보사가 있었다. 한국일보사가 있던 자리에 지금은 유리로 된 현대식의 고층 비즈니스빌딩이 들어서 있다. 또 근처에는 호텔과 미디어빌딩(연합뉴스)도 있다. 일본대사관은 2015년부터 재건축 공사에 들어갔다. 2020년에 완공될 예정이며, 그때까지는 인근 빌딩에 세 들어 있다.

일본에 대한 국가적인 야유라고 할 문제의 위안부상(像)은 여전히 대사관 앞 보도(步道) 위에 설치되어 있어서, 반일 집회의 메카가 되었다. 대사관 건물은 해체되었고, 주변에는 공사용의 높은 칸막이가 쳐져 있으나 위안부상과 집회는 집요하게 이어지고 있다.

이 일본대사관에서 100미터 가량 떨어진 곳에 안국동 로터리가 있으며, 거기가 관광 명소가 된 인사동의 초입이다. 인사동은 예전에는 화랑이나 민예품 가게, 골동품 가게, 표구점, 고서점 등이 늘어서 문화적인 향기가 넘쳤다. 어딘가 점잖은 거리였는데, 최근 들어 관광지로 변하여 젊은이들과 외국인이 넘쳐나 시끌벅적해지고 말았다.

인사동의 좌우 골목에는 '한식(韓食)'으로 불리는 한국 요리점이 어깨를 나란히 했고, 1970년대까지는 한국의 요정 정치의 무대이기도 했다. 나 역시 종종 이곳을 찾곤 했다. 예전의 인사동이 좋았던 것은, 식사를 한 뒤 화랑이나 고서점 등을 기웃거리면서 유유자적 거닐 수 있다는 점이었다. 아, 흘러간 좋은 시절의 서울이여?

현재는 땅값이 치솟아 고서점 따위는 거의 없어지고 말았다. 그러나 그 무렵의 어느 날, 점심식사 후 어느 고서점으로 불쑥 발걸음을 옮겼다가 우연히 〈일성(一醒) 이준 열사, 빛나는 민족의 정화(精華)〉(이선준 지음, 1973년 발간)라는 책이 눈에 띄었다. 1907년 '헤이그 밀사사건' 때 현지에서 '분사'했다는 이준의 전기(傳記)였다.

선 채로 읽으며 페이지를 넘기는데, 권두(卷頭) 사진에 고종 황제가 이준을 비롯한 밀사들에게 준 위임장 카피가 실려 있는 게 아닌가. 사진은 아니었고, 위임장 전문(全文)과 서명, 어새를 원문 그대로 요판(凹版)으로 인쇄한 것이었다.

서둘러 책을 구입하여 돌아와 수중에 있는 원본으로 여겨지는 위임장과 비교해보았다. 영판 같았다. 글자로부터 황제의 서명, 게다가 '황제어새'하는 인장(印章)까지 흡사했다(단지 전기에서는 게재 부분의 스페이스로 인한 것인지 서명과 인장의 위치를 위쪽으로 이동시켜 놓았다).

위임장은 붓으로 쓴 한문으로, 전부 295자이다. 확대경으로 양쪽 글씨를 살펴보았다. 그런데 서체는 똑같았으나 일부 글씨에 미묘한 차이가 났다.

가령 서명의 위쪽에 석 자로 적힌 '대황제(大皇帝)'의 '대(大)'를 비교하자면, 요판 카피 쪽은 왼쪽 윗부분이 오른쪽에 견주어 굵은 데 비해 내가 지닌 쪽은 가늘고 스마트했다. 본문의 글씨에서도 미묘한 차이가 산견(散見)되었다. 그리고 보니 '황제어새'라는 인장도 내가 가지고 있는 쪽이 어딘가 스마트하여, 자획(字劃)의 경사(傾斜) 부분 등에 금방 알아차리지 못한 정도의 차이가 났다.

그렇다면 둘은 서로 다른 셈이었다. 그럼 어느 쪽이 진본인가. 전기에 수록된 요판 카피의 원본은 어디에 있는가?

전기에 수록된 카피는 '헤이그 밀사사건' 뒤 미국 잡지 〈인디펜던트〉 1907년 8월호에 게재된 사진에서 인용했다는 사실이 그 후 확인되었다.

밀사 세 사람 가운데 이상설은 헤이그 만국평화회의가 끝난 다음, 구미 각국을 돌면서 일본에 의한 한국의 외교권 박탈 등 일본의 불법행위를 호소하고 다녔다. 이 이상설의 생애를 추적한 책으로 윤병석(尹炳奭)이 쓴 〈이상설 전(傳)〉(1984년 발간)이 있고, 거기에도 위임장 사진이 실려 있다.

서울대 사학과 출신으로, 항일 독립운동 연구의 원로인 저자 윤병석 전(前) 국사편찬위원회 조사실장을 만나 문의했더니 "이상설이 미국에서의 어필 활동의 일환으로 위임장을 미국에서 소개한 것"이라고 했다.

이 사진을 보자면 앞서 나온 전기의 요판 카피의 원본이 바로 이것이라는 느낌이 든다. 윤병석 박사 역시 "그런 것 같다"고 했다. 그러나 현재 황제 위임장은 미국 잡지에 게재된 사진이 남아 있을 뿐으로, 원본은 어디에도 없다는 것이었다.

그런데 윤 박사의 연구에 의하면, 고종 황제가 밀사들에게 준 위임장은 서명과 '황제어새'만 찍힌 백지(白紙) 위임장이었다. "고종은 일본의 불법을 각국에 호소하느라 비밀 황제 친서를 제법 많이 만들었으며, 그것 역시 백지 위임장인 경우가 대부분이었다. 내용은 저마다 가져가는 사람들이 적도록 했다"고 한다.

그렇지만 헤이그로 떠나는 세 명의 밀사에게 백지 위임장을 몇 장이나 가져가도록 했는지는 분명치 않다. 도중에서 일본 측에 빼앗길지 모르며, 밀사가 일본 측 자객에게 살해당할 수도 있었다. 만일의 경우를 염려하여 가져간 위임장이 한 장이 아니었을지 모르는 일이다.

그러니까 내 수중에 있는 위임장이 진본일 가능성은 아직 남아 있다. 백지의 위임장이 여러 장 만들어졌다고 치자면, 필적에 다소 차이가 나더라도 하등 이상할 일이 아니다.

그러면 황제의 도장인 '황제어새'는 어떤가? 당시의 조약이나 협정의 서명, 날인에 밝은 저명한 역사학자 이태진(李泰鎭) 서울대 교수(당시)에게 문의해보았다. 이 교수에 의하면 똑같이 나라를 대표하는 인장이었던 '칙명지보(勅命之寶)'를 비롯하여 다른 도장은 남아 있으나, '황제어새'는 행방불명이 되어 현존하지 않는다는 것이었다.

문제 위임장의 진위에 관해 이 교수는 "영락없이 진품으로 보이지만, 역시 도장의 색깔을 비롯하여 약간 다른 것 같다"고 말했다. 그러나 '황제어새'가 하나밖에 없었는지 아닌지, 이 또한 알 길이 없는 모양이었다.

가짜 물건을 구입하도록 했다면 일종의 사기니까 나로서는 화가 날 수밖에 없다. 그런데 진품을 빼다 박은 가짜라고 한다면, 어째서 이런 역사적인 문서가 위조되는 것일까?

이 교수는 "골동품으로서 팔아먹으려고 했을지 모른다. 원본이 존재하지 않는 물건일수록 가장 위조범들의 타깃이 되기 쉬우니까. 황제의 도장이 찍힌 문서까지 위조한다는 것은 너무하다고? 아니, 왕실이 무너지고 나라마저 빼앗긴 마당이니 그 정도야 눈 깜빡 할 리 없다"고 자조(自嘲)를 담아 이야기했다.

가령 한국에서의 역사적 유물 위조사건으로는 몇 해 전 이런 일도 있었다. 16세기에 도요토미 히데요시(豊臣秀吉)의 침공이 있었을 때, 전라도 앞바다의 해상에서 일본 수군을 격파한 한국 수군의 영웅 이순신(李舜臣)의 군선(軍船)에 탑재된 것이라는 청동제 대통(大筒=대포)이 바다 속에서 인양되어 해군 박물관에 전시되어 있었다.

이 역시 일본과 싸운 애국 사화(史話)와 연관된 유물이었던지라 크게 각광을 받았다.

그런데 몇 해 뒤 이 대통이 돈벌이에 눈이 먼 위조 전문가가 일부러 청동제 물건을 만들어 오래된 것처럼 보이도록 녹이 슬도록 한 다음, 바다에 빠뜨렸던 것으로 드러났다. 돈을 들여 인수한 해군의 감식 전문가(?)조차 홀딱 당해버린 꼴이었다.

최근에 만들어진 것을 400년 전의 물건으로 헛짚은 엉터리 문화재 감식안(鑑識眼)이 웃음거리가 되었음은 두말 할 나위가 없다. '항일 애국 유물'이라는 말에 다들 눈에 꽁깍지가 씌워버렸다고밖에 보탤 말이 없겠다.

밀사사건에 격노한
이토 히로부미

100년 전의 이야기로 돌아가자면, 당시 한국에 주재하던 이토 히로부미 통감을 비롯한 일본 측은 보호조약을 강요하는 데 대한 한국 황제의 저항에 애를 먹고 있었다. '헤이그 밀사사건'이 일어난 뒤 화가 치민 일본 측은 고종을 강압적으로 퇴위시키고, 몸이 약하고 판단력이 떨어진다던 아들 순종(純宗)을 황제의 자리에 앉혔다. 그 3년 뒤에는 한국을 합병해 버리고 만다.

한국으로서야 저항하는 게 당연했다. 그렇지만 일본 측으로 보자면 러일전쟁에서 간신히 승리를 거두긴 했으나, 전쟁이 끝난 후의 일본 또한 만신창이가 되어 러시아가 반격에 나설까 전전긍긍하고 있었다. 그런 시기에 러시아와 내통하여 국제사회에서 일본 비난 공작을 시도했으니, 화가 치밀어 오르지 않을 도리가 없었다. 그것은 일본으로서는 이적(利敵)행위였다.

최근에 읽은 이토 유사오(伊藤之雄)가 지은 평전 〈이토 히로부미〉(2009

년, 講談社 발간)에 의하면, 이토 히로부미는 당시 한국인에 의한 자치와 '지방의회' 구상 등을 고려하고 있었다. 그러니까 이토 히로부미는 반드시 합병론자가 아니었다는 것이다.

그리고 고종의 '헤이그 밀사' 공작도 사전에 알아차리고 한국 측에 경고했다고 한다. 그 바람에 '황제의 위임장'을 지닌 밀사라는 보고를 받자 "자신의 성의가 한국 측에 전해지지 않았다며 상당히 감정적이 되었다"(앞의 책)고 한다.

이 책에 따르면 이토 히로부미는 "한국은 오랫동안 독립국이었던지라 하나의 나라라는 관념이 강했고, '의구심이 많은 인민'이다…"고 생각하고 있었으며, 고종의 '면종복배(面從腹背)'에도 골머리를 썩이고 있었다.

사건 뒤에는 "그 같은 몰분효자(沒分曉者, 상황 파악을 못하는 사람)를 상대로 정치를 한다는 사실이 실로 난감하기 짝이 없으니, 나는 이제 다 그만두고 싶을 지경이다"고 술회했다고 한다.

'헤이그 밀사사건' 뒤 고종 퇴위 등 일본의 한국 몰아붙이기는 더 가혹해졌다. 그것이 2년 후에는 이토 히로부미 암살을 불러일으켰다(1909년). 합병에 소극적이었던 이토 히로부미라는 '방어막'이 사라짐으로써 일본은 이듬해인 1910년, 단숨에 한국합병으로 치달았다. 그렇다면 '헤이그 밀사사건'이라는 것은 고종을 위시한 한국 측의 계산과는 거꾸로 가버려, 결과적으로 한일합병을 앞당겼다고도 말할 수 있겠다.

그런데 '헤이그 밀사사건'에서 밀사의 한 명이었던 이준의 '분사'에 관해서는, 당시 일본인에 의한 부정적인 현장 증언이 있다. 앞서 말한 것처럼 지금도 영화 〈돌아오지 않는 밀사〉에 나오는 것과 같은 자결이 한국에서는 거의 의심 없이 받아들여지고 있다. 항일 운동가의 영웅적인 죽음으로서는 드라마틱하지 않으면 안 되기 때문인데, 한편으로 현지에서는 일본에 의한 독살설도 퍼졌다고 한다.

그러나 헤이그 만국평화회의를 취재한 유일한 일본인 기자로, 〈오사카 마이니치신문(大阪毎日新聞)〉의 다카이시 신고로(高石眞五郎)가 있었다. 그는 러일전쟁 뒤 러시아 특파원이 되어 현지에서 밀사들과 만났다. 다카이시는 저널리스트를 그만 둔 다음 태평양전쟁 전에는 국제올림픽위원회(IOC) 위원이 되었고, 전후에는 도쿄올림픽과 삿포로 동계 올림픽 유치에 진력(盡力)하는 등 체육계의 중진으로 알려져 있다.

바로 그가 사건으로부터 20년 이상 지난 1930년 1월, 신문에 연재한 회상록에서 이준의 죽음이 얼굴에 중증(重症)의 종기(腫氣)가 생김으로 인한 '병사'였다고 밝히고 있는 것이다. 얼굴에 생긴 중증의 종기라고 하면 세균성 '단독(丹毒)'을 연상시킨다. 이 '단독'이라는 단어가 독살설을 불러온 것인지 모른다.

문제의 '황제의 위임장'은 지금도 서울에 있는 내 책장 한구석에 동그랗게 말린 채 방치되어 있다. 언젠가 일본으로 돌아갈 때 가져가게 되겠지만, 그때 만약 세관원이 알아차리면 흥미로운 일이 벌어질 가능성도 있다. "일본인 기자가 역사적인 문화재를 밀반출하려 했는가!" 따위로 한국에서 뉴스가 될지 모른다. 벌써부터 기대가 된다.

02

돌아온 러시아 함대

. . . . .

러일전쟁은 한국에서 시작되었다

동서냉전은
서울올림픽으로 막이 내렸다

한반도를 둘러싼 패권 다툼에서 일본의 숙적이었던 러시아는 그 후 1917년의 러시아혁명을 거쳐 공산주의 국가 소련이 된다. '황제의 러시아'는 레닌 등 볼셰비키(공산주의 세력)의 러시아혁명에 의해 타도되었다. 하지만 그 소련 역시 일본으로서는 여전히 위협적인 존재였다.

이제는 '공산주의제국'이 된 소련의 팽창과, 제국 일본의 대립이었다.

그 결과 러일전쟁 승리로 일본의 지배 아래 들어온 만주(滿洲, 현재의 중국 동북지방)와의 국경 지대에서는, 노몬한 사건을 비롯하여 일소(日蘇) 양국 군대의 무력 충돌이 되풀이되었다. 그리고 소련은 1945년 8월 9일, 일본의 패전(8월 15일)을 목전에 두고 일소 중립조약을 무시한 채 일본 지배하의 만주와 북한, 남(南) 사할린 등지로 침공하여 점령했다.

소련의 최고 지도자 스탈린은 이 '대일(對日) 전쟁'을 거리낌 없이 '러일 전쟁의 복수'라고 자랑했다.

한반도는 태평양전쟁 후 대일 전승국(戰勝國)인 미국과 소련에 의해 남북이 분단되었고, 소련 지배하의 북한은 즉각 공산화되었다. 제2차 세계 대전 이후 소련이 동구(東歐)를 공산화한 것과 똑같은 수법이었다.

소련은 만주에서 달아나 극동 소련군에 가 있던 항일 활동가 김일성(金日成)을 화물선에 태워 북한으로 보낸 다음 정권을 세우도록 했다.

바로 그 김일성 정권은 1950년 6월, 소련과 1949년에 성립된 마오쩌둥(毛澤東)의 공산 중국으로부터 지원받아 한국을 무력 침공한다. 한반도 전체의 공산화를 노린 소련 주도의, 소위 국제 공산주의 운동의 일환으로서의 '공산화 혁명전쟁'이었다.

6·25전쟁에 관해서는 나중에 다시 자세히 언급하겠지만, 이 전쟁은 발족한 지 얼마 되지 않은 유엔에 의해 '북한이 일으킨 침략전쟁'으로 단정되었다. 유엔 결의에 따라 미군이 주축이 된 유엔군이 한국을 지원하기 위해 파견되었다. 3년에 걸친 격전이 이어진 끝에 간신히 한국을 지킬 수 있었지만, 한반도는 황폐해지고 말았다.

따라서 전쟁 후의 한국으로서는 북한과 소련, 중국 등 공산 세력은 '침략자'이자 오랜 세월 동안 불구대천(不俱戴天)의 적이었다.

내가 한국을 처음 찾았던 것은 1971년 여름이었다. 당시의 한국 거리에는 '공산주의 타도!'를 뜻하는 '반공(反共)'이나 '멸공(滅共)' 구호가 넘쳐나고 있었다. 유원지나 바닷가 해수욕장에서 사람들은 북한의 김일성 얼굴을 과녁으로 삼아 사격이나 공 던지기를 즐기고 있었다. 당시 북한은 누구에게나 '북괴(北傀)'라고 불렸다. '북의 공산주의 괴뢰 정권'이라는 뜻이었다.

'북의 위협'이 국민 의식을 지배했고, 징병제 아래 고등학생들도 학교에서 군사훈련을 받고 있었다. 훈련복인 얼룩무늬 '교련복'을 입은 고등학생들의 등하교 풍경은 일본인으로서는 이국(異國) 정서를 자극하는 것이었다. 길거리에는 군용 차량이 꼬리를 물고 오갔으며, 주말의 번화가에는 휴가 나온 병사와 사관학교 생도들의 제복 차림이 두드러졌다.

그런 한국에서 반공 색채나 군사 색채가 크게 줄어들기 시작한 것은 1988년 서울올림픽 전후이다.

1987년의 민주화 선언과 개헌으로 국민의 직접투표에 의해 탄생한 노태우(盧泰愚) 정권은 서울올림픽에 소련을 비롯한 공산권의 참가를 촉구하는 의미도 있었던지라 공산권 제국(諸國)과의 관계 개선을 겨냥한 '북방 정책'을 추진했다.

당시 올림픽은 소련의 아프가니스탄 침공을 둘러싼 미소동서(美蘇東西) 대립으로 인해 1980년 모스크바대회는 서방 측이, 1984년의 로스앤젤레스대회는 공산 측이 보이콧하는 이상한 사태가 이어져 왔다. 그래서 한국은 서울대회를 미소 양쪽 진영이 다 참가하는 '동서 화해'의 대회로 만들고자 했다.

그 결과 북한은 오지 않았지만 중국과 소련을 위시한 대부분의 공산권 국가가 참가하여 서울올림픽은 대성공으로 막을 내렸다. 역사적으로 보자면 이후 소련 및 공산권의 붕괴, 동서 대립과 냉전 시대의 종언(終焉)이라는 세계사적인 대변화가 일어난다. 서울올림픽이 그 계기가 되었다고 해도 지나치지 않다.

"서울올림픽이 동서 대립을 끝내게 했다!"

이 점은 의외로 잘 알려지지 않았다. '역사 인식'의 문제인데, 서울올림픽의 유치에서부터 개최까지 현장에서 취재한 나로서는 전적으로 동의(同意)하고자 한다.

그런 가운데 한국은 우선 1990년, 소련과의 국교정상화를 이루게 된다. 그해 6월, 미국 샌프란시스코에서 노태우 대통령과 고르바초프 대통령의 한소(韓蘇) 정상회담에서 합의에 도달한 다음, 9월에 정식으로 국교를 맺었다. 나도 노태우 대통령과 동행하여 샌프란시스코로 취재를 갔는데, "반공국가 한국이 여기까지 오다니…" 하며 실로 감개무량했다.

이때 한국에서는 '1904년 이래 86년 만의 국교 수립'이라고들 했다. 1904년이라면 러일전쟁이 시작된 해이다. 러일전쟁을 계기로 러시아는 한국(한반도)으로부터 '철수'하지 않을 수 없었기 때문이다.

당당하게 100주년을
위령(慰靈)하는 러시아

　한국과 러시아(소련)의 국교정상화로부터 몇 해가 흐른 1997년 2월 9
일, 서울 근교 인천항에 러시아 태평양함대의 미사일 순양함 '와리야크'
(Variak, 1만1560톤)가 입항했다. 국교정상화 이래 러시아 함선으로는 첫
한국 방문이었다.

　친선 방문이라고 해서 일반 시민들에게도 공개되었다. 2월 초순이어서
온몸이 얼어붙을 듯이 엄청나게 추운 날이었으나, 현장으로 달려가 보았
다. 한국의 겨울 항구는 유난히 춥다.

　인천항 제3부두에 정박한 와리야크는 1만 톤급의 순양함이었던 만큼
상당히 컸다. 회색의 옆구리에 러시아어로 '와리야크'라고 흰색으로 적혀
있었다. 함미(艦尾)에는 하얀 바탕에 푸른색의 러시아 해군기가 펄럭였
다. 현측(舷側)에 늘어선 미사일 발사관(管)이 어쩐지 으스스했다.

　와리야크는 2월 9일이라는 날짜에 맞춰 인천에 입항한 것이었다. 인천
항에서의 '2월 9일'이 무슨 의미인가?

와리야크는 입항에 앞서 항구 앞바다 위에서 조촐한 해상 위령제를 가졌다. 1904년 2월 9일, 러일전쟁 개전에 즈음하여 인천 앞바다에서 일본 해군과 싸우다 침몰한 순양함 '와리야크'(6500톤)의 전몰장병에게 조의를 표했던 것이다. 2월 9일은 러일전쟁의 개전일로, 한국을 친선 방문한 미사일 순양함은 당시에 침몰한 함선 이름을 그대로 이어받아 인천항으로 달려온 셈이었다.

20세기 초 러시아는 한국(한반도)에 대한 지배권을 놓고 일본과 싸웠다. 그러나 러시아가 약 90년 뒤에 맥을 이어받은 순양함을 파견하면서 한국 측에 특별히 신경을 쓴 흔적은 없었다. 무신경이랄까, 너무나 당당했다. 그토록 역사에 예민한(특히 일본과의 역사) 한국 매스컴도 무관심(?)하여, 기이하리만큼 잠잠했다.

인천항을 둘러싼 '2월 9일'에는 그 3년 전인 1994년에도 이런 일이 있었다.

당시 서울에 막 부임한 크나제 주한 러시아 대사가 주재 무관을 대동하고 인천항을 찾았던 것이다. 크나제 대사는 지일파(知日派)로, 일본에서는 잘 알려진 러시아 외교관이었다. 일본 근무를 거쳐 주한 대사로 임명되었다.

그는 한국의 해양경찰 경비정을 타고 앞바다로 나가 바다 위에 조화(弔花)를 던지며 전몰장병의 혼을 달랬다. 크나제 대사로서는 서울 부임 후 첫 지방 시찰이었다. 이것은 대사의 개인적인 취미에서 행한 것이 아니었다. 주한 러시아대사관의 당당한 공식 행사였다.

러시아는 행인지 불행인지 한국을 식민지 지배하지 않았다. 하지만 러일전쟁의 원인 중 하나는 일본과 러시아의 어느 쪽이 한반도의 지배권을 쥐는가 하는 것이었다. 그로 인해 전쟁이 인천 앞바다에서 벌어졌다.

러시아는 청일전쟁(1894~95년) 뒤 일본의 '전과(戰果)'에 대한 3국(러시아, 독일, 프랑스) 간섭에 가담하여, 한반도로부터 일본의 영향력을 몰아내고자 했다. 이런 이야기를 일본인이 하면 한국인들은 '과거를 정당화하는 것'이라며 반발하겠지만, 만약 그 후의 러일전쟁에서 러시아가 승리했더라면 한국이 러시아의 지배 아래 들어갔을 것임은 상당한 확률로 분명했으리라. 러일전쟁은 한국으로서는 곤혹스러운 전쟁이었다. 그러나 한국 지배 강화로 이어진 승자 일본이 나중에 '악자(惡者)'가 되었다고 해서, 패자인 러시아의 죄가 면해지는 것은 아니리라.

그렇지만 러시아는 아주 태연자약하여, 한국에 대해서는 아무런 신경을 쓰지 않고 '자신들의 역사인식'에 따라 당당히 행동했다. 러시아로서 인천 앞바다 해전은, 지명에서 유래하는 '제물포(濟物浦) 해전'이라는 명칭으로 불린다. 그리고 '용감하게 싸운 러시아 혼(魂)'의 역사로서 지금도 칭송하며 교과서에도 등장한다고 한다. 그러므로 러시아인들은 대사 이하 자신들의 역사관에 따라서 아무런 눈치도 보지 않고 역사의 현장을 찾아가 자국 병사의 영혼을 달래고 있는 것이다.

개전 전야(前夜) 러시아 함장은 일본 요정에 있었다

일본에 알린 러일전쟁 개전의 제1보는 경성(京城, 서울)에서 보낸 것이었다.

{경성 내전(來電) 9일 오후 특파원 발(發)} 러일 포전(砲戰) / 러함(露艦) 침묵(沈默) / 인천에 있는 러함 2척으로부터 발포가 있었기에 오늘 정오 12시 25분부터 1시까지 약 30분 간 포전이 벌어진 뒤, 러함 와리야크호(號)가 명중되어 전방(前方)으로 기울어 침묵했고, 코레츠호는 마스트가 부러져 침묵했으며, 두 척 다 팔미도(八尾島)로 피했다(1904년 2월 9일 〈오사카마이니치신문〉 호외에서).}

이 포격전에서 와리야크는 전사자 41명, 부상자 66명을 냈다(1933년 발간 〈인천부사(仁川府史)〉). 함장은 남은 승조원들을 대피시킨 다음, 오후 4시가 지나자 포함 코레츠(Koryeth)를 폭약으로 자폭(自爆)했고, 와리야크도 함저(艦底)로 물이 들어오게 만들어 침몰시켰다. 그 후 동행하고 있던 러시아 상선(商船) 숭가리(Sungari) 역시 자폭, 침몰했다. 러시아 함선은 인천항으로부터 철수하라는 일본 함대의 요구를 거부하고 자폭, 스스로 침몰을 택했던 것이다.

〈조선일보〉의 명(名) 칼럼니스트 이규태(李圭泰) 씨는 1997년의 와리야크 인천 입항 당시 몇 가지 역사 에피소드를 소개했다. 예를 들어 인천 앞바다 해전 전날 밤, 와리야크의 루드네프 함장이 인천에 있던 일본요정 '일산루(一山樓)'에서 기생들과 어울려 놀았다는 '기생 회고담'이 있다. 그만큼 러시아 함대는 천하태평이었다는 것이다.

그러나 〈인천부사〉에 의하면 루드네프 함장에게 요정에서 놀도록 가르친 사람이 사실은 일본 함대 순양함 '지요다(千代田)' 함장 무라카미 가쿠이치(村上格一) 대령이었다. 개전을 앞두고 무라카미 함장이 우호친선을 위해 일산루로 초대했고, 러시아 함장은 그것이 재미있어서 그 후 몇 차례나 이 요정을 들락거렸다는 것이다.

또한 당시 한국에서 영문잡지 〈코리아리뷰〉를 발행하고 있던 미국인 선교사 헐버트(H. B. Hulbert)의 해전 목격담도 있다. 헐버트는 나중에 한국 황제 고종의 외교 상담역이 되는 인물이다. 이미 소개한 '헤이그 밀사사건'에도 가담하여 '임시 고용 밀사'로서 각국을 돌면서 일본을 규탄하고 다녔다.

헐버트는 당시의 일을 "인천 앞바다 해전에서는 러시아함의 포격은 한 발도 일본 함대에 맞지 않았다. 하지만 포격전 등에 의한 폭풍이 엄청나서 민가(民家)의 대문 빗장이 벗겨질 만큼 충격이 컸다"고 전했다.

그리고 영국의 〈타임〉에 의하면 와리야크가 침몰할 때 영국 함선으로 피신했던 와리야크의 군악대가, 바다로 가라앉는 함선을 지켜보며 눈물을 흘리면서 러시아 국가(國歌)를 연주했다고 한다.

와리야크는 나중에 인양되어 일본 해군의 연습함 '소야(宗谷)'가 되었다. 일본 함대의 주역이었던 지요다는 퇴역 후 그 마스트가 인천항이 내려다보이는 현재의 '자유공원' 언덕 위에 놓여 있었으나, 6·25전쟁 당시 소실(燒失)되었다고 한다.

여담이지만, 이 인천의 자유공원에는 6·25전쟁에서 북한 인민군에 대한 반격으로 유엔군의 인천상륙작전을 지휘한 맥아더 사령관 기념동상이 서 있다. 언덕의 아래에는 6·25전쟁 기념관도 있다. 공산 세력의 침략으로부터 한국을 지켜냈다는 의미에서 '자유' 공원이라고 명명한 것이다. 이곳의 맥아더 기념동상에 대해서는 최근 들어 한국 내의 반미(反美) 세력이 수시로 철거운동을 펼치고 있다.

1990년대 이후 한국사회에는 민주화에 의한 좌익 사상 해금(解禁)으로 고개를 내민 북한 지지의 반미 세력이 공공연하게 활동한다. 이제 맥아더 기념동상은 경비 당국과 보수파의 손에 의해 간신히 보호를 받는 지경이 되었다.

일본 순양함의 마스트 다음에는 미국인 맥아더 장군의 기념동상이 서 있는 인천의 '항구가 내려다보이는 언덕 위의 공원'. 이곳은 열강들에 의해 농락당한 이 땅의 안타까운 '격동의 역사'를 말해주는데, 거기에 러시아도 한 발을 디밀고 있는 셈이다.

러시아는 그 뒤 러일전쟁 100주년에 해당하는 2004년 2월 9일, 블라디보스토크를 본거지로 하는 태평양함대의 빅토르 표드로프(Viktor Fedorov) 사령관이 이끄는 3척의 함대가 다시금 인천항을 방문했다.

이때에는 앞서 나온 순양함 와리야크에다, 대잠(對潛) 초계함 코레츠도 함께 왔다. 이 코레츠 역시 100년 전 일본함대의 공격을 받았던 포함 코레츠의 이름을 그대로 이어받은 것이었다. 코레츠라는 함선 명칭은 '코리아(한국)'에서 유래된 것으로 전해 들었다.

더군다나 이 해는 '제물포 해전'으로부터 100년이 된다고 하여, 러시아 정부의 간절한 요청을 받은 인천시가 항구 근처에 전몰장병 위령을 위한 기념공원을 조성했다. 거기서 위령식과 기념비 제막식이 행해졌다. 기념비는 높이가 3미터나 되는 커다란 비석으로, 러시아정부가 일부러 본국에서 제작하여 반입한 것이었다.

아니나 다를까, 당시 현지 일부에서 "제국주의 피해자였던 한국이 제국주의 전쟁의 기념비를 환영하는 것은 이상하다"고 하는 비판의 목소리가 나왔다. 하지만 '국제우호 친선론(論)'이 우선하여 비판의 목소리는 잦아들고, 러시아 함대와 한국 해군 사이의 스포츠 교류와 시민들과의 친선행사가 행해졌다.

러시아는 국가적으로 와리야크나 코레츠의 이름을 잊지 않는다. 게다가 일부러 러일전쟁 100주년이 되는 날 인천항으로 그 이름을 계승한 함대를 파견하여 기념행사까지 당당하게 치르는 것이다. 러시아로서는 "제국주의? 그건 옛날 이야기잖아!"고 하는 느낌이 든다. 그와 동시에 일본과의 싸움에서 드러난 '러시아 혼(魂)'이라는 민족의 마음은, 시대를 뛰어넘어 영원한 것으로 받아들인다. 이것이 아마도 국제적으로는 당연한 일인지 모른다.

현장에서 가까운 월미도는 현재 관광객 대상의 횟집이 줄지어 자리한 관광지가 되었다. 수조(水槽)의 생선을 잡아 회로 만들어 주는 활어요리가 인기를 끈다. 주말에는 서울 등지에서 드라이브로 불쑥 나타나는 손님도 많다. 인천국제공항으로부터도 해상 브리지로 가깝다. 20세기 초 바다의 옛 전쟁터를 앞에 두고 회를 즐기면서, '한반도와 러일전쟁'에 상상력을 발휘하는 것도 무척 흥미롭다.

전후 첫 일본함대는
부산으로

러일전쟁의 정식 선전포고는 1904년 2월 10일이었지만, 지금까지 이야기한 대로 실제로는 그 전날 인천항 해전(海戰)이 스타트였다. 일본이 발표한 개전 조칙(詔勅)에는 '한국의 존망은 제국(일본)의 안위가 걸린 곳'이라고 적혀 있다. 근대 일본의 한국(한반도)에 대한 관심은, 요즈음의 표현을 빌리자면 오로지 안전보장의 관점에서 나온 것이라고 하겠다.

바로 그 러일전쟁의 '결전 무대'가 실질적으로는 한국이었다. 그런데 그 이야기를 하기 전, 21세기 러시아함대의 당당한 역사 인식과 비교하는 의미에서 일본에 관해 언급해두기로 하자.

러시아함대와 싸운 일본 해군의 후예인 해상자위대 역시 사실은 연습함대가 한 해 전인 1996년 9월, 해방 후 처음으로 한국을 방문했다. 그러나 이때의 현장은 수도 서울에서 멀리 떨어진 부산항이었다. 수도권인 인천항을 피했던 것이다. 다만 이 방문은 과거 역사와는 전혀 상관이 없었다. 해상자위대 훈련함대가 정기적으로 행하는 해외 친선방문의 일환에 지나지 않았다.

당시에도 나는 서울에서 부산으로 내려갔다. 날씨는 맑았고, 살짝 여름의 그림자가 남아 있는 상쾌한 가을날이었다. 함대는 연습함 '가시마'(4050톤)와 호위함 '사와유키'(2950톤) 두 척이었다. 두 함선의 함미(艦尾)에 펄럭이는 하얀 바탕에 붉은 색이 선명한 옛 일본 해군 깃발인 교쿠지쓰기(旭日旗)가 눈에 들어왔다.

1945년의 일본 패전과 한반도에서의 철수 이래 처음으로 일본함대가 한반도를 찾은 것이었다. 야마다 미치오(山田道雄) 함대사령관 이하 승조원 일동은 과거 역사나 이 땅의 대일 감정 등에 대한 배려에서였는지 어딘가 긴장된 모습으로 상륙했다.

일동은 기항 전 함내 교육에서 한반도를 에워싼 역사에 관해 열심히 배웠다. 그 중에는 16세기 도요토미 히데요시가 일으킨 임진왜란이나 20세기 초의 러일전쟁, 나아가서는 1950년대의 6·25전쟁도 당연히 포함되어 있었다. 400년 전 부산 주변을 포함하여 한국의 남부 해역에서 히데요시의 수군(水軍)을 격파한 한국(조선) 수군의 명장(名將) 이순신이 한국에서는 위인의 한 명으로 크게 존경받는다는 가르침도 받았을 것이다.

일본의 연습함대는 닷새 동안 체류했다. 일동은 남북이 군사적으로 대치하는 휴전선의 판문점도 시찰했다. 평온한 가운데 무사히 일정을 소화한 일본함대는 조용히 부산항을 출항했다.

한편 문제의 인천항의 경우, 일본 연습함대는 2007년 9월에 처음으로 이곳에 입항했다. 당시 나는 현장으로 가지는 않았으나, 당연히 함상에서의 리셉션과 현지인과의 교류 등 규정대로의 행사가 베풀어졌다. 단지 한일 쌍방에서 러일전쟁과 연관된 역사를 돌이킨 기억은 없다.

이때에도 당연히 자위함의 함미에는 자위함기로서 교쿠지쓰기가 펄럭이고 있었다. 인천항은 부산항과 달라 수도권에 위치한다. 일본으로 말하자면 도쿄(東京)와 요코하마(橫濱)라는 느낌과 흡사하리라. 그런 의미에서는 이른바 지방인 부산과 달리, 인천은 역사를 좋아하고 반일 보도를 좋아하는 한국 매스컴의 눈에 뜨이기 쉽다. 그러나 부산항에서도 그랬지만 인천항을 찾은 일본 함대의 교쿠지쓰기에 특별히 눈살을 찌푸린 반일 보도는 없었다.

그런데 최근에 와서 한국에서는 교쿠지쓰기에 관해 일본 군국주의와 제국주의의 상징이라고 하여 종종 거부 대상이 되곤 한다. 매스컴에서는 '전범기(戰犯旗)'라는 등 비난을 선동한다. 그 결과 그림이건 포장지 디자인이건, 또는 유니폼이나 패션의 컬러이건 붉은색 햇살이 등장하면 한국 매스컴에서 괘씸하다면서 한바탕 난리가 난다.

나는 이것을 조건 반사하는 '반일 파블로프의 개'라고 빗대 왔다. 이것이 최근 한국사회에서 두드러지는 '가벼운 애국 신드롬'의 하나이다. 젊은 세대에 의한 인터넷 정보로 퍼져나가는 경우가 많으나, 거기에 금방 일반 미디어까지 달려들어 반일 쾌감에 이용한다.

이 '교쿠지쓰기 신화'와 관련하여 떠오르는 일이 있다. 예전에 진해(鎭海)에 들렀을 때의 일이다. 진해는 일본 통치시대였던 예로부터 군항(軍港)으로 알려졌고, 지금은 한국 해군사관학교도 자리하고 있다. 벚꽃 명소로 유명하여 봄이면 '군항제'라 불리는 벚꽃 잔치가 열려 관광객으로 붐빈다.

시가지의 중심부는 로터리로 되어 있고, 거기서 몇 갈래 도로가 주위로 퍼져간다. 그것이 마치 교쿠지쓰기의 햇살과 같은 모양인지라, 현지 고로(古老)들은 일본인이 찾아오면 곧잘 "일본인이 해군기를 본떠 시가지를 만든 거야"라고 말한다.

물론 그런 증거는 없으며, 한국에 뿌리 깊게 존재하는 '일제 전설'의 하나에 지나지 않는다. 오히려 그 근거를 상상해보자면, 일본 통치시대에 일본인들이 그런 식으로 자만(自慢)한 것이 입에서 입으로 전해져 여태 남아 있는지 모를 일이다. 달리 표현하자면 이 이야기는 여태 일본이 지배한 과거로부터 벗어나지 못하는 피해 심리의 한 자락이기도 하다.

단지 그렇다고 해서 "진해 시가지의 로터리를 부셔버려라!"는 소리는 예나 지금이나 들려오지 않는다. 옛 일본군 군함기 그 자체인 자위함기도 한국을 방문한 당초에는 문제가 되지 않았다. 소위 교쿠지쓰기를 닮은 햇살 디자인에 이상하리만치 쌍심지를 돋우면서까지 애국 감정을 만족시키려는 것은 너무나 안타까운 일이다.

깨트려져 창고에서 잠자는
도고 헤이하치로(東鄕平八郞)의 비석

부산에서 서쪽으로 그리 멀지 않은 곳에 거제도(巨濟島)라는 커다란 섬이 있다. 바로 진해의 난바다 쪽에 해당한다. 부산에서 쾌속정으로 40분 가량 거리이다. 섬에는 한국 유수의 재벌기업이 경영하는 조선소가 여럿 있어서 조선(造船)의 섬으로 크게 발전했다. 동백꽃이 아름다운 섬이다.

거제도는 역사적으로 실로 흥미로운 섬이다. 오랜 옛날로부터 말하자면, 앞서 소개했듯이 이 주변 해역은 16세기의 임진왜란에서 한일 쌍방 수군이 결전을 벌였던 바다의 고전장(古戰場)이다.

20세기의 6·25전쟁에서는 유엔군 포로가 된 북한 인민군과 중국군 포로수용소가 있던 곳이다. 당시 포로수용소는 10만 명의 포로를 헤아린 대규모였다. 그로 인해 포로들끼리의 반란과 폭동, 내부 숙청 등 격렬한 트러블이 꼬리를 물어 국제적으로도 크게 주목을 받았다.

최근에는 기념관이 들어서 6·25전쟁사를 체험할 수 있도록 꾸며져 있다.

이 두 가지 역사의 틈바구니에 끼어 앞서 소개한 러일전쟁 때의 해전이 있다. 도고 헤이하치로 사령장관의 일본 연합함대가 이 섬 앞바다에서 북상하는 러시아 발틱함대를 기다리며 잠복하고 있었던 것이다. 기함(旗艦) '미카사(三笠)'가 일본으로 전한 전투 개시의 제1보 전문(電文)인 "날씨는 맑으나 파도가 높고…"는 바로 여기서 타전되었다.

거제도에는 예전부터 신경이 쓰이는 일이 있었다. 〈산케이신문(産經新聞)〉에서 기획연재 '20세기 특파원'을 집필하던 무렵, 새삼 기억이 떠올라 다시 거제도로 내려갔다. 그것은 일본 통치시대에 세워진 도고 헤이하치로의 친필 석비(石碑)가 이 섬의 창고에 몰래 보관되어 있다는 사실을 알고 있었기 때문이다.

이 기념비의 존재가 밝혀진 것은 1980년 무렵이다. 어느 날 알고 지내던 한국정부 문화재 담당자가 "거제도에 괜찮은 물건이 있어요"라고 귀띔하면서 그 사진을 보여주었다. 듣자하니 석비의 존재를 안 오사카 거주 일본인 독지가가 현지 관리에게 "비용을 댈 테니까 꼭 복원해주면 고맙겠다"고 요청해왔다는 것이다.

당시 서울에 있던 나는 현지로 내려가지 않은 채 제공받은 석비 사진과 함께 그 사연을 1981년 1월 31일치 신문에 기사를 쓴 적이 있었다. 조촐한 특종이었다.

기념비는 1932년에 세워진 것인데, 1945년 8월의 일본 패전에 즈음하여 현지 주민들 손에 의해 '일제의 유물'로 파괴되었다. 원래는 좌대(座臺)가 있었고, 높이 4미터의 탑처럼 생겼다고 한다. 그게 부서져 좌대와 비면(碑面) 일부만 남아있다고 했다.

이 석비는 그 뒤 현지 경찰지서 앞 하수구 덮개로 쓰이던 것을, 문화재를 조사하던 학자가 발견하여 본서(本署) 창고에 옮겨 보관했다. 석비는 화강암으로 크기는 세로 1.6미터, 가로 0.6미터이다. 윗부분의 3분의 1 언저리에서 두 동강 나 있었다.

비문은 한문으로 '접적함견지경보연합함대욕직출동격멸지본일천기청랑
파고(接敵艦見之警報聯合艦隊慾直出動擊滅之本日天氣晴朗波高, 적함을
발견했다는 경보에 접하여 연합함대는 즉시 출동하여 이를 격멸하고자
한다. 오늘 날씨는 맑으나 파도는 높고)'로 되어 있다. 예의 바로 그 유명한
역사적인 문장이다. 그 다음에 '평팔랑서지(平八郎書之)'라고 새겨져 있다.

아직 석비는 보관되어 있을까? 복원 이야기는 어찌 되었을까? 내가 섬
을 찾아간 것은 1997년이었다.

성역(聖域)이
〈언덕 위의 구름〉 현장으로

거제도는 1980년 당시에는 거제군이었으나 그 후 거제시로 바뀌었다. 석비는 시청 물품 보관창고에 있었다. 보관이라기보다 양동이나 빗자루, 부러진 의자, 필요가 없어진 기재 등과 함께 아무렇게나 놓여 있었다. 방치되어 있다는 편이 정확하리라. 석비는 잔뜩 먼지를 뒤집어쓰고 있어서 새겨진 비문도 자세히 살피지 않으면 알아차리기 어려웠다.

시 문화공보실에서 설명을 들었다. 복원에 관한 이야기는 당초 시 당국(당시는 군청)을 비롯하여 현지에서는 "일본인 대상의 관광 자원으로 활용하자"며 찬성론이 많았고, 일본 측으로부터 자금 지원 제안도 있었던지라 추진하자는 쪽이었다. 당시 군인 출신인 전두환(全斗煥) 대통령에게도 그가 경상남도 시찰을 왔을 때 복원 계획안을 보고했다고 한다.

그런데 이 복원 이야기가 현지 일부 신문에 전해져 특종으로 보도되었다. 그 바람에 기사를 놓친 다른 신문 기자들이 '성역에 일제 망령 부활!'이라며 일제히 비난 기사를 게재하면서 훼방을 놓았다.

여기서 말하는 '성역'이란 이미 소개한 것처럼 이 지역이 도요토미 히데요시의 수군과 싸운 '구국의 영웅' 이순신 장군의 '민족 수호'의 고전장(古戰場)이 되어 있었기 때문이다. 한국에서는 모든 일들이 매스컴의 반일 캠페인 대상에 오르면 없었던 이야기가 되고 만다. 이 보도를 본 서울의 각종 민족단체들까지 들고 일어나면서 복원 계획은 결국 백지화되고 말았다.

기념비의 존재를 확인하고자 섬을 찾아갔을 때, 당시의 자초지종을 알고 있는 현지 향토 사학자 이승철(李勝哲) 씨(시 문화공보실 근무)가 섬을 안내해주었다. 그는 "일본은 백제문화 등 한국문화를 잘 보존하고 있다. 우리는 한국에서 일본문화를 없애려고 난리지만, 일본에 지배당한 치욕도 역사는 역사다. 남겨두어 왜 그렇게 되었는지 반성하고 교훈으로 삼으면 좋으련만 그걸 없애려 하니 잘못된 일이다"고 역설했다. 그는 그 뒤로도 시 당국에 복원을 건의하고 있다고 말했다. 그렇지만 그로부터 다시 시간이 흘러 21세기가 된 지금도 기념비 복원은 실현되지 않았다.

기념비는 원래 도고 헤이하치로 제독의 연합함대 기함 '미카사'가 정박하고 있던 진해만과, 함대의 주력이 대기하던 가덕도(加德島)가 보이는 섬 북부의 송진포(松鎭浦)에 있었다고 한다. 지금은 밭으로 변해 형적조차 없다.

해전에서 러시아 발틱함대는 일본 연합함대의 정확한 함포 사격에 의해 괴멸되었다. 해전에 앞서 연합함대는 대기 중이던 거제도 앞바다에서 함포 사격의 맹훈련을 거듭했다. 그 표적이 된 무인도가 거제도의 난바다에 있는 취도(吹島)였는데, 멀리서 보기에도 마치 군함과 같은 모습이었다. 사진으로 보자니 이 섬에는 일본 통치시대의 기념비인 석탑 흔적이 희미하게 남아 있었다.

이 진해만이나 가덕도에서의 연합함대 모습은 시바 료타로(司馬遼太郎)의 소설 〈언덕 위의 구름〉에 자세히 그려져 있다. 그 가운데 연합함대가 출격할 때 수뢰정(水雷艇, 어뢰정)의 어느 정장(艇長)이 "이순신 제독의 혼령에 (승리를) 빌었다”는 에피소드가 나온다.

또한 소설에 의하면, 이 수뢰정 정장이 쓴 책에 “영국의 넬슨 이전의 바다의 명장(名將)은 세계 역사상 이순신 말고는 없으며, 조선에서는 오랫동안 잊혀져 있었으나 오히려 일본 쪽에 그에 대한 존경심이 계승되었다. 메이지(明治)시대에 해군이 창설되자 그의 업적과 전술을 연구했다”고도 한다.

그 후 나는 〈산케이신문〉의 토요 칼럼에서 이 같은 옛 이야기를 소개한 적이 있다. 거기에서 나는 현재 에다지마(江田島)에 있는 해상자위대 술과(術科)학교(옛 해군병학교)에서도 전사(戰史)교육 중 “이순신에 관해 가르치고 있을까” 하고 적었다. 그러자 칼럼을 읽은 학교장이 즉시 편지를 보내와 “가르치지 않습니다”고 알려주었다.

그런데 이 글의 서두에 러일전쟁 개전과 연관된 인천항에서의 역사에 대한 러시아의 집착을 상세하게 소개했다. 러시아는 100년 후의 개전 기념일에 친선 함대를 파견하고, 주한 러시아대사는 신임 인사 대신(?) 현장을 찾아 꽃다발을 바치는 위령 행사도 가졌다. 그리고 전몰장병의 ‘러시아 혼’을 칭송하는 기념공원까지 한국 측으로 하여금 만들도록 했다.

그렇다면 다른 한 쪽인 일본은 어떤가? 여태까지 주한 일본대사가 2월 9일에 인천항을 방문했다는 이야기는 들은 적이 없다. 아니, 서울의 일본 대사관에는 2월 9일의 기억 따위는 전혀 없을 게 분명하다. 나아가 일본 대사가 거제도의 고사(故事) 현장을 찾았다는 이야기도 들려오지 않았고, 하물며 거제시 창고에 방치된 기념비 ‘잔해(殘骸)’를 확인한 적도 없었다.

한국의 대일 감정에 대한 배려로 그런 류의 역사적 관심은 한국에서는 지금도 여전히 터부시하는 것이리라. 하지만 아무리 그렇더라도 러시아의 ‘당당한 관심’에 비해 어딘지 밸런스가 결여되어 있다는 생각을 떨치지 못한다. 러시아 장병들에게 ‘러시아 혼’이 있었다면 일본 장병들에게는 ‘야마토다마시(大和魂)’가 있었을 것이므로.

03

멀리서 독도를 바라보다

⋮

누가 저 섬을 만신창이로 만들었나?

발틱함대는
독도 앞바다에서 괴멸

약 2년에 걸친 러일전쟁은 육지와 바다에서 몇 차례의 고비가 있었다. 잘 알려진 것으로는 한반도와의 경계에 가까운 요동반도(遼東半島) 끄트머리에서의 여순항(旅順港) 공방전과 내륙부인 봉천(奉天, 현재의 瀋陽)에서의 격전, 그리고 동해(東海, 원서 표기 日本海)해전이 유명하다. 이 가운데 동해해전은 러일전쟁 최종 국면에서의 결전으로, 여기에서 승리를 거둠으로써 일본은 전승국이 될 수 있었다.

동해해전은 한반도 동해안의 울산 앞바다가 결전장이 되었다. 다시 말해 러일전쟁은 결국 한국에서 시작되어 한국에서 끝난 것이다. 현재의 일본인에게는 러일전쟁에 관한 이런 이미지가 의외로 약하다. 그러나 그것은 사실이며, 중요하다. 한반도(한국)는 당시 일본으로서도 민족의 운명을 좌우하는 존재였던 것이다.

다시 동해해전으로 돌아가자.

러시아 발틱함대는 1905년 5월 27일, 울산 앞바다에서 괴멸되었다. 일본 연합함대의 각 함정은 이튿날인 28일, 집합 명령을 받고 울릉도로 향했다.

이때 일본과 러시아의 대결전장이 된 곳이 바로 독도(獨島, 원서 표기 竹島) 근처 해역이었다. 발틱함대가 '항복'의 깃발을 올린 것은 '독도 남남서(南南西) 약 18해리'였다고 한다(兒島襄 지음 〈日露戰爭〉에서).

그 뒤 최후의 해전이 잔적(殘敵)을 추적하는 일본 구축전대(驅逐戰隊)와, 북으로 달아나려는 러시아 순양함 '드미트리 돈스코이(Dmitri Donskoi, 6200톤)'와의 사이에서 울릉도 앞바다를 무대로 펼쳐졌다. 돈스코이는 일본함대의 격렬한 포격과 뇌격(雷擊)으로 크게 부서졌다. 그로 인해 울릉도 해안에 접안하여 승조원을 상륙시킨 다음, 앞바다 약 400미터 지점에서 자침(自沈)했다. 승조원들은 섬 주민들의 도움을 받은 뒤 일본군 포로가 되었다.

시바 료타로의 소설 〈언덕 위의 구름〉에는 그 장면이 이렇게 묘사되어 있다.

{돈스코이는 불길에 휩싸였으나 교전을 멈추지 않았다. 밤이 되어서도 싸우면서 달아나고자 했고, 그러는 사이에 몇 발의 포탄을 일본 측 함대에 명중시켰다. 경탄할 만한 것은 이 러시아 전함은 29일 오전 7시까지 여전히 전투를 이어갔으며, 마침내 힘이 다하여 울릉도에 스스로 함선을 밀어붙였다. 함장은 승조원을 상륙시킨 다음, 함저(艦底)의 킹스톤 밸브를 열어 배를 자침시킨 뒤 나중에 포로가 되었다.}

그리고 기함 미카사에서 그 보고를 받은 아키야마 사네유키(秋山眞之) 참모가 "29일 천명(天明), 울릉도에서 장갑 순양함 돈스코이가 일본의 소함정군(小艦艇群)과 분전(奮戰) 끝에 자침, 잔존 승조원 770여 명이 상류, 포로가 되다"라고 해도(海圖)에 써넣었다. 그리고 "27일 이래 동해의 드넓은 해역을 무대로 하여 싸운 두 제국의 해상전은 최후의 막을 내렸다"고 적혀 있다.

나에게는 이 돈스코이를 에워싼 추억이 있다. 1980년대 초의 일인데, 한국에서 인양 이야기가 나와 기사를 썼던 것이다. 비슷한 무렵 일본에서는 쓰시마(對馬) 앞바다에 가라앉은 발틱함대 순양함으로, 재보(財寶)를 싣고 있었다는 '나히모프' 인양 이야기가 커다란 화제가 되어 있었기 때문이다. 돈스코이에 관해서도 한국에서 '보물선 스토리'가 나와 이전부터 인양을 둘러싼 이야기가 떠돌다가 사라지곤 했다.

우선 나히모프 쪽은 이랬다. 1980년 가을, 일본선박진흥회 회장으로 오래 전부터 우익의 거물로 유명했던 사사카와 료이치(笹川良一) 씨가 비용을 부담하여 인양을 시도했다. 함선은 수심 90여 미터 해저에 귀금속 등 1조 엔 상당을 실은 채 침몰한 것으로 전해졌다.

작업 결과 먼저 무게 10여 킬로그램의 금속 덩어리가 건져져 "백금이 아닐까?"며 엄청난 뉴스가 되었다. 하지만 나중에 그런 류의 금속이 아니라는 사실이 밝혀졌다. 나아가 함포의 포신(砲身)도 인양되었으나 기대했던 재보는 발견되지 않았다. 그러는 사이에 소유권을 놓고 소련(당시) 정부가 "우리 것이므로 마음대로 행동하지 말라"고 시비를 걸어오는 바람에 결국 약 석 달 만에 작업은 흐지부지되고 말았다. 일단 '환상의 보물선'으로 끝난 셈이었다.

나히모프는 일본함대의 어뢰 공격을 받아 파손된 채 쓰시마로 달아나다가 쓰시마 앞바다에서 침몰했다. 함장을 비롯하여 많은 승조원이 구조되어 쓰시마에 상륙한 뒤 바로 포로가 되었다.

최종 목적지인 블라디보스토크 항구로 향하려던 발틱함대는 일본 연합함대가 대기하고 있던 거제도 앞바다가 아니라, 그보다 남쪽의 쓰시마 해

협을 통해 북상하려고 했다. 그 결과 해전은 쓰시마와 오키노시마(沖の島) 사이에서 벌어졌다. 그로 인해 러시아에서는 이 해전을 '쓰시마해전'이라고 부른다고 한다.

따라서 동해해전은 쓰시마에서 시작되어 울릉도에서 끝난 셈이다.

갈매기는
'우르릉 우르릉' 하고 운다

울릉도에는 1980년 당시 홍순칠(洪淳七)이라는 인물이 살았다. 그는 "돈 스코이호에는 금화(金貨)와 백금이 대량으로 실려 있었다"면서 인양에 집념을 불태우고 있었다. 그 이야기가 한국 매스컴에 이따금 소개되곤 했다.

그런 보도에 따르자면 해전이 벌어졌던 당시 그의 할아버지가 울릉도에서 부상당한 여러 명의 돈스코이 수병들을 구해주었고, "그 보답으로 금화가 그득 담긴 주전자를 받았다"는 이야기가 전해 내려왔다는 것이다. 그의 집에는 구리로 만든 문제의 주전자가 '가보(家寶)'로 지금도 남아 있다고 했다.

나는 서울에서 홍 씨에게 전화를 걸어 이야기를 들어보았다. 서울에서 울릉도까지 가기에는 길이 너무 멀다. 당시 일본에서는 발틱함대의 재보는 몽땅 나히모프에 실려 있었다는 소문이 나돌았다. 하지만 그는 "귀중품은 대개의 경우 분산하여 싣는다. 하물며 발틱함대처럼 지구를 한 바퀴 돌아오는 것과 같은 대함대의 경우에는 더욱 그렇다"고 주장하면서 '돈스코이 보물선' 설(說)을 굳게 믿고 있었다.

그 후 얼마 지나서 솔깃해진 민간인에 의해 수중 카메라를 동원한 현장 조사가 벌어져, 그럴싸한 침몰선 형체가 찍힌 수중촬영 사진이 신문에 실리기도 했다. 그러나 이 또한 어느 결엔가 이야기가 쑥 들어가 버리고 말았다. 홍 씨도 그 뒤 타계했다는 소문이 들려왔다.

이야기는 빗나가지만, 일본의 NHK라디오는 지금도 기상통보라는 것을 방송하고 있는지 모르겠다. 나는 1940년대 중반의 어린 시절, 라디오 기상통보가 너무 좋아 곧잘 방바닥에 뒹굴며 방송을 들었다.

일본과 주변국 기상관측 거점(據點)에서의 풍력이나 기온, 날씨 등의 기상정보를 아나운서가 순서대로 읽어가는 극히 단조로운 내용이었다. 기억을 되살리자면 가령 "오나하마(小名濱), 풍력 2, 흐림, 기온 15도…"라는 식으로 지명과 숫자만 이어졌다.

그런데 무엇이 재미있었느냐고 하면, 기상통보에서는 각지의 지명이 나오는지라 그 지명과 기상 상황에 따라 여태 가본 적조차 없는 '이향(異鄕)'에 대한 상상을 펼칠 수 있었기 때문이다. 그 가운데 어찌 된 영문인지 마음에 쏙 드는 3개의 지명이 있었다. '사이고(西鄕)' '이즈하라(嚴原)' '울릉도'였다.

지역적으로 가까워 이 세 곳은 잇달아 등장했다. 사이고는 시마네현(島根縣) 앞바다의 오키노시마(隱岐島)에, 이즈하라는 현해탄의 쓰시마에, 그리고 울릉도는 한국의 동쪽 바다에 있다. 따라서 한국에서 살게 된 뒤 울릉도에는 꼭 가보고 싶었으나 오랫동안 기회가 없었다. 가지 않더라도 일본어 발음으로 '우쓰료우토'라는 소리만 들으면 지금도 '풍력 2, 흐림…' 하는 기상통보 말투가 튀어나온다.

이것은 내가 '독단(獨斷)'으로 생각하는 것이지만, 울릉도의 '울릉'은 분명히 갈매기 울음소리에서 나왔다. 일본에서는 갈매기 울음소리를 '오로

롱, 오로롱'이라고 표현한 노래 가사가 있었던 것으로 기억하지만, 한국에서는 '우르릉, 우르릉' 하고 들리는 것이다.

갈매기가 일본어로 '가모메'인 것 또한 두 나라의 유사어(類似語) 가운데 하나다. '갈매기—가르메—가모메'라는 식인데, 새 이름 중에는 그런 예가 더러 있다. 한국어 두루미가 일본어로 '쓰루'인 것도 흡사하다. 일본어 '또기' 역시 한국어로는 따오기니까 여간 닮지 않았다.

한국인들이 갈매기 울음소리에 어려운 한자를 붙여서 섬을 '울릉도(鬱陵島)'라고 표기했고, 그것이 일본으로 들어와 일본인들은 '우쓰료우토'라고 불렀다는 것이 나의 독자적인 해석이다. 그 진위야 어쨌거나 나는 이 '그리운 우쓰료우토'에 이제까지 세 번 다녀왔다. 최근에는 1996년 10월로, 바로 독도와 연관이 있었다.

독도 영유와
한국합병은 관계가 없다

한국 신문사 주최로 한일 간 영유권 분쟁이 있는 독도에 관한 해상 투어가 있다고 해서 나도 참가했다. 당시는 섬에 간단하게 상륙할 수 없던 시절이었다. 그래서 투어는 섬을 멀리서 바라본 다음, 북상하여 약 90킬로미터 떨어진 울릉도에서 1박하는 일정으로 잡혀 있었다.

투어에는 마침 여당 유력 정치가로, 당시 차기 대통령 후보를 노리고 있던 박찬종(朴燦鍾) 씨도 참가하고 있었다. 배를 타고서 얼굴을 마주치게 되자 '여어, 여어' 하고 서로 반갑게 인사를 나누었다. 그런데 그는 내 의향 따위는 살피지도 않고, 은근슬쩍 나를 유력 정치가를 따라온 '수행 외국인 기자'처럼 만들어버렸다.

울릉도는 당시 인구 1만1000명으로 경상북도 울릉군이었다. 나는 박찬종 씨의 섬 시찰에 거의 반강제적으로 동행해야 했고, 밤에는 밤대로 현지 유력인사들과의 만찬 간담회에 얼굴을 내밀어야 했다. 그로서는 외국인 기자까지 데리고 온 모양새였으니까 폼이 나는 일이었다.

그러나 나 역시 덕분에 군수와 경찰서장을 위시한 현지 유력인사들과 친하게 대화를 나눌 수 있었다. 명물인 오징어 회를 안주로 하여 술자리가 무르익었다. 거기서 알게 된 사실이지만, 돈스코이 인양 이야기의 주인공이던 홍순칠 씨는 한국에 의한 독도 점거 계기가 된 1950년대의 무장 민간인에 의한 '독도 수비대' 대장이었다.

독도 수비대에 관해서는 몇 해 전, 텔레비전 드라마로 본 적이 있었다. 일본도를 휘두르는 일본 우익 집단이 섬에 상륙하여, 해안에서 한국인 수비대와 결투를 벌인다는 기묘한 장면 등이 있었던 게 기억났다.

바위산으로 이루어진 단애절벽(斷崖絶壁)의 독도에는 뛰어다닐 백사장 따위가 없다. 게다가 아무리 일본 전통복식이라고 해도, 실내에서나 입는 간편한 옷차림에 일본도를 휘두르는 일본 우익이라는 진풍경이 펼쳐졌으니, 어지간히 엉터리 같은 드라마였다는 기억밖에 남아 있지 않았다. 어쨌든 그 민간 수비대 주인공이 홍순칠 씨라고는 미처 알지 못했다.

그리고 이 독도 수비대에 관해서는 그를 주인공으로 한 다큐멘터리 소설 〈독도 수비대〉(金教植 지음, 1979년 발간)가 있다는 사실도 알아냈다.

한국과 일본이 영유권을 다투는 고도(孤島) 독도가 일본 영토로 정식으로 편입된 것은 1905년 2월 22일의 시마네현 고시(告示)에 의한다. 바로 한창 러일전쟁이 벌어지고 있던 때였다.

이미 소개한 것처럼 독도 해역이 결전장이 된 해전은 5월 하순이었다. 그러니 일본의 독도 영유는 러시아와의 대결전을 염두에 두고 행해졌던 것일까.

독도 편입은 시마네현에서 살던 어부 나카이 요자부로(中井養三郎)가 '무주(無主)의 섬'에서 독점적 어업권을 얻고자 일본정부에 청원서를 낸 것을 계기로 행해졌다. 한국 측에서는 일본 해군이 그렇게 시켰다는 견해가 있으나(金學俊 지음, 〈독도는 우리 땅〉, 1996년 발간), 이것은 사실이 아니다. 이 섬과 관련된 일본 측 움직임은 예나 지금이나 로컬(地方)의 문제다.

일본 해군은 러일전쟁이 끝나자 그해 7월 독도에 가설 망루(望樓)를 설치했다. 그렇지만 감시원은 새해가 오기 전에 철수했고, 시설은 민간인인 나카이에게 불하되었다.

당시 한국은 일본 측의 독도 영유 조치를 알면서도 특별한 대응책을 취하지 않았다. 한국 측 주장으로는 러일전쟁 하에서 한국은 군사적으로 일본의 지배를 받아 외교권을 발휘할 상황이 아니었기 때문이라는 것이다.

잘 아는 것처럼 러일전쟁 후 한국은 일본의 보호국이 되었고, 1910년에는 일본에 합병되었다. 그러므로 한국 측은 일본이 독도를 일본영토로 편입한 것은 한국 지배의 일환이었다고 한다. 그 결과 1945년의 해방으로 독도 영유권도 당연히 한국으로 돌아왔노라고 주장한다.

독도 문제에서 좀 미리 말하자면, 일본은 1945년 패전으로 연합국에 의해 한국 지배를 끝내게 되었다. 그 후 1952년 일본이 주권을 회복했을 때, 연합국은 한국의 독도 영유권을 인정하지 않았다. 즉 국제사회는 일본의 독도 영유가 1910년의 한국 합병과는 관계없이 일본영토라고 판단했던 것이다.

이것은 일본이 국제사법재판소에서 판단을 내리도록 하자고 계속 주장하고 있는 최대의 근거라고 할 수 있다.

'우산(于山)'은
울릉도를 가리킨다

1905년 일본은 독도를 '주인 없는 섬(無主島)'으로 치고 자국 영토로 편입했다. 하지만 이 섬이 원래 어느 쪽에 속한 것인지에 관해서는 쌍방에서 각종 연구와 논쟁이 벌어진다. 그 가운데 흥미로운 것이 울릉도와 독도의 관계이다.

울릉도에 가보니 상당히 북쪽에 있는데도 난류가 흘러들기 때문인지 대나무가 자라고 있었다. 울릉도는 옛날 일본에서 '이소타케시마(磯竹島)'라느니 '다케시마(竹島)'라느니 하고 불렸다. 일본에서는 현재의 독도를 '마쓰시마(松島)'라고 부른 시기도 있었다.

한국 측의 '독도 투어'에 참가하여 중계지인 울릉도를 방문했을 때, 울릉도에서는 '제2회 우산(于山)문화제'가 이제 막 끝난 참이었다. 길거리에는 문화제 횡단막이 여기저기 남아 있었다.

'우산'은 울릉도의 옛 지명이라고 했다. '우산문화제'는 이곳의 유서 깊은 옛 지명을 따서 일본식 '마치오코시(町興し、지역 살리기)'를 꾀하는 셈

이었다. 한국에서의 지역 활성화이다. 울릉도에는 '우산중학교'가 있고, '우산다방'이라는 간판도 보였다.

한국 측에서 독도가 고대 신라시대로부터 자신들의 영토였다는 증거로 드는 것이 '우산=독도' 설이다. 이에 비해 일본 측은 '우산=울릉도' 설을 주장하여 대립해왔다. 그러나 '우산문화제'의 울릉도에 가서 보니 '우산'은 100킬로미터 가량이나 멀리 떨어진 고도(孤島) 독도가 아니라 바로 울릉도였다.

한국 측은 우산도와 울릉도는 다른 곳으로, 우산도가 독도인 것처럼 주장해왔다. 그렇지만 그것이 고지도와 고문헌 읽기의 잘못이라는 사실을 실증적으로 지적하는 등 한국을 상대로 고군분투해온 일본인이 전(前) 인천대학 객원교수 시모조 마사오(下條正男) 씨이다.

그는 현재 일본 다쿠쇼쿠(拓殖)대학 교수로 있으면서 시마네현의 '다케시마(竹島)문제연구소'를 주도하는 등 민간 레벨에서 과감하게 분투하고 있다. 나는 그가 한국에서 거주할 때 알게 되었다. 그가 쓴 논문 〈다케시마문제고(竹島問題考)〉는 일본 잡지 〈겐다이(現代) 코리아〉 1996년 5월호에 게재되었다. 거기서 나아가 독도 문제에 관한 최초의 일반서적 〈다케시마는 일한(日韓) 어느 쪽의 것인가〉(文春新書, 2004년 4월 발간)가 탄생했다. 책으로 출판할 때 나도 다소 거들었다.

그는 이 책의 서문에 이렇게 적었다. 김영삼(金泳三) 정권 시절(1993~98년)에 한국정부가 독도에 접안시설(부두)을 건설하는, 한일 국교정상화 이후로는 최대의 '현상 변경'을 강행했다. 여기에 일본정부가 항의하자 일본 규탄데모 등 반일감정이 치솟던 시기의 일이다.

{그런 어느 날 저녁, 당시 서울의 일본인학교에 다니던 초등 2학년생 딸이 "아빠, 일본이 무슨 나쁜 짓을 한 거야?"라고 마치 언급해서는 안 될

것을 묻기라도 하듯 조심스레 물었다. 나는 대답이 궁해지고 말았다. "학교 선생님은 무어라고 하시던?" 하고 되묻자 딸은 그저 고개를 숙이고 있을 따름이었다. 나는 그 모습이 너무 애처로워 견디기 힘들었다. 당시 나는 "그런 일은 없어" 하고 부인하긴 했으나 그게 무슨 확증이 있어서 그랬던 것은 아니었다.}

그래서 우선 한국의 교과서에 실린 독도 관련 기술(記述)을 살피고, 영유권 주장의 근거로 삼고 있는 한국의 고문헌 검증을 벌여나갔다. 그는 한문에 소양이 있어서 한문으로 기록된 한국 고문헌을 읽을 수 있었다.

{딸은 당시 아직 초등학교 2학년이었다. "나쁜 일은 저지른 적이 없어요"라는 설명 외에 달리 덧붙일 말이 없었다. 언젠가 더 자란 다음에 하리라고 마음먹고 한동안은 보다 깊이 독도 문제에 관해 조사해가기로 했다…}

이것이 시모조 씨가 독도 문제에 발을 들여놓은 계기였다.
시모조 씨에 의하면 한국 측이 예로부터 자국 영토라고 의식해온 것은 '우산국'이라는 이름의 울릉도였고, 독도는 거의 관심 밖이었다고 한다. 더구나 근세에 와서 이 섬은 어업상의 관심을 중심으로 일본과의 관계가 훨씬 강했다.
그렇다면 일본이 러일전쟁 시기에 아예 일본영토로 정식 편입했다는 사실이 나중에 한국합병의 일환으로 오해되는 원인이 되었다고 할 수도 있다. 그러나 이미 밝혔듯이 사실 독도 영유는 한국합병과는 관계가 없는 것이다. 그것을 한국은 일본에 의한 '한국침략'의 서곡이었다고 하여, 민관(民官) 합동의 애국 캠페인으로 끌어올려 일본에 대한 투지를 불태우고 있다.

그런데 몇 해 전, 서울에서 사는 일본인으로 시마네현 오키섬에 다녀온 사람으로부터 향토지(鄕土誌) 〈오키의 문화재〉 제7호(오키섬 교육위원회, 1990년 발행)의 복사본을 얻었다. 거기에는 1911년 울릉도에서 태어나 일본 패전으로 귀국한 어부의 인터뷰가 실려 있었다.

그 내용에 따르면 오징어로 유명한 울릉도에서의 오징어잡이는 메이지 시대(1867~1912년)에 오키의 일본인이 도구를 가져가 시작했다고 한다. 그때까지 "한국인들은 농사를 짓고 오징어는 잡지 않았다. 일본인이 하는 것을 보고 우리도 하자며 시작했다. 사실 울릉도는 일본인이 개발했다"고 덧붙였다. 일본이 패전하기 전까지 이 섬에는 약 1000명의 일본인이 살고 있었다고 한다.

울릉도에는 가는 곳마다 오징어를 말리고 있다. 최대의 산업(?)이라고 해도 무방할 정도다. 울릉도는 이제 오징어를 빼고는 존재할 수 없다고 말할 수 있다. 결과적으로 한국의 경제발전에 기여한 일본으로서는 이걸로 만족해야겠지만, 이런 유의 이야기는 한국 각지의 어항(漁港)에 남아 있다. 어업에서도 일본은 한국에 커다란 근대화의 이익을 안겨주었던 것이다.

울릉도에는 그 후 한국 국방부의 외국인 기자 초대로 서울에서 대형 군용 헬리콥터를 타고 찾아간 적이 있다. 도중에 동해안의 강릉 기지에 들른 다음, 약 100여 킬로미터의 바다 위를 날아 섬에 도착했다. 섬 중앙의 산 위에 해군 감시소가 있어서 소규모 부대가 주둔하고 있었다. 감시 활동으로는 북한의 해상 경계가 주된 임무였지만, 일본 순시선 동향도 그 대상이 되어 있었다. '독도'와 결부된 것이다.

'쓰시마도 한국 땅'이라는
대일(對日) 보복 심리

한국군에는 일종의 '군사 포퓰리즘(대중 영합)'이 있어서 걸핏하면 '독도'를 이용하여 반일, 애국주의를 이끌어낸다. 특히 해군의 경우 이런 경향이 두드러진다. 섬 주변에서의 해상 훈련을 종종 매스컴에 선전한다. 한국 최초의 대형 상륙함을 '독도함'이라고 명명한 것도 그렇다. 모조리 "독도 방위를 위하여!"라고 하면 여론의 인기와 관심이 높아져 예산도 늘어나는 것이다.

슬쩍 비틀자면, 독도를 에워싼 실체가 없는 '일본의 위협'을 예상한 '독도 사수!'를 외치고 있는 틈새에, 서해안에서는 북한의 공격을 받아 초계함과 경비정이 격침되는 등 당하기만 한다. 애국 여론에 영합한 결과, 명백하게 '주적(主敵)'을 혼동하고 있는 것이다. 이 또한 실로 정나미가 떨어지는 일이다.

군용 헬리콥터로 찾아갔을 때의 에피소드가 떠오른다. 섬 내 견학으로 항구로 가자, 부두에 커다란 방어를 산더미처럼 쌓아놓고 팔고 있었다.

그날 아침에 귀항한 어선에서 막 실어낸 것이었다. 방어에 사족을 못 가누는 일본인, 아니 나로서는 군침이 흐르는 풍경이었다.

값을 물어보니 몸 길이 1미터짜리가 1만 원이라고 했다. 일본 화폐로 환산하면 1000엔쯤이다. 싸도 너무 쌌다. "어째 이렇게 값이 싸냐?"고 물었더니 "한국인은 방어를 그다지 즐기지 않아서 그렇다"고 했다. 아깝다!

최근 들어 서울에서도 제철이 오면 다소 방어가 나돌고 있다. 그렇지만 확실히 일반적으로는 그다지 인기를 끌지 못한다. 파는 가게를 찾지 않으면 맛보기도 어렵다. 그 부두에서 산더미처럼 쌓인 방어를 앞에 두고 발걸음이 떨어지지 않아 주접스레 안내를 맡은 장교에게 "헬기에 싣고 갈 수 없을까?" 하고 슬쩍 물어보았다. 대답은 당연히 '노!'였다.

울릉도에는 1997년에 멋진 '독도박물관'이 생겼다. 재벌기업 '삼성(三星)'의 기부로 만들어졌고, 관리와 운영은 지방자치단체가 맡고 있다. 재벌 역시 '애국 사업'에는 돈을 아끼지 않는다. 오징어에 호박엿, 그리고 이따금 방어밖에 없었던 절해(絕海)의 고도 울릉도가 지금은 독도박물관 덕택으로 '애국 관광'의 명소로 변했다.

독도박물관이 건립되고 한참 지난 다음으로 기억하는데, 나는 일부러 박물관을 구경하러 간 적이 있다. 박물관도 박물관이었지만, 사실은 박물관 입구에 거대한 돌 비석이 서 있고, 거기에 "대마도(쓰시마)가 한국 땅이라고 적혀 있다"는 정보를 한국 거주 일본인으로부터 입수했기 때문이다.

'독도'가 어째서 '쓰시마'인가?

분명히 높이 3, 4미터 가량 되는 엄청난 석비(石碑)가 서 있었다. 거기에 한문으로 커다랗게 '대마도본시아국지지(對馬島本是我國之地)'라고 새겨져 있었다. '쓰시마는 본래 우리나라의 영토'라는 뜻이다. 세워진 것은 2002년이었다. 박물관의 전시에 의하면 15세기 초, 한국(조선)이 해적(왜

구) 퇴치를 이유로 쓰시마에 쳐들어갔는데, 그것을 기록한 고문헌에 그런 문구가 있다고 했다.

이 석비에 관해 일본 신문에 소개한 것은 내가 처음이었던 것으로 여겨지지만, 독도에 대한 일본의 영유권 주장에의 '보복 심리'에서 나온 것으로, 기사에서도 그렇게 썼다. "한국의 독도 영유권 주장도 그만큼 엉터리로 여겨지니 한국으로서는 도리어 손해가 아닐까?"라고 슬그머니 비꼬아주고 싶어지는 발견이었다.

시마네현은 1905년 일본이 독도를 일본영토로 정식 편입한 2월 22일을 2005년 현조례(縣條例)로 '다케시마의 날'로 제정했다. 여기에 한국에서는 한바탕 반발이 일어났고, 그 일환으로 마산시(현 창원시)가 즉시 조례로 6월 19일을 '대마도의 날'로 제정했다.

이 또한 '보복 심리'인데, 왜 하필 6월 19일인가 했더니 앞서 소개한 15세기 초의 쓰시마 침공군이 마산을 출발한 것이 그 날이기 때문이라고 했다. 흡사 어린아이들 싸움이라고 할까, 속이 뻔히 들여다보이는 장난이었다. 그렇지만 그게 진지한 반일 애국 퍼포먼스로서, 유머가 아니니 낭패다.

독도수비대
대일 전과(戰果)의 허실

울릉도를 둘러싸고는 2011년에도 사건이 발생했다. 영토 문제에 관심을 가진 일본 국회의원인 신도 요시타카(新藤義孝), 이나다 도모미(稻田朋美), 사토 마사히사(佐藤正久) 씨가 독도박물관 등이 있는 울릉도를 현지 시찰하기 위해 한국으로 왔다. 그런데 한국정부에 의해 김포공항에서 입국 거부되어 그냥 그대로 발걸음을 돌려야 했던 것이다.

독도를 두고는 어떤 종류의 종교화한 열병적인 반일, 애국 여론을 염려한 한국정부의 과잉 반응이었다. 일본 여당 국회의원의 입국조차 거부하는 것인지라 정상이 아니다. 보통이라면 "부디 현지로 달려가서 우리의 주장을 알아주세요" 하고 환영하는 것이 상식이리라.

그 같은 상식이 통용되지 않는 것이 한국에서의 독도 문제이다. 한국에서 곧잘 들려오는 '원천 봉쇄'라는 것이다. 이론(異論), 반론(反論), 의론(議論)…은 일절 받아들이지 않는 폐쇄적인 강경론, 강경책을 가리킨다.

이것은 '반일 무죄' '애국 무죄'라는 말과도 통한다. "반일과 애국을 위해서는 무슨 일을 하건 용납된다"고 하는 한국 사회에서, 지금도 여전히 이어지는 대일 편협(偏狹) 혹은 대일 장벽(障壁)이다. 거기서는 국제적인 상식이나 법치주의는 통용되지 않는다.

당시의 방한 국회의원들과 동행한 사람이 앞서 소개했던 '다케시마문제 연구회'의 시모조 마사오 교수였다. 그 또한 공항에서 입국 거부를 당하여 되돌아갔다.

그런데 앞서 소개한 다큐멘터리 소설 〈독도 수비대〉에 의하면, 울릉도에 거주하던 홍순칠 씨 등 무장 민간인으로 구성된 독도 수비대가 독도를 점거한 것은 6·25전쟁 직후인 1954년부터 56년까지의 3년 동안으로 되어 있다. 30여 명인 그들은 박격포, 기관총, 소총으로 무장하여 교대로 독도에 상주하면서 감시활동을 편 것으로 나와 있다. 민간인이 마음대로 무장을 한 것도 놀랍지만, 그것을 정부가 허용한 '애국 무법' 역시 대단하다.

그 기간 동안 접근해온 일본 해상보안청 순시선에 발포하여 '사상(死傷) 16명', 시마네현 수산고교 실습선을 나포하는 등 '전과'를 올렸다고 했다. 하지만 일본 측 기록으로는 순시선이 피탄(被彈)한 사실은 있으나 사상자에 관한 언급은 없고, 수산 실습선 나포 사실도 없다.

그 중 일본 순시선에 대한 발포는 일본 측 기록으로는 1953년과 54년의 두 차례였다. 더구나 앞쪽은 독도 수비대가 스타트하기 전이다(다케시마문제연구회 편, 〈다케시마문제 100문 100답〉에서).

소설은 말 그대로 픽션이다. 일본과의 통쾌한 '싸움'과 '승리'의 광경을 흥미진진하게 창작한 것이다. 특히 나포된 수산고교 실습선 '다이센마루'의 일본인 승조원 20여 명은 '포로'가 되었고, 수비대에 의해 총으로 위협당하면서 '독도는 한국 땅!'으로 철저히 교육을 받는다. 이들 일본인들은 굽신거리며 애원하여 간신히 석방된다.

단지 이 수비대라는 것은 민간인이 불법으로 무장했던지라 국제적으로는 '해적'으로 취급되었다는 사실이 소설에도 적혀 있다. 그 바람에 한국 정부도 곤란하여 '사령관'으로 자처하던 홍순칠 씨에 대한 체포영장을 한 때 발부했고, 국회에 환문(喚問)되었던 것으로 나온다.

독도 수비대는 결국 한국정부에 의해 해산되고, 그 대신 정부가 책임을 진다고 하여 경찰 경비대가 파견되어 현재에 이르고 있다. 한국에 의한 섬의 '무장 점거'는 이런 식으로 시작되었던 것이다.

한국에서는 최근 들어 독도 애국 열광 속에서 "해병대를 상주시켜야 한다"는 여론이 들려온다. 그러나 독도를 두고 마음먹은 대로 실컷 현상(現狀) 변경을 거듭해온 한국정부이지만, 군대 상주만큼은 그나마 피하고 있다.

독도의 강치는
왜 절멸했는가?

한국정부에 의한 최근의 '현상 변경' 가운데 최대의 것은 노무현(盧武鉉) 정권(2003~08년) 시절에 섬으로의 민간인 왕래를 자유화한 것이다. 이에 따라 섬 방문이 관광화되고, 독도 문제가 대중화되었다. 그 후 섬을 방문한 사람은 20만 명이 넘는다. 그 조그만 바위산에 매일 500명이나 되는 관광객이 찾아갔다는 계산이다. 그들은 부두에서 애국 이벤트를 가진 뒤 '독도는 우리 땅'을 합창하고 '대한민국 만세!'를 외친다.

이미 썼듯이 나는 1996년 가을, 독도를 찾았다. 하지만 당시의 관광은 섬으로의 상륙(접안)이 아니라, 섬 주변을 돌면서 바다 위에서 섬을 바라볼 뿐이었다. 나는 그 '방문기'를 〈산케이신문〉의 칼럼과 잡지(《文藝春秋》)에 썼다. 두 기사에 모두 '원망(遠望)' 또는 '망견(望見)'이라고 밝혔다.

그 이유는 일본정부로부터 한국 지배 아래 놓인 독도 방문은 한국 측 영유권을 인정하는 게 되므로 금지되어 있었기 때문이다. 따라서 '방문'이라고 적지 않았으나, 그래도 나중에 주한 일본대사관 공사에게 불려가

"본부로부터의 지시입니다"면서 경고 통고를 받아야 했다. 그렇다면 '원망' 이란?

배가 섬에서 영해에 해당하는 12해리(약 22킬로미터) 이내로 들어가면 방문이리라. 지금 돌이켜보면 그때 분명히 12해리 이내에서 섬을 바라본 것 같다. 따라서 경고를 받아도 도리가 없었던 셈이다.

그런데 원망한 독도의 모습은 어땠는가? 한국인들로서는 종교와도 닮은 애국 감정에서 반드시 '아름다운 섬'이 아닐 수 없다. 그렇지만 배 위에서 원망한 첫 인상은 '불그스름하게 퇴색한 커다란 암초'와 같은 섬으로, 결코 아름답지는 않았다. 계절은 10월이었으나, 원망하는 한 숲은 없었다 (섬에는 본래 나무가 자라지 않는다).

그 불그스름하고 칙칙한 바위 표면만이 두드러진 섬에 콘크리트의 경비대 숙소와 등대, 헬리포트(이것은 상공에서밖에 보이지 않지만) 등 인공 시설이 다닥다닥 붙어 있다. 이제는 대형 접안시설이 생겼고, 바위에는 '한국령(韓國領)'이라고 새겨져 있다. 일본인에게는 이런 '자연 파괴'가 유난히 추하게 여겨진다.

그런데 독도에는 옛날 강치(영어 이름= 재패니즈 씨 라이언)가 살고 있었다. 시마네에서는 '메치'라고 부르며, 패전 전의 일본 지배 시절에는 강치잡이도 행해지고 있었다. 일본인에 의한 강치잡이 풍경을 담은 사진도 남아 있는데, 그 후 섬에서 강치가 사라졌다. 지금은 어디에도 살고 있지 않다.

강치를 에워싼 생태계가 변화한 것이다. 여기에 대해 한국에서는 "일제 강점기에 일본이 절멸시켰다!"고 비난한다. 항상 그러하듯 '나쁜 것은 무엇이든 일본 탓'이라는 '일제 악자사관(惡者史觀)'이다. 그러나 사실은 일본의 한국 지배가 끝난 1945년 이후에도 독도에 강치가 살았음이 한국의 신문보도로 알려졌다.

앞서 나온 시모조 교수의 조사에 의하면 〈동아일보〉는 1976년 7월 24일 자에서 "한국전쟁 전후에는 200~300마리가 서식했고, 1958년 이후 해양 경비대원들의 총격으로 멸종했다"고 보도했다. 또 〈경향신문〉도 그해 8월 3일자에 "경찰 경비대가 주둔하여 … 감소했다"고 전하고 있다(일본 〈山陰中央新報〉 2015년 2월 1일자 재인용).

그 뒤 시마네현 연구자로부터 나에게 부쳐져온 세계자연보호기금(WWF) 의 1977년도 보고서 영문 카피에 따르면, 독도의 강치에 관해 "최상의 보호책은 경비대가 섬에서 철수하는 것이다"고 되어 있었다.

그러니 독도의 강치 절멸은 한국에 의한 무장 점거가 원인이었음이 밝혀진 것이다.

불가사의한 것은 한국이 독도에 여러 인공시설을 지어 연간 20만 명 이상의 인간을 들여보내 섬을 '만신창이(滿身瘡痍)'로 만들면서도, 섬을 '천연보호구역'으로 지정하여 천연기념물로 취급한다. 실로 언어도단이다.

이래서야 강치도 섬에 다가가지 않는다. 지금이라도 늦지 않다. 한일 공동으로 섬을 '유네스코 세계자연유산'으로 등록하면 좋지 않을까. 이것은 물론 한국에 대한 비난이다. '유네스코 세계자연유산'이 되려면 먼저 섬에서 모든 인공 시설을 철거하고, 섬을 자연으로 돌려놓지 않으면 안 된다.

04

회화나무는 남았다

민비(閔妃) 암살사건의 통한(痛恨)

고도(古都) 서울의
외교가(外交街) 정동(貞洞)

나는 〈교도통신(共同通信)〉 서울지국장(1980~84년)에 이어 두 번째 서울 상주기자로서 1989년 1월 다시 서울에 왔다. 이때는 〈산케이신문〉 서울지국장으로서의 부임이었다. 〈산케이신문〉으로부터 "서울에서 원하는 대로 무기한 일하도록 해줄 테니까 와 달라"는 가슴 벅찬 제의가 있었던 지라 기꺼이 직장을 옮겨 다시금 서울로 달려왔다.

그러는 사이에도 1986년 아시안게임과 1988년 서울올림픽을 비롯하여 취재를 위해 수시로 한국을 오갔으나, '상주(常駐)'라는 내 바람이 이뤄진 두 번째 근무였던 것이다.

이후 나는 〈산케이신문〉 서울지국에서 30년 가까이 보내게 되는데, 지국 사무실은 중구 정동의 경향신문사 빌딩 내에 있다. 서울의 중심부인 정동은 덕수궁 뒤편이다. 덕수궁은 조선시대 왕궁의 하나로, 그 정문인 '대한문(大漢門)' 앞에서는 매일 고풍스러운 왕궁 의장대에 의한 퍼포먼스가 펼쳐지는지라 외국인 관광객들에게는 절호의 구경거리로 꼽힌다.

돌담으로 에워싸인 덕수궁 '돌담길'은 가로수와 잘 어울려 멋진 산책로가 되어 있다. '덕수궁 돌담길'을 타이틀로 한 애조(哀調) 띤 대중가요도 등장했다. 낮에는 점심시간을 이용한 샐러리맨과 직장 여성들, 밤에는 데이트를 즐기는 젊은 커플들로 북적인다.

덕수궁을 위시한 정동 일대는 가을이 되면 노랗게 물든 은행나무 가로수가 아름답다. 은행잎이 떨어진 보도(步道)는 그야말로 '황금의 카펫'으로 바뀐다. 고도 서울에서 한가로운 풍정(風情)을 맛볼 수 있는 몇 남지 않은 장소이다.

정동 일대에는 영국대사관과 미국대사관저, 러시아대사관, 캐나다대사관을 비롯한 외국 공관이 여기저기 자리하고 있다. 한국 최초의 프로테스탄트 교회인 붉은 벽돌 건물의 '정동 교회'와, 개화기의 '이화학당'을 이어받은 이화여자고등학교도 있다.

이 언저리가 개화기의 '외교가(外交街)'였던 것이다. 굳이 그 상징을 찾자면, 역사적으로는 영국이나 미국이 아니라 사실은 '러시아공사관'이었다.

현재의 러시아대사관은 정동 중심부에서 약간 벗어난 옛 배재고등학교 자리에 위용을 뽐내고 있지만, 옛 러시아공사관은 현재의 미국대사관저 혹은 정동극장의 뒤쪽에 위치했다. 지금은 서울시가 관리하는 조그만 공원으로 바뀌었다. 원래는 6200평의 드넓은 곳이었던 것으로 전해지는데, 한국과 소련이 1990년 국교 회복을 한 뒤 소련(현재의 러시아)이 "우리나라 소유의 땅이다"고 주장하고 나서는 바람에 반환 및 보상 교섭이 벌어졌다.

그 결과 예전 자리는 한국이 소유하고, 대신 쌍방이 서울과 모스크바에 서로의 대사관 용지를 별도로 제공하는 것으로 낙착되었다. 한국 측은 러시아 측에 차액(差額)으로 2750만 달러의 보상금을 지불했다고 한다. 그만큼 러시아공사관 터는 넓었던 것이다.

공사관이 있던 자리의 공원에는 조그만 언덕이 있고, 언덕 위에는 당시를 떠올리게 해주는 3층짜리의 하얀 서양풍 옥탑만 사적(史蹟)으로 남아 있다. 거기만 잔디가 깔리고 철책으로 둘러쳐져 있다. 사적 표시판인 동판(銅版)에는 러시아공사관에 관한 역사적인 의미가 이렇게 조촐하게 적혀 있다.

{명성황후가 시해된 후 1896년 2월로부터 1년 간, 고종이 세자(순종)와 함께 머물렀던 곳이다. 이 기간 동안 친일파 내각이 무너지고, 친러시아적인 내각이 조직되었으며…}

한국의 '로쿠메이칸(鹿鳴館)'에서 암약한 미스 손탁

이 항목에서는 한일 근대사 최악의 사건이며, 일본으로서는 통한(痛恨)이 된 '민비 암살사건'을 다루고자 한다. 그에 앞서 잠깐 샛길로 빠지기로 하자.

러시아공사관 자리를 찾아가려면 정동 한복판을 지나는 2차선 도로에서 옆으로 난 골목으로 약간 들어가야 한다. 그 골목 입구의 모퉁이가 지금은 캐나다대사관이지만, 캐나다대사관의 현관 앞 보도에 가로수와 별도로 엄청나게 커다란 고목(古木)이 있다. 회화나무 거목이다.

너무나 촌스러운 노목(老木)이라는 인상을 던지는데, 어른 몇 사람이 손을 잡아도 모자랄 만큼 덩치가 크다. 그러나 위쪽으로 퍼진 가지는 축 처져 힘이 없어 보인다. 줄기에는 보강제(補强劑)가 꽂혀 있고, 가지는 쇠파이프로 받쳐놓았다. 그래도 해마다 봄이면 싹이 트고, 신록이 무성해진다. 틀림없이 살아 있는 것이다.

문화재이므로 철책을 둘러쳐 보호하며, 유래를 밝힌 표시판이 있다. 거

정동 캐나다대사관 앞에 보존된 회화나무.

기에는 "1976년에 문화재로 지정되었다"고 적혀 있다. 지정 당시에 '수령 (樹齡) 520년'으로 되어 있으니 지금은 수령 560년이라는 계산이 나온다.

조선은 1910년 일본에 합병되어 막을 내렸다. 그렇지만 통칭 '조선왕조 500년'이라고 하니까 이 회화나무는 그 500년 역사를 송두리째 지켜봐 온 셈이 된다.

캐나다대사관이 이 자리에 온 것이 2003년이다. 그 전까지 여기에는 '하남(何南)호텔'이라는 2층짜리의 볼품없이 조그만 여관이 있었다. 나도 두어 번 묵은 적이 있는데, 호텔이라기보다 여관이라고 하는 편이 더 걸맞은 낡아빠진 허름한 숙박시설이었다.

그런데 캐나다대사관이 들어서기 전, 즉 하남호텔 시절 그 앞 보도의 회화나무 곁에는 조그만 석비가 세워져 있었다. 비석에는 "손탁호텔 자리. 한말(韓末)에 러시아에서 온 손탁(Miss Sontag)이 호텔을 지어 내외국인의 사교장으로 사용했다"는 짤막한 설명이 새겨져 있었다. '한말'은 대한제국 말기로, 일본에 의한 한국합병 전에 해당한다. 그 석비는 지금은 사라지고 없다.

다시 말해 캐나다대사관 이전에 하남호텔이었던 곳에는 옛날 손탁호텔이라는 이름의 호텔이 있었다는 것이다. '손탁'이라는 것은 당시 주한 러시아공사로 수완을 발휘하던 웨벨(Weber)의 처형(妻兄)인 '미스 손탁'을 가리킨다.

그녀는 한국의 개화사에 등장하는 서양여성이다. 이름으로 짐작컨대 독일계로 여겨진다. 국왕 고종으로부터 땅을 하사받아 호텔을 세웠다고 하며, 그것은 한국 최초의 서양풍 호텔로서 역사에 이름이 남아 있다.

손탁호텔은 당시 서울 최대의 국제적 사교장이었다. 한국(조선)이 서양문화를 접하기 시작할 무렵인 소위 개화기의 일이니까, 일본으로 치자면 메이지유신(明治維新) 이후에 생겼던 사교장 '로쿠메이칸'의 한국판인 셈이다.

러시아는 이곳을 무대로 한국 지배를 위한 책략을 펼쳤다. 그 노림수는 일본에 대항하여 한국 요인들을 여하히 러시아 쪽으로 끌어들이느냐 하는 것이었다. 한국 측으로서도 일본의 지배 확대를 막기 위해 러시아를 이용하고자 하는 친러파가 있었다. 손탁호텔은 밤낮으로 친러파 한국인과 그것을 견제하려는 친일파 한국인 등 저마다 속셈이 다른 '정객(政客)'으로 붐볐다고 한다.

러시아공사 웨벨은 한국 조정으로 깊숙이 파고들었다. 미스 손탁은 국왕 고종 이상으로 정치력이 있었던 왕비 민비의 마음에 드는 존재가 되었다. 웨벨 공사의 아내나 미스 손탁이 러시아를 경유하여 들여오는 서양문화에 왕비는 홀딱 빠졌다.

'북의 위협'의 뿌리와 러시아에 대한 불안

여기서 20세기에 앞선 19세기 말의 한국을 에워싼 국제정세를 언급해 두기로 하자.

메이지유신(1868년) 뒤의 일본이 한반도(한국)에 관심을 갖게 된 것은 신생 근대국가로서 '뒤늦은 이웃나라'에 대한 으스댐의 인상이 짙다. 하지만 동시에 에도막부(江戸幕府, 1603~1867년) 말기로부터 메이지시대에 걸쳐 아시아로 밀려들어 오던 서구 제국주의의 압력, 그중에서도 특히 북방으로부터의 '러시아의 위협'에 대한 불안감이 배경에 깔려 있었다고 해도 무방하다.

일본으로서 '북방의 위협'이라는 것은 역사적으로 거슬러 올라가자면 이렇다. 우선 고대사에 속하는 7세기, 한반도에서의 백제와 신라의 전쟁 (한반도의 통일전쟁)에서 백제를 지원할 대군(大軍)을 파병하여 나당(羅唐) 연합군에게 참패한 '백촌강(白村江) 전투' 뒤의 불안감에 그 뿌리가 있는지 모른다.

혹은 가마쿠라시대(鎌倉時代)였던 13세기, 중국대륙을 지배하던 몽골의 '원(元)'이 한반도의 고려를 앞장 세워 일본으로 침공해온 세칭 원구(元寇) 또한 일본으로서는 '북방의 위협'으로, 안보와 국방관(觀)에서 트라우마가 되었다.

나아가 시대를 내려와 제2차 세계대전 후의 냉전기에 소련과 중국, 게다가 김일성의 북한 등이 '공산주의 혁명 수출'에 열심이었던 무렵, 일본에서는 '부산 적기론(赤旗論)'이라는 말이 유행했다.

소련이나 중국, 그리고 그 앞잡이인 북한을 포함한 공산주의 혁명 세력은 일본으로서는 말 그대로 '북방의 위협'이었다. 6·25전쟁은 그 위협이 현실화된 것이었다.

그 결과 한반도의 남쪽인 한국마저 공산권이 되어 버린다는 사실, 즉 한반도 남단인 부산에 적기가 펄럭인다면 일본의 안전은 위태로워진다, 그걸 막으려면 한국을 지원하여 우리 편으로 만들어두지 않으면 안 된다… 이것이 '부산 적기론'의 핵심이었다.

부산 적기론의 원류는 19세기 '러시아의 위협'에 대한 불안감이라고 할 수 있으리라. "팽창하는 러시아의 남하를 막기 위해서는 한국(한반도)을 방파제로서 우리 편에 세워두어야 한다"는 논리다.

19세기 말, 청일전쟁에서 일본은 청국(중국)에 이겨 한국에 대한 지배권을 장악했다. 그렇지만 동아시아에서 일본의 지배 확대를 염려한 러시아를 선두로 프랑스, 독일 등에 의한 이른바 '삼국 간섭'을 불러와 일본의 영향력 확대는 저지되었다.

청일전쟁에서 일본의 승리와 청국의 패배는 한국(조선)으로서는 청천벽력이었다. 말하자면 유사 이래라고 해야 할 중화 문명권에서 중국 지배 하의 '화이(華夷) 질서' 붕괴이며, 오랜 세월의 중국 지배와 중화 숭배로부터 탈출할 결정적인 계기가 되었다. 그 결과 여태까지의 '조선'은 독자적 국호로서 '대한제국'이 되었다. 중국 눈치를 살피지 않고 '제국'을 자처할 수 있도록 된 것이다.

그런데 이번에는 중국을 대신하여 근대국가로서 등장한 일본의 존재가 커다란 그림자가 되어 한국 조정에서 친일 세력이 힘을 얻었다. '앞으로는 일본'이라는 셈이었다.

그럴 참에 '삼국 간섭'에 의해 러시아의 반격이 시작되었다. 친일 세력에 대항하여 친러파가 세력을 뻗어나갔다. 그 중심인물로 지목된 것이 왕비 민비였다. 그런 가운데 한국 조정에서 친러파 배제를 노린 일본은 1895년 10월 8일 새벽, 통한의 '민비 암살사건'을 일으킨다.

일본 외교의 미숙함을 드러낸
왕비 참살(慘殺)

내가 한국을 취재하기 시작한 것은 1970년대부터다. 이후 지금까지 언론보도는 물론이고 영화, 텔레비전 드라마, 연극 등이 전해주는 '민비 암살사건'을 대관절 몇 차례나 접했을까? 한국에서는 이 사건이 당시의 일본이 획책한 '만행(蠻行)'으로 수없이 되풀이되며 전해지기 때문이다.

사건이 발생한 지 100주년이던 1995년에는 세미나와 학술발표 등을 포함한 관련 행사가 다채롭게 개최되었다. 특히 민비를 주인공으로 한 첫 뮤지컬 〈명성황후(明成皇后)〉가 공개되어 인기를 끌었다.

여기서 그녀의 호칭으로 '민비'인지 '명성황후'인지에 관해 언급해두기로 하자. 이것은 역사인식 문제에서의 두뇌 운동이기도 하다.

현재 한국에서는 교과서를 비롯하여 한결같이 '명성황후'로 부른다. 이것은 사건 2년 뒤 한국이 '대한제국'으로 국호를 바꾼 결과 국왕 고종은 황제, 왕비는 황후로 불리게 되었기 때문이다. 그래서 사건에 관해서도 '명성황후 살해사건'으로 고쳤다. 그러나 사건 당시에는 아직 '대한제국'이 아니었다. 따라서 역사적인 호칭으로서는 '민비' 쪽이 정확하다.

어쨌든 뮤지컬은 그 후 국내는 물론 해외에서도 〈라스트 엠프레스〉라는 타이틀로 거듭 공연되어, 현재에 이르기까지 한국 뮤지컬의 롱 히트작으로 꼽힌다. 한국 매스컴에서는 '완성도가 높은 작품'으로 해외에서도 호평을 받았다고 전한다.

그런데 이 뮤지컬은 작품 서두에 '히로시마(廣島) 원폭 투하' 장면을 영상으로 일부러 삽입해놓았다. 일본인으로서는 정말로 얼굴이 찌푸려지는 일이다. 이것이 '일본에 원폭을 투하한 것은 일본에 의한 민비 암살사건의 인과응보'라는 역사적 메시지이리라. 한국에서는 민비 암살사건이 이토록 '악행(惡行)'으로서 국민교육을 되풀이하는 셈이다. 그래도 사건은 뮤지컬 무대에서는 나름대로 '예술적(?)'으로, 그리고 상징적으로 묘사되어 있다. 하지만 텔레비전 드라마에서는 그렇게 되지 않는다.

기억을 되살리자면, 한국의 NHK라고 할 KBS 텔레비전은 1995년에서 이듬해까지 그 해의 대하드라마로서 개화기를 무대로 한 〈찬란한 여명(黎明)〉을 방영했다. 마지막 회의 클라이맥스는 당연히 왕비 살해 장면이었다. 기모노 차림의 일본인들이 일본도를 휘두르면서 왕궁으로 난입하여 왕비를 참살한 뒤, 유체(遺體)를 태워버리는 장면인지라 한국에 거주하는 일본인으로서야 배겨내기 힘들다.

영상이 없던 시절은 좋았으나, 텔레비전 시대가 되자 이 같은 역사적인 장면은 영상으로서 생생하게 재현된다. 텔레비전 드라마 〈찬란한 여명〉의 경우, 동이 트기 전의 어두컴컴한 가운데 참살된 왕비의 유체를 태우는 불길 주위에서 징글맞은 얼굴의 일본인들이 으스대듯이 환성을 지른다. 귀기(鬼氣)가 넘치는 신(scene)이다. 그렇다면 사건의 현장은 실제로 어땠을까?

[칼을 뽑아 든 민간인은 일본 병사와 뒤범벅이 되어 왕비로 여겨지는

여성을 찾아 종횡으로 뛰어다녔다. 하지만 어디에도 왕비처럼 생긴 모습은 없었다. 그러는 사이에 누구인지도 모르는 채 "왕비가 도망쳤다!"는 소리가 들려오자 사내들은 더욱 허둥거렸다. 그들은 줄지어 늘어선 방문을 총개머리로 부수고 들어가 가구와 기물을 뒤엎었다. 마루 밑으로도 기어 들어가 보는가 하면, 우왕좌왕 모두가 혈안이 되어 광분(狂奔)했다. 그들은 닥치는 대로 궁녀의 머리채를 잡아당겨 "왕비는 어디 있나? 왕비가 있는 곳을 말하라!"며 목에 칼을 들이대고 고함을 질렀다. 일본어가 통하지 않는다는 사실에 생각이 미치지 못할 지경으로 흥분된 상태였다. 여기저기서 비명이 들렸고, 건청궁(乾淸宮) 일대는 문자 그대로 아수라장으로 바뀌어 있었다.}

위 글은 사건에 연루된 민간인 고바야카와 히데오(小早川秀雄)가 남긴 수기의 인용이다. 쓰노다 후사코(角田房子)가 쓴 논픽션 〈민비 암살 — 조선왕조 말기의 국모(國母)〉(新潮文庫)에 소개된 것을 재인용했다.

사건은 주한 일본공사 미우라 고로(三浦梧樓)를 우두머리로 일본 외교관, 군인, 경찰관 외에 여러 민간인들도 가담한 대대적인 것이었다. 민간인이란 당시의 표현을 빌리자면 '소시(壯士)'(=무뢰한이라는 뜻이 있음. 옮긴이)쯤 될까? 나중에 일본으로 송환되어 재판에 회부된 일본인은 60명 가까웠다(뒤에 전원 무죄!).

사건은 일본군을 포함한 일본인 집단에 의한 난폭하기 짝이 없는 왕궁 습격이며, 그들의 행동은 사건 뒤에 이르기까지 외국인과 일반 민중 등 많은 제3자들에게 목격되었다. 앞서 나온 쓰노다 후사코의 저서 〈민비 암살〉에는 "잘도 이렇게까지 내키는 대로 일을 벌였다, 어안이 벙벙해질 지경이다. … 그들은 '남의 눈에 띄지 않도록 조심하라'는 따위의 말은 한 번도 들은 적이 없었다고 한다"고 적혀 있다.

그러므로 사건의 실태(實態)는 '암살'이라는 비밀스러운 것이 아니었다. 집단적인 난폭낭자(亂暴狼藉)였다. 혹은 약간 튀는 이야기가 될지 모르나, 집단적이자 조직적 범행임과 동시에 사건 뒤에 많은 사람들에게 목격되었다는 점에서 일종의 '의기양양함'을 드러내기도 한다. 이것은 마치 '아꼬(赤穗) 로시(浪士, 떠돌이 무사)의 기라(吉良) 저택 습격'(=실화를 바탕으로 한 일본 명작 〈수신쿠라(忠臣藏)〉의 스토리. 옮긴이)마저 떠올려준다. 일본이 외국에서 일으킨 사건에서 드러나는 이상스러운 난폭함이랄까, 오만함이랄까, 그런 점이 일본으로서는 한층 더 '통한'인 것이다.

이제 와서 돌이키면 일본이 '러시아의 위협'을 막느라 그렇게까지 하지 않을 수 없었던가 하는 느낌을 금하지 못한다. 사건이 100년이 지난 지금도 여전히 한국인이 품는 '원한'의 불씨가 되고 있음을 생각하면, "친러파 배제에도 다른 방법이 없었을까?" 하고 거듭 통한을 갖는다. 사건은 어디까지나 외교상의 노림수에서 벌였으나, 당시 일본은 메이지유신 후 30년이 지나지 않았다. 근대 일본외교의 미숙함이라고 할 수밖에 없다.

여기서 잠깐 미리 말해두자면, 친러파인 왕비 민비 살해로부터 넉 달 뒤 이번에는 국왕 고종이 친러파 주도로 왕궁에서 러시아 군인의 호위를 받으며 러시아공사관으로 거처를 옮긴다. 러시아에 떠받들린 일종의 '국내 망명'이다. 민비 암살사건으로 국제적으로 궁지에 몰린 일본의 약점을 찌른 러시아의 반격이자, 한국 조정에서 벌어진 친러파에 의한 일종의 쿠데타이기도 했다.

고종은 1년에 걸쳐 회화나무가 보이는 러시아공사관에서 국정을 보았다. 군이나 재정 등 각 분야에서 러시아인 고문이 영역을 넓혀 갔다. 일본은 러시아에 대해 안달을 내면서 20세기를 맞았다. 한국을 둘러싸고 일본과 러시아가 벌인 다툼의 최종 결착은 사건으로부터 10년이 지난 뒤의 러일전쟁으로까지 넘겨지게 된다.

경복궁 한쪽 모서리에서 사라진
참극의 그림

20세기 개막에 앞서 일본이 서울에서 친러파 제거를 위해 일으킨 '민비 암살사건' 현장은 경복궁 부지의 가장 깊숙한 곳에 자리한 왕비의 거처 건청궁이었다. 이 건물은 사건 이후 철거되고, 한국합병 다음에는 같은 장소에 총독부 미술관이 세워졌다. 해방 후에는 국립 현대미술관으로 바뀌었다.

그래도 예전에는 미술관 곁의 한쪽 모서리에 '명성황후 조난지'라고 새겨진 석비가 있었고, 왕비 살해 장면을 묘사한 커다란 그림 두 폭이 전시되어 있었다. 왕비와 궁녀들이 일본도를 휘두르는 기모노 차림의 일본인들에게 당하여 피범벅이 된 광경이 '그림 이야기' 풍(風)으로 그려져 있었다.

경복궁은 예전이나 지금이나 서울 최대의 사적(史蹟)이며, 관광 중심지로 내외 관광객으로 붐볐다. 그러나 '명성황후 조난지'는 드넓은 경복궁에서도 가장 구석진 곳이었던 탓으로 아는 사람이나 찾는 곳이었다.

특히 이전에는 일본인 관광객을 안내하는 한국인 가이드들이 안내를 기피하는 경우가 많았다. 일부러 부탁하지 않으면 일러주지 않았던 것이다. "일본인들은 기분이 나쁠 테니까"라고 둘러대곤 했다. 관광 차원에서의 손님에 대한 배려였던 셈이다. 바로 그 참살 장면을 그린 그림을 보면 상황이 일목요연했기 때문이다.

조선시대의 정궁(正宮) 경복궁은 1990년대로부터 장기간에 걸쳐 복원 작업이 대대적으로 진행되어 왔다. 일본 통치시대를 비롯하여 근대화 과정에서 축소 또는 변형된 고궁을 본래의 모습으로 되돌리려는 것이다.

경복궁 부지에 세워져 있던 옛 조선총독부 건물(해방 후에는 정부 청사와 국립 중앙박물관으로 사용)을 1995년 8월15일의 '광복 50주년' 기념 이벤트로 해체, 철거한 것은 그 상징이기도 했다.

경복궁 복원사업의 일환으로 민비 암살사건 현장인 건청궁도 2007년에 복원되었다. 몇 개 동(棟)의 건물로 이루어졌으나, 그리 큰 궁전은 아니다.

찾아가보니 건청궁 뒤쪽은 경복궁 부지를 에워싼 높은 벽으로 되어 있었다. 다시 말해 경복궁의 가장 구석인 셈이다. 따라서 벽 너머는 바깥으로, 2차선 도로가 깔려 있었다. 그 도로를 사이에 두고 건너편이 바로 대통령 관저(청와대)이다.

그래서인지 건청궁의 벽 쪽에는 대통령 관저 경호관이 상주하여 항상 경계를 하고 있다. 이것은 역사에의 상상력과 어울려 불가사의한 감개를 불러일으킨다.

건청궁 정문에는 궁전에 관한 표시판이 세워져 있다. 거기에는 건물의 유래와 더불어 '한국에서 처음으로 전등(電燈)이 가설된 장소'라고 쓴 글 외에 "1895년, 일본 세력에 의해 명성황후가 살해된 '을미사변(乙未事變)'이라는 비극의 장소이기도 하다"고 간단하게 적혀 있다.

궁전 내에는 왕비의 침실로 사용된 '곤녕합(坤寧閤)'이라는 건물이 있다. 그 앞에 세워진 표시판에는 청일전쟁으로 시작되는 시대의 흐름과 더

불어, 사건의 경위가 다소 상세하게 소개되어 있다. 그러나 왕비를 습격한 일본인들을 '불량배' '폭도'라는 투로 표현한 것 이외에는 담담하게 적은 설명문이었다.

설명문은 한국어와 영어, 중국어, 일본어로 되어 있었다. 하지만 잠깐 거리를 두고 떨어져 한동안 지켜보았으나 찾아온 내외 관광객 가운데 설명문을 끝까지 읽는 사람은 거의 없었다.

그리고 복원 전까지 존재했던 참살 장면을 그린 드라마틱한 커다란 그림은 이제 없어졌다. 비극의 역사가 생긴 자리이건만 시각적인 자극은 배제한 것이다. '감정'이 아닌 고궁 복원에 충실했다는 뜻일까? 이런 대목에서는 정황을 아는 일본인으로서 적이 마음이 놓인다.

후쿠자와 유키치(福澤諭吉)는
'언어도단(言語道斷)'이라고 비난했다

여기서 사건 당시로 돌아간다.

사건은 당초 왕비 민비와 정치적으로 대립하던 시아버지 대원군(大院君)에 의한 쿠데타로 전해졌다. 현지의 일본인이 그런 식으로 위장했기 때문이다. 그러나 사건을 목격한 서양인들의 증언이 전해지는 등 차츰 진상이 밝혀졌다.

당시 일본의 신문은 사건을 어떤 식으로 보도했을까? 예를 들어 이런 식이었다.

〖(10월 13일 發 인천 特電) 8일 변란(變亂)의 혼란 속에 일군(一群)의 폭도는 왕후 폐하의 침실에 난입하여 여관(女官)으로 여겨지는 부인(婦人) 3명을 끌어내어 무참하게 참살하고 그 사해(死骸)를 바깥으로 반출하여 분기(焚棄)함. 그리하여 그 한 명은 바로 왕후 폐하라는 소문이 자자하다. (생략) 하수인이 어떤 자인가를 소상히 말하자면 양복을 입고 일

본도를 지녔다고 함.

(10월 13일 在 京城통신원 發) 경성에 재류(在留)하는 일본인은 이 풍설이 과연 사실인지에 관해서는 소시(壯士)의 거동이 무례 천만(千萬)함은 말할 나위도 없고 (생략) 우리 공사관의 관전(館前) 단속이 제대로 이뤄지지 않았음에 분개하는 자 많으며, 이들 일본인은 양국의 전도(前途)를 위해 우려하는 것만 못하여 때때로 회합(會合)하더라.

(10월 14일 재 경성통신원 발) 한인(韓人) 중 왕비를 시해한 것은 일본인임. (생략) 우리는 부디 분기(奮起)하여 이들 일본인을 국경 바깥으로 쫓아내고 이로써 이것이 원수(仇)를 쳐서는 안 된다는 격문(檄文)을 각지에 산포(散布)하는 자 있으며, 그로 인해 인심이 흉흉함.＝이상은 1895년 10월 15일자 〈도쿄니치니치신문(東京日日新聞)〉에서}

후쿠자와 유키치가 쓴 기사도 있다. 그는 당시 스스로 창간한 신문 〈지지신보(時事新報)〉에 이렇게 필봉을 휘둘렀다.

{타국민(他國民)의 몸이면서 이처럼 간단치 않은 기도(企圖)에 가담한다는 것은 실로 괴이쩍은 일이 아닐 수 없어 우리의 악한 모습에 견디기 어렵건만, 현재 일본의 국정(國情)에서는 때로는 그 같은 난폭한 인간이 나오는 것 역시 스스로 어쩔 도리가 없는 사정이 있음. 다만 타국의 궁중에 침입하여 난동을 부리는 것은 실로 언어도단의 거동이며, 그 죄는 결코 용서할 수 없다.}

이 사건으로 인해 일본은 국제적으로 큰 핀치에 몰리게 된다. 미우라 고로 주한 일본공사, 왕실의 군부 고문 구스노세 사치히코(楠瀨幸彦) 중령을 위시하여 사건에 관계한 일본인들은 즉각 일본으로 소환되었다.

그 중에는 〈한성신보(漢城新報)〉 사장 아다치 겐조(安達謙藏)와 〈고쿠민신문(國民新聞)〉 특파원 기쿠치 겐조(菊池謙讓) 등 신문기자도 포함되어 있다. 앞서 소개한 수기의 필자 고바야카와 히데오 역시 〈한성신보〉의 멤버로 사건에 가담했다. 당시 일본 신문은 소위 정론(政論) 신문이라고 불렸다. 말하자면 정치적인 논의인 '정론'을 주로 다루었던 것이다. 그 논자(論者)들도 '소시(壯士)'로 불렸다. 아다치나 기쿠치, 그리고 고바야카와 등은 요즈음 말하는 기자라기보다 오히려 '소시'로 정치를 지향하여 사건에 가담했던 것이다.

'일본영사관의 폭주(暴走)'는
여기서부터 시작되었다

사건 후 관련자는 인천항에서 배편으로 히로시마의 우지나(宇品)항구로 보내진 뒤, 투옥되어 재판에 회부되었다. 군인 8명은 제5사단 히로시마 군사법정에서, 군 관계자가 아닌 '주모자' 미우라 고로 공사 등 48명은 히로시마 지방법원에서 재판을 받았다. 하지만 이듬해 1896년 1월 21일까지 모두에게 무죄 판결이 내려졌다.

히로시마는 청일전쟁 당시 전쟁의 최고 지휘소로, 메이지 천황이 머문 '대본영(大本營)'이 설치되었던 곳이다. 그 뒤로도 히로시마는 일본군의 대륙 진출을 위한 후방 거점이었다. 사건 처리를 위한 장소로 히로시마가 선택된 배경에는 거기에 더하여, 수도(首都) 도쿄에서 떨어진 곳이라 사건에 대한 내외의 인상을 축소시키자는 저의가 있었을지 모른다.

재판 결과에도 당연히 내외의 비판이 드세었다. 그러나 앞서 나온 쓰노다 후사코의 저서 〈민비 암살〉은 마지막 부분에 다음과 같이 적혀 있다.

{지금의 나로서는 당시 일본의 정치적인 상황과 청일전쟁 직후의 국력, 군사력으로 판단하여 정부가 민비 암살에 직접 관여했었다고는 여겨지지 않는다.}

{아무리 자유롭게 상상의 나래를 펼쳐도 무쓰 무네미쓰(陸奧宗光)가, 또는 이토 히로부미가 민비 암살을 꾀했다고는 믿을 수 없다. 민비 암살사건과 일본정부와의 사이에 직접적인 관계가 없다는 내 결론은 변하지 않는다.}

이것은 말하자면 '일본영사관의 폭주론'이다. 자료로는 그러리라. '본국의 지시에 의한 범행'을 입증할 명백한 자료는 없다. 그렇지만 아무리 그렇더라도 지금 생각해보면 그토록 사건의 실태(實態)를 세상에 다 드러내놓고 '전원 무죄'는 터무니없다.

보통 이런 종류의 모략이나 폭주 사건을 수습할라치면 '일부 과격한 애국분자에 의한 과잉 충성의 일탈 행위'로 돌려, 형식적이나마 누군가를 처벌하는 법이다. 일본은 그런 조치도 취하지 않고 국가적으로 시치미를 떼어버린 것이다. 이 또한 오만하다고 할 수밖에 없다.

이 '일본영사관의 폭주'에 대한 본국의 느슨함이나 용인의 역사는, 나중에 만주를 비롯한 외지(外地)에서의 일본군에 의한 폭주로 되풀이 된다. 그것이 일본을 파국으로 몰아넣는 결과를 불러온다.

또 하나 불가사의한 것은 민비사건이 일어나기 4년 전인 1891년, 일본을 방문 중이던 러시아의 니콜라이 황태자(훗날 황제가 됨)에게 일본순경이 칼을 휘두른 '오쓰(大津) 사건'이 터졌다. 이때 일본은 법치주의를 내외에 과시했다는 사실이다.

당시 러시아의 반발을 두려워한 일본정부는 외교적 판단에서 범인을 엄벌(사형)에 처하도록 사법당국(大審院長)에 압력을 가했다. 그러나 사법의 독립을 내세운 사법당국은 이에 응하지 않았다. 이것은 역사적인 미담(美談)으로 여태 들먹여져 내려온다. 그럼에도 불구하고 그것이 4년 후의 민비 암살사건에서는 법치주의가 완전히 무시되고, 전원 무죄라는 '사법부재(不在)'의 모습을 드러낸 것이다. 상대 혹은 현장이 '한국'이라고 해서 얕잡아 보았다고밖에 보탤 말이 없다.

빛나는(!) 근대 일본의 여명기에 드러난 불가사의한 양면성이다.

단지 민비사건에 대한 국제사회의 일본 비난은 의외로 오래 이어지지 않았다. 당시의 국제정세는 러시아에 대한 경계심이 강했기 때문이다. 한반도에서 러시아의 영향력을 배제하고자 하는 일본에 국제사회가 이해를 해주었기 때문이다. 사건 처리를 에워싸고 일본이 보여준 오만함의 배경에는 그 같은 국제정세가 도사리고 있었다.

무죄 판결은 사건 이듬해인 1896년 1월이었으나, 그 후 국제 여론의 한 자락을 살피면 그런 느낌이 든다(枾淵信雄 지음, 〈해외의 신문으로 보는 한일합병〉에서).

{일본은 청일전쟁의 승리자이지만 이익은 러시아가 보았다. … 러시아는 당장이라도 조선을 손에 넣으려고는 하지 않는 모양이지만, 분명히 노리고 있다. 그들은 마음 내키는 대로 조선을 영유, 아니 보호 개시의 시기를 서두를까 늦출까 대기하고 있다(1896년 5월 15일, 프랑스 신문 〈르 당〉).}

{극동에서의 러시아의 진출은 특히 지난 반년은 거의 경이적이다. … 일본이 잘못을 저지른 탓으로 조선은 러시아의 품 속으로 던져지고 말았다(같은 해 7월 3일, 영국 신문 〈노스 차이나 헤럴드〉).

국왕 고종은 1897년 2월, 한 해 만에 러시아공사관을 나섰다. 새로운 거처는 러시아공사관과 인접한 정동 경운궁(慶運宮), 현재의 덕수궁이었다. 고종은 여전히 러시아의 거점이라고 할 회화나무가 있는 외교의 거리 정동에 에워싸인 채였다.

사건의 주모자 미우라 고로에 관해 공사, 즉 외교관으로서는 부적격이었다는 것이 역사적으로는 정평(定評)이다. 그는 막부 말기의 죠슈(長州) 기병대 출신 군인으로, 외교를 전혀 몰랐다. 자전(自傳)인 〈간주(觀樹) 장군(將軍) 회고록〉(中公文庫 발행)의 해설에서 평론가인 사에키 쇼이치(佐伯彰一) 씨는 '직정경행가(直情徑行家)'라고 평하고 있다.

미우라는 청일전쟁 후 외교적으로 대단히 어려운 시기였던 만큼, 공사로서 서울로 부임하는 것을 여러 차례 고사했다고 한다. "나는 외교에 관해서는 아무 것도 모르니까"라고 말하면서 "조선은 독립시키든지 병탄(倂呑)하든지, 러시아와 일본이 공동으로 지배하든지, 이 세 방책 가운데 정부 의견이 어느 쪽에 있는지를 명시해주었으면 한다"고 정부에 주문했으나 전혀 지시가 내려오지 않아 "임기응변, 내 마음대로 하는 것 외에 달리 방법이 없다고 결심했다"고 한다.

따라서 앞서 썼듯이 사건은 본국 정부의 지시에 의한 것이라는 증거가 없다. 미우라라면 무언가 해낼 수 있을 것이라는 기대(?)는 있었을지 모른다. 그렇지만 공사로 부임한 지 불과 한 달 뒤에 행한 그의 얼토당토않은 '임기응변'으로 일본정부는 궁지에 몰리고, 사후 처리에 쫓겼다. 그리고 그것은 100년을 넘어 현재에 이르기까지 일본의 역사적 통한으로 남았다.

조슈 군벌(長州軍閥)에 의한 한국 지배의 인과(因果)

　이 원고를 쓰면서 다시금 하라다 이오리(原田伊織)가 지은 〈메이지유신이라는 잘못―일본을 망하게 한 요시다 쇼인(吉田松陰)과 조슈 테러리스트〉(毎日완즈 발간)를 읽었다. 시야가 확 트이는 것 같은 책이었다. 현대 일본, 아니 근대 이후의 일본을 지배해온 역사관이라고 해야 할 '메이지 유신 사관(史觀)'에 대한 근본적인 비판으로, 간단하게 말하자면 "메이지 유신은 필요 없었다." "막부의 개혁파로 근대화는 가능했다." "무사도(사무라이 문화)를 무시, 파멸시킨 막부 말기의 사쓰마(薩摩)와 조슈, 특히 조슈의 테러리스트가 그 후의 일본을 망쳤다."… 등등의 내용이다.

　이 책을 읽으면서 문득 떠오른 일이 있었다. "그러고 보면 민비 암살사건의 미우라 고로 공사도 조슈의 기병대 출신이었지…"라는 생각이었다. 그리고 다음은 '역사적인 망상'에 속할지 모르겠지만, "그로서는 민비 암살사건이 막부 말기와 유신의 연장선상에서의 발상이지 않았을까?" 하는 기분이 들었던 것이다.

여기서는 이 이상 더 깊이 들어가지 않겠다. 그러나 그 사건의 두드러진 난폭함을 떠올리자면 그리 생각하지 않을 도리가 없지 않을까. 그 사건에서는 '무사도'는 티끌만큼도 느껴지지 않기 때문이다.

일본에 의한 한국(한반도) 지배의 역사를 돌이켜보면 지배 초기를 주도한 것은 미우라 고로를 비롯, 거의가 조슈 출신자들이었음을 알 수 있다.

러일전쟁 후 한국 지배를 강화하는 과정에 관련된 일본 요인들을 떠올려보면 그것이 분명해진다. 초대 한국통감 이토 히로부미, 2대 통감 소네 아라스케(曾根荒助), 3대 통감 데라우치 마사타케(寺內正毅), 그리고 한국합병 다음의 초대 총독 데라우치 마사타케, 2대 총독 하세가와 요시미치(長谷川好道) 등 모두가 조슈 출신이다. 게다가 이토와 소네를 빼고는 육군 대장이다. 역사적으로 한반도 지배의 초기 통치는 '무단(武斷) 통치'라고 말해지는데, 그것을 주도한 것이 육군의 조슈 군벌 출신 수뇌들이었다고 말할 수 있을지 모른다.

일본의 한국합병 초기에 한국 측에서는 1919년의 '3·1 독립운동' 등 강한 저항이 있었다. 그래서 '무단 통치'라고 불린, 무력을 배경으로 한 강경 통치방법에 대한 반성과 개선책으로서 3대째인 사이토 마코토(齊藤實) 총독 시절부터 보다 부드러운 '문화 통치'가 시작된다. 사이토 마코토는 비(非) 조슈 계열(岩手 출신)로는 처음으로 조선총독에 기용된 인물로, 더구나 첫 해군 출신(해군 대장)이었다.

역사적 망상을 뒤이어 쓰자면, 메이지 일본이 한반도 '관리'를 사쓰마 계열에 맡겼더라면 역사가 바뀌었을지 모른다. 사쓰마 계열이 주도(?)한 타이완(臺灣) 통치가 원한을 남기지 않았다는 사실을 감안할 때, 특히 나처럼 사쓰마 영역인 가고시마(鹿兒島) 출신 인간은 그렇게 생각하고 싶어진다. 하라다 이오리 씨의 책에서 촉발된 '망상'이기는 하지만….

다만 같은 조슈라도 이토 히로부미는 문민이며, 이미 적었듯이 한반도

통치와 경영에 관해서는 자치론을 포함하여 반드시 강권적이지는 않았다. 당초에는 합병에도 소극적이었다.

그런데 민비사건으로부터 10년이 더 지난 1909년, 바로 그 이토 히로부미가 아이러니컬하게도 러시아 외유 도중의 만주 하얼빈역에서 한국의 항일 운동가 안중근(安重根)에 의해 암살된다. 체포된 안중근은 조사를 받을 때, 암살의 첫 번째 이유로 "이토의 지휘 아래 한국 왕비를 살해했다"고 민비 암살사건을 들고 있다.

이토는 사건 당시에는 일본 총리의 자리에 있었다. '지휘'를 한 사실은 없었다손 치더라도 한국 문제에 오래 간여한 일본의 원로 정치가라는 점에서 말하자면, 감독 책임 또는 정치적 책임은 있었다고 해야 하리라. 혹은 또, 같은 조슈 계열인 미우라 고로에 관해서는 당연히 임명 책임이 있다. 한국 측으로부터 그렇게 간주되었던 것이다. 그런지라 이미 지적한 것처럼 사건에는 직접 개입하지 않았으나, 보복을 당한 것이다.

민비는 국왕인 고종을 나라의 톱으로 치자면, 한국 넘버 2의 요인(要人)이었다. 그런 의미에서는 이토 히로부미 역시 초대 총리를 역임한 메이지 원훈(元勳)으로 메이지 천황에 이은 일본의 넘버 2였다. 두 사람이 선 위치가 닮지 않았다고 할 수도 없겠다.

그리고 민비는 일본인에 의해, 이토 히로부미는 한국인에 의해 암살되었다.

다소 냉정한 말투를 쓰자면, 그만큼 그 시대의 국제정세와 한일관계가 치열했던 것이다. 일본도 한국도 문자 그대로 '필사(必死)'였다. 두 사람 다 암살이라는 정치적인 죽음으로 이 세상을 떠났지만, 한일 두 나라로서는 이 역사가 '민비 암살과 이토 히로부미 암살은 피장파장'이었다고 말하지 못할 이유도 없다. 이토 히로부미 암살로 한국의 '복수(復讐)'는 끝난 것이다.

그래서 나는 한국에서 "따라서 이제 그 원한은 털어버려도 되지 않을까요?" 하고 말해왔다. 하지만 한국인들은 여전히 납득해주지 않는다.

그런데 민비 암살사건에는 한국인도 몇 사람 가담했다는 사실이 알려져 있다. 청일전쟁 후 일본인 교관이 지도하던 한국정부 훈련대의 제2 대대장 우범선(禹範善) 등이다. 조정의 친러 정책으로 친일 계열의 훈련대는 해산 직전이어서 불만이 심했다.

사건에 가담한 한국인의 일부는 체포되어 처형당했다. 일본인과 행동을 함께 한 우범선은 사건 뒤 일본으로 망명했다. 그는 히로시마의 구레(吳)에서 살면서 일본인 여성과 결혼하여 자녀를 두었다. 그러나 러일전쟁 전인 1903년, 한국 조정에서 보낸 자객에 의해 암살되었다. 그 또한 보복당한 것이다.

05

일본은 한국에 예(禮)를 다했는가?

히로시마와 한국의 기연(奇緣)

민비 암살사건에
가담한 한국인

  나는 초년병 기자 시절이었던 1960년대, 히로시마에서 4년을 보냈다.
일본의 저널리스트는 예로부터 기자 수업(修業)으로 우선 지방 경험을 시
킨다. 기자가 된 것은 1964년으로, 입사했을 당시 교도통신에서는 1년 동
안 본사(도쿄)에서 신입 기자에게 기초적인 트레이닝을 시킨 다음 지방으
로 파견하고 있었다.

  도쿄에서의 트레이닝 기간 중에 정치부나 사회부에서 선배 기자를 따
라 정치가나 경시청 수사관에 대한 세칭 '요마와리(夜回り)'(=저녁에 취재
대상을 찾아다니면서 개별 취재를 하는 것. 옮긴이)를 경험하기도 했다.
또 외신부 철야 근무에서는 해외로부터 텔레타이프로 들어오는 영문 뉴
스를 번역해야 했다.

  그 과정을 마치자 지방 근무에 앞서 일단 "어디로 가고 싶은지 후보지
세 군데를 적어내라"는 질문서를 받았다. 그래서 깊이 고민하지 않고 학창
시절을 보낸 교토(京都), 내 본적지가 가고시마였던지라 규슈(九州)의 후

쿠오카(福岡), 그리고 두 지역의 가운데에 위치한 히로시마를 적어냈다. 그랬더니 "히로시마로 가라"는 지시가 떨어졌다.

히로시마에는 1965년에서 69년까지 있었다. 거기서 히로시마 여성과 결혼도 했다. 나로서는 히로시마가 제2의 고향이나 다름없다. 어쩐지 그리워진다.

특히 기자생활을 스타트할 때 히로시마에서 한 경험은 그 후의 내 기자 인생에 어딘가 영향을 끼친 것으로 여겨진다.

히로시마라고 하면 우선 '원폭과 프로야구팀 히로시마 카프'가 떠오른다. 초년병 기자로서 당연히 꽤 열심히 취재했다. 그런데 지금 돌이켜보면 히로시마에는 의외로 '한국'이 존재하고 있었다는 생각이 든다. '히로시마와 한국'이라는 식으로 거창하게 말할 정도는 아니지만, 기자 인생에서 훗날 한국과 이어지게 된 것을 감안하자면 묘한 인연 같은 것이 있었음을 느낀다.

그래서 잠깐 히로시마로 시선을 던져보기로 한다.

여기서 역사 이야기로 돌아가면, 1895년 민비 암살사건에 연루된 일본인들(용의자!)이 한국에서 강제 송환되어 히로시마로 보내져 재판에 회부되었다는 사실은 이미 소개했다. 사건의 재판이 왜 히로시마에서 열렸는가 하면, 앞서 지적했듯이 청일전쟁과 관계가 있는 것으로 짐작된다.

청일전쟁에서는 히로시마에 최고 지휘본부인 '대본영'이 설치되었다. 병사들도 히로시마에 있던 제5사단이 먼저 우지나항구에서 전장인 한반도로 향했다(단지 청일전쟁의 종전 회담인 강화회의는 근처의 야마구치현 시모노세키에서 열렸다). 그리고 민비 암살사건에 가담한 군인들은 바로 이 제5사단 군법회의에 회부되었다.

히로시마는 청일전쟁과 아주 깊은 인연이 있었으며, 그 후의 태평양전쟁(대동아전쟁) 시대에 들어가서도 병참(兵站) 도시 역할을 계속했다.

덧붙이자면 내 아버지는 가고시마 출신이었으나, 전쟁이 일어나기 전 오사카에서 직장에 다니고 있었다. 소집영장이 나와 중국 전선으로 출정할 때 역시 히로시마에 집결하여, 우지나항에서 대륙으로 떠났노라고 생전에 이야기하셨다.

히로시마는 일본 근대사를 장식한 대외 전쟁의 스타트 거점(據點)이었다. 그런데 주지하다시피 일본의 군사적 멸망 역시 1945년 히로시마에 떨어진 원폭에 의해 안겨졌다. 소위 '자학사관(自虐史觀)' 식으로 말하자면, 이것은 '역사의 업(業)'이라고 해야 할지 모른다.

민비 암살사건은 청일전쟁이 끝난 지 반년 뒤에 생겨났다. 청일전쟁 후의 삼국간섭으로 한반도에 대한 영향력을 확대한 '러시아의 그림자'가 사건의 시대적 배경이었음을 감안하면, 사건은 청일전쟁의 연장선상에서 발생했다고 할 수 있다.

내 지인(知人)인 하라다 다마키(原田環) 히로시마여자대학 교수(당시)가 이전에 보내준 논문에 〈을미사변과 우범선〉이라는 것이 있었다. 그는 조선근대사가 전공인 역사학자로, 한일 정부 레벨의 합의로 진행된 한일 역사공동연구위원회의 주요 멤버이기도 했다. '히로시마'의 인연도 있었겠지만, 히로시마에서 죽은 우범선을 고찰(考察)한 논문이었다.

논문 내용은 나중에 소개하겠지만, 그 전에 민비사건에 우범선이 어떤 식으로 개입했는지를 살피기로 한다.

이미 지적한 것처럼 민비사건에는 일본인과 함께 한국인도 가담했다. 왜냐하면 당시 일본 측은 사건을 '한국인에 의한 쿠데타'로 위장하기 위해 한국인도 끌어들였기 때문이다. 일본은 그 위장 공작으로서 한국 조정의 권력 투쟁에서 민비와 대립 관계에 있었던 실력자, 대원군(大院君)을 업고 나왔다. 사건 당일 군인을 포함한 일본인 집단은 한국인 부대와 더불어 대원군을 가마에 태우고 왕궁으로 밀어닥쳤다.

이때의 한국군은 일본 군인이 지도하던 '정부 훈련대'로, 그 중심에 있었던 것이 제2 대대장 우범선이었다. 대원군 '호위부대'를 이끌고 있었는데, 왕비 살해 현장에 있었는지 아닌지는 분명치 않다. 하지만 사건에 가담한 것은 틀림이 없다.

　그는 사건 뒤 일본으로 망명하여 일본 여성과 결혼했다. 히로시마현 구레에서 살다가, 한국인 망명자인 자객에 의해 살해되었다. 결과적으로 한국 조정에 의한 보복 암살이었다. 망명으로부터 8년 후의 일인데, 과거에 대한 이런 집요한 '원한'과 추적은 새삼 인상적이다.

　그리고 보면 한국 개화기의 개혁파 지사(志士)로, 일본에 망명하고 있던 김옥균(金玉均, 1851~94년)의 죽음 역시 암살이었다.

　그는 청일전쟁이나 민비사건보다 이전인 1884년, 일본의 메이지유신에 자극받아 한국 조정에서 근대화를 목적으로 한 쿠데타(갑신정변)를 감행하여 실패하고 일본으로 망명했다. 후쿠자와 유키치 등의 지원을 받아 재기 찬스를 살피고 있었으나, 망명 10년 뒤에 한국 조정이 보낸 자객에 의해 상하이로 건너가 암살되었다.

　20세기에 들어가기 전후였던 이 무렵, 일본에는 청국(중국)과 베트남을 포함한 아시아로부터 많은 지식인과 정객들이 "일본의 근대화를 배우자"면서 찾아들었다. 망명자들 역시 그 테두리 안에 들어가리라.

　한국에서 건너온 망명자 가운데에는 반(反) 조정파가 있는가 하면, 조정파도 있었다. 개화기의 조국에서는 근대화를 모색하는 가운데 거기에 청국, 러시아 등 외국 세력이 가세하여 권력 투쟁이나 음모가 횡행하여 정치적인 동요와 혼란이 이어졌다. 그리고 정치적으로 어려움에 빠질 때 그들로서는 일본이 가장 손쉬운 피난 장소, 즉 정치적인 '안가(安家)'였다.

　이 언저리의 일을 일본의 입장에서 말하자면, 그게 단순한 장소 제공이라면 별 문제가 되지 않는다. 그렇지만 일본이 그들로 인해 정치외교적으로 영향을 받아 휘둘리는 경우도 자주 있었다.

예를 들어 김옥균 암살사건에서는 청국이 시신의 일본 인도 요구를 거부하고 한국으로 보냈다. 한국 조정은 시신을 절단하여 길거리에 본보기로 내걸었다. 이 사건은 일본 여론을 크게 자극하여 반청(反淸) 감정이 높아지고, 결과적으로 청일전쟁 개전으로 이어졌다.

그 같은 '한반도로서의 일본'이라는 존재는 옛날은 고대사의 백제, 신라 시대로부터 그랬으며, 지금도 여전히 계속된다고 해도 무방하다. 아니 장래, 어차피 '있을 만한' 한반도의 남북통일이라는 정치적인 대격동도 분명히 일본의 정치, 외교를 크게 뒤흔들 것임에 틀림없다.

그것이 한반도와 일본의 지정학적 환경이라는 것이겠다. 이걸 항간에서 떠도는 말투로 바꾸자면 "그래서 일본은 한반도에 끌려들기 쉽다"는 이야기가 되기도 한다. 이것은 일본이 한반도와 결부될 때 가슴에 새겨두지 않으면 안 될 역사적인 교훈이다.

망명자에 대한
집요한 보복

히로시마에서 우범선을 암살한 범인은 고영근(高永根)이라는 국왕(황제)파의 인물이었다. 그는 정치적으로 격동하는 한국 내에서 도중에 반(反) 국왕파 민간단체에 가담했던지라, 정치범으로 조국에서 쫓겨나 일본으로 망명했다. 그는 조정의 부추김을 받고 범행을 저질렀다. 범행 후 그는 일본에서 복역(服役)하다가 6년 뒤 한국으로 송환되었다. 한국 조정은 우범선 암살의 '공(功)'을 평가하여 여생을 잘 보내도록 해주었다고 한다.

민비 암살사건에 가담한 우범선은 한국에서는 당연히 일본의 앞잡이 노릇을 한 '반역자'이자 '역적'이다. 게다가 "일본 측에 이용만 당했다"는 것이 일반적인 평가여서, 한국에서는 별 관심이 없고 아는 사람도 드물다. 아니, 과거의 역사를 모조리 '일본 악자(惡者)사관'으로 마인드 컨트롤되고 있는 한국인들로서는 떠올리고 싶지 않은 인물일지 모른다.

그러나 앞서의 하라다 논문에 의하면 이렇게 적혀 있다.

{… 그 후 조선의 정권이 을미사변에서 우범선이 '자주'적인 역할을 했다고 인식하고 있는 것처럼(《舊韓國官報》 제2703호, 光武 7년 3월 23일) 우범선은 이 사건에 주체적으로 관여했으며, 그로 인해 집요하게 생명의 위협을 받아 마침내 죽음에 이르렀던 것이다. (생략) 우범선의 행동은 당시 한국 사회에 존재한 하나의 정치적 조류(潮流) 위에서 나온 것이자, 스스로의 정치적 판단에 의거한 것이었다.}

  그는 단순하게 일본에 이용당하기만 한 존재가 아니었던 셈이다.
  그리고 논문은 "우범선 등의 행동을 확실하게 함으로 해서 조선의 근대화가 안고 있던 과제와 특질에 다가설 수 있는 것이리라"고 하는데, 이 부분을 알기 쉽게 이야기하자면 이렇다고 할 수 있을까?
  당시 한국은 근대화를 목적으로 하는 가운데 자력(自力)으로는 어려운 부분을 러시아나 일본을 이용하고자 했다. 여기에 대해 일본과 러시아는 거꾸로 그것을 이용하여 한국 지배를 노리고 있었다. 민비 암살사건은 근대화의 방향을 둘러싸고 모색과 갈등을 거듭하는 한국 내부의 정리되지 않은 정치 상황에 외국 세력(일본)의 이해가 겹쳐진 비극이며, 한국 측에도 사건을 유발하는 나름의 사정이 있었다.
  실증주의 일본 연구자의 객관적 견해이다.
  다만 되풀이하여 적자면, "그렇다고 하더라도 일본이 그런 식으로 직접 일을 벌일 필요는 없지 않았을까?" 하는 생각이 든다. 한국 측에서 이미 '민비 배제'론을 포함한 권력 내부의 갈등이 있었으니까. 단적으로 말하자면 "그걸 교묘한 형태로 한국 측이 하도록 만들 지혜가 없었을까?" 하는 것이다.
  사건 주모자이자 '직정경행가'로 평가되는 미우라 고로 공사의 사건 결행은 공사 부임으로부터 불과 38일 뒤의 일이다. 거기에는 외교적인 교묘

함 따위는 전혀 느껴지지 않는다. 여태 원한을 남기고 있는 통한의 '졸속(拙速)'이었다.

그런데 한국으로부터의 망명자들은 기혼자(旣婚者)를 포함하여 일본인 여성과 가정을 꾸리는 경우가 많았다. 여담이지만, 이 또한 100년 전이나 지금이나 다르지 않다. 한국인 남성들은 외로움을 잘 타는지 혼자 사는 데 익숙하지 않다.

우범선도 본국에 아내가 있었으나 사카이 나카(酒井奈可)라는 일본 여성과 결혼하여 자녀를 두었다. '기타노 잇페이(北野一平)'라는 일본 이름을 썼다고 한다. 당초 도쿄에 있었으나, 1898년 사카이 나카의 친척이 사는 히로시마현 구레로 거처를 옮긴 다음 암살되었다.

앞서 인용한 논픽션 〈민비 암살〉의 저자 쓰노다 후사코 씨는 그 속편으로 우범선이 일본 여성과의 사이에서 얻은 장남으로, 도쿄대학을 나와 농학자가 된 뒤 나중에 해방된 한국으로 돌아가 최고의 농학자 겸 식물학자가 된 우장춘(禹長春)의 평전도 썼다.

〈나의 조국, 우 박사의 운명의 씨앗〉(新潮文庫)이다. 거기에 의하면 미망인이 된 어머니 사카이 나카는 한일 혼혈인 큰아들에게 "네 아버지는 조선의 국사(國事)에 바쁘셨던 위대한 분이었다. 너는 그 유아(遺兒)라는 사실에 긍지를 갖고, 머지않아 아버지의 나라에 몸을 바치는 훌륭한 인물이 되어 다오"라고 다독이면서 키웠다고 한다.

한국에서 농학자 우장춘은 유명하다. 그렇지만 그가 민비 암살사건에 가담한 우범선의 아들이라는 사실은 거의 알려져 있지 않다.

덧붙여서 〈나의 조국〉에서 저자는 우범선과 사카이 나카의 만남에 관해 이렇게 써놓았다.

{가늘고 길며 깔끔한 눈매, 콧수염을 기른 갸름한 얼굴의 우범선은 귀

족적으로 단정한 용모이다. 김옥균, 박영효(朴泳孝)는 확실히 명문 출신다운 품위 있는 용모지만, 그 두 사람 곁에 우범선을 세워도 결코 뒤떨어지지 않았을 것이다. … 나무랄 데 없는 '멋진 사내'이다. 나카가 한눈에 반했다고 해도 하등 이상할 것이 없다. … 근대 일본의 팽창 과정에 있던 당시, 일반인들도 국가 의식이 강했고, 여성으로서도 '국사에 바쁜 사나이'는 매력적인 존재였으리라 여겨진다.}

이 책에는 더욱 흥미로운 지적이 나온다. 우범선에 관한 한국 신문의 역사 칼럼(1985년 10월 1일자, 〈조선일보〉 '이규태 칼럼')의 인용이다. 훈련대에서 일본인 교관의 조수(助手)였던 우범선은 출신 계급이 낮았던 탓으로 한국인 사관생도들로부터 무시당해 훈련이 되지 않았다. 그걸 한국인 훈련소장에게 하소연했다가 거꾸로 두드려 맞았다는 이야기를 소개한 다음, 이렇게 적었던 것이다.

{… 그는 교관인 일본 사관(士官)을 통해 일본 군대를 알았다. 출신에 의한 신분 차별이 없고, 상관의 명령은 절대적이라는 일본 군대가 그의 눈에는 근대화에 의해 생겨난 '이상(理想)의 세계'로 비친 게 아닐까.}

이 이야기는 앞서 소개한 하라다 교수의 논문에 나오는 우범선 해석과 통한다. 그에게는 근대화를 향한 개혁의 의지가 있었고, 사건에 가담한 것은 그 같은 배경이 있었다는 뜻이다.

조선 왕족도 히로시마에서
폭사(爆死)했다

히로시마로 돌아가자. 역사적으로 '히로시마에서 죽은 한국인' 가운데 또 한 명, 잊을 수 없는 인물이 있다. 시대가 내려오지만 1945년 8월 6일, 히로시마에 투하된 원폭으로 타계한 일본 육군 중령 이우(李鍝) 전하(殿下)이다.

그는 '전하'라고 불리듯이 조선 왕족의 한 명이었다. 일본 지배하에 있던 당시의 한국 왕족은, 일본 황족(皇族)과 마찬가지로 남자는 군인이 되었다. 그는 일본 패전 직전, 일본 군인으로 히로시마에 있던 제2 총사령부 교육 참모였다. 8월 6일 아침, 언제나처럼 말을 타고 출근하던 도중 원폭과 조우했다.

국왕 고종의 피를 이어받은 왕족이기는 했으나, 우범선이 암살에 가담했던 왕비 민비(명성황후)의 피를 이어받지 않았다. 고종과 측실인 장씨(張氏)와의 사이에서 태어난 의친왕(義親王) 이강(李堈) 전하의 아들이다.

한국 왕가는 일본에 의한 왕비 살해에서 시작하여, 20세기에는 마지막 황태자인 영친왕(英親王) 이은(李垠) 전하의 일본 황족 나시모토노미야 마사코비(梨本宮方子妃)와의 정략결혼 등을 거쳐, 1910년 한국합병으로 500년 역사의 막을 내렸다. 비운의 왕가이지만 일본 지배로부터의 해방을 눈앞에 둔 1945년 8월, 왕족 이우 전하의 '원폭사(原爆死)' 또한 왕가의 비운을 상징하고 있다.

히로시마는 오타가와(太田川)가 세토나이카이(瀬戸內海)로 흘러드는 하구(河口) 델타에 생긴 도시이다. 시내에서 몇 군데 지류로 나뉘어져 언뜻 보기에는 '물의 도시'라는 인상을 풍긴다. 그러나 여름이 되면 세토나이카이의 물결이 잔잔해지고 바람도 불지 않는 탓인지, 무척 무덥다.

지류가 된 몇 줄기 강 가운데 유명한 것은 시 중심부를 흐르며 원폭 투하 때 폭심(爆心)이 된 모토야스가와(元安川)이다. 피폭의 심벌인 '원폭돔'도 모토야스가와 강가에 있다. 이 강의 서쪽에 평화공원을 끼고 본류(本流)인 혼가와(本川)가 흐른다. 즉 모토야스가와와 혼가와 사이에 평화공원이 자리하고 있는 것이다.

평화공원 서편에 있는 혼가와 강가에 예전에 '한국인 원폭 희생자 위령비'가 서 있었다. 한국인 거주자들도 많은 이들이 피폭되었기 때문이다. 비석은 나중에 평화공원 부지 안으로 옮겨졌다. 처음에는 평화기념공원 부지 안이 아니라, 대안(對岸)에 해당하는 혼가와 다리 옆에 있었다.

거북이 등 위에 돌비석을 올린 한국식의 검은빛을 띤 묘지석 형태로, 크기는 5미터 가량 되어 각종 위령비 중에서는 두드러지게 컸다. 내가 히로시마에서 근무할 무렵 건립 계획이 세워졌고, 실제로 세워진 것은 히로시마를 떠난 이듬해인 1970년이었다.

그렇지만 몇 해 뒤에 가보니 비석 뒷면에 새겨진 한글로 된 비문이 두 줄쯤 보기 흉하게 깎여져 있었다. 나는 위령비가 세워진 당시 비문을 전부 메모해두었다. 비문에는 '무고(無辜)한 동포 2만여 주(柱)'가 히로시마에서 희생된 유래가 적혀 있었다.

비문의 서두 부분에 한민족이 '대국(大國)의 틈바구니'에서 얼마나 고통 당해왔는가를 설명한 다음 "왕손(王孫), 고관의 자제를 인질로 보내지 않으면 안 되었던 이야기나, 아름다운 처녀들을 공녀(貢女)로 삼지 않을 수 없었던 분한 이야기, 그리고 국왕이 적의 왕에게 무릎을 꿇어야 했던 이야기가 그렇다"고 적혀 있었는데, 이 부분이 삭제되었던 것이다.

비문 전체 내용은 '한민족 5000년의 유구한 역사'에 관한 설명이었지 유별나게 일본과의 관계만을 의식한 것은 아니었다. 삭제된 부분 역시 일본과의 역사가 아니라, 그 이전인 원(元)과 청(淸) 등 중국과의 역사였다.

이 부분을 누가, 언제, 어떤 의도로 삭제했는지 알 수 없었다. 삭제 이유는 한국인이 툭하면 사용하는 말을 빌리자면 '자존심'에 따른 것으로 짐작된다. "민족의 비애만 강조해서야 일본에 대한 분노가 일어나지 않지 않은가" 하는 투의 불만에서였을까.

위령비 비문에는 "나라를 잃은 왕손이었던 탓으로 슬픔과 고난이 한층 컸던 이우 전하를 비롯하여…" 등 '이우 전하'의 이름이 두 번 나온다. 일본 육군중령 이우 전하의 원폭사를 히로시마에서의 한국인 희생의 상징으로 적고 있는 것이다. 왕조의 비운, 비극은 민족의 비운, 비극을 상징한다.

초년병 기자 시절 히로시마에 있을 때 이우 전하에 관해 알게 되었지만, 당시는 그다지 지식이 없었고 관심도 없었다. 여기서 그가 원폭사에 이르기까지의 역사를 되돌아본다.

일본 패전의 날에
경성에서 거행된 장의(葬儀)

그는 500년을 이어져 온 조선왕조의 마지막인 27대 왕(황제) 순종(純宗)의 조카에 해당한다. 고종 다음이 순종이다. 그는 1910년의 한국합병으로 일본에 의해 폐위되었고, 이로써 조선왕조도 실질적으로 멸망했다.

그러나 일본정부는 '이왕가(李王家)'의 존속을 허락하고, 왕족에 대해서는 일본 황족에 준하는 '왕공족(王公族)'으로 처우했다.

원폭으로 타계한 이우 전하는 1912년, 황제 순종의 배다른 동생인 의친왕 이강 전하의 아들로 태어났다. 일본 군인의 엘리트 코스인 육군유년(幼年)학교에 들어가, 육군사관학교(45기)를 졸업했다. 그 후 일본군 장교로 히로히토 천황의 전쟁 시기를 보내게 된다.

태평양전쟁 말기였던 1944년 2월, 육군대학 연구부원에서 중국 산시성(山西省) 타이위안(太原)에 있던 북지(北支) 방면군 정보참모로 파견되었다가 이듬해인 1945년 4월, 히로시마로 전근되었다. 당시 일본으로 가던 도중 고향인 경성(서울)에 들러 두 달 동안 머물렀다. 도쿄에서 소개(疏開)되어 있던 부인 등 가족과 시간을 보낸 뒤, 6월에 히로시마로 부임했다.

히로시마 착임으로부터 2개월 후인 '운명'의 8월 6일 아침, 언제나처럼 말을 타고 히로시마역에서 가까운 히지야마(比治山) 근처에 있던 제2 총군사령부로 출근하던 도중, 폭심 가까이에서 피폭했다. 강둑의 방공호에 화상을 입은 채 피난한 것을 군 수색반이 발견하여, 히로시마만(灣) 니노시마(似島)의 육군검역소에 설치된 임시 구호소로 보내졌다.

훗날 한국인 위령비가 건립된 혼가와 강변은 이우 전하가 피폭한 다음 중상을 입고 발견된 장소와 가깝다고 해서 선택되었는데, 이것이 나중에 문제가 된다. 다시 자세히 언급하기로 한다.

이우 전하에 관해서는 원폭 투하 직후의 대혼란 속이었음에도 불구하고, 군 당국은 '황족'에 준하는 존재라는 사실로 해서 수색, 구출, 응급처치에 최선을 다했다. 그러나 7일 오전 0시가 지나자 상태가 급변하면서 타계했다. 향년(享年) 32세였다.

당시 치료를 맡은 선박위생대(船舶衛生隊)의 군의관 등 관계자가 남긴 증언에 의하면, 화상 외에는 외상이 거의 없었다. 하지만 계속 엄청난 고통을 호소했고, 상당히 열이 높았다고 한다.

대다수 피폭자는 화상과 고열의 고통으로 강으로 뛰어든다. 히로시마의 강은 죽은 이들로 메워졌다. 그 역시 피폭 직후 고통을 견디지 못하여 강으로 뛰어들었을지 모른다.

그의 죽음에는 혼란의 와중에도 도쿄에서 황족과 군 관계자들이 달려왔다. 니노시마의 구호소에는 반기(半旗)가 게양되고, 쓰야(通夜, 죽은 이의 명복을 빌면서 하룻밤을 지새우는 일본 풍습. 옮긴이)까지 베풀어졌다. 이튿날인 8일 오후, 히로시마 항구와 가까운 요시지마(吉島)비행장으로 야먀구치현(山口縣) 오쓰기(小月)의 육군 제12비행사단 쌍발 일식(一式) 고등연습기가 날아와 유체(遺體)를 경성으로 옮겼다.

일본 패전 직전으로, 미군 공습이 격렬하던 무렵이었다. 유체를 실은 비행기는 미군기의 공격에 신경을 쓰면서 북상하여 현해탄 상공을 날았다. 조종사의 회고담에 의하면 "경성에서는 강 한복판의 비행장에 내렸다"고 하니까, 현재 '여의도광장'으로 바뀐 여의도비행장이다.

유체는 박찬주(朴贊珠) 부인 등 가족이 기다리는 운현궁(雲峴宮)으로 보내졌다. 아베 노부유키(阿部信行) 총독을 비롯한 각계 요인들이 출석하여 다시금 쓰야가 거행되었다. 장례식은 육군장(陸軍葬)으로 경성운동장(그 후의 동대문운동장)에서 베풀어졌다.

장례식은 기이하게도 일본의 패전으로 한국이 일본 지배로부터 해방된 8월 15일, 바로 그날로 잡혀 있었다. 정오에 천황 폐하의 '옥음(玉音) 방송'이 있었고, 나아가 아베 총독이 한반도의 '국민'에게 의심암귀(疑心暗鬼), 동요혼란(動搖混亂), 경거(輕擧)를 경계하는 '유고(諭告)'를 발표한 날이다. 그러나 장례식은 오후 1시부터 예정대로 거행되었다(森田芳夫 지음, 〈조선 종전의 기록〉에서).

일본은 무조건 항복, 패전이라는 망국의 갈림길에서 한국 왕족의 죽음에 대해 이처럼 예를 다 갖추었던 것이다. 잘한 일이라고 생각한다.

운현궁에서 이우 전하의 가족을 모시던 여관(女官)에 의하면, 일본 패전 당일 밤부터 시내는 해방을 기뻐하는 '만세, 만세'의 함성이 드높아 두려울 지경이었다고 한다. 관(棺)에 모셔진 이우 전하의 유체를 슬쩍 곁눈질해보았는데, 얼굴의 절반이 새까맣게 변해 있었다고 한다. 원폭의 열선(熱線) 탓이 아니었을까 했다.

이상의 이야기 대부분은 '이우 전하의 죽음'을 오랜 세월에 걸쳐 추적 취재해온 히로시마의 영상작가 마쓰나가 히데미(松永英美) 씨의 텔레비전 다큐멘터리 〈민족과 해협〉(1988년 9월 15일 방영)의 신세를 졌음을 밝혀둔다.

이우 전하는 한국의 왕손 중에서도 총명함으로 알려졌고, 당당한 사나이였다. 그리고 무엇보다 민족의식이 강하고 반골정신이 넘쳤다고 한다.

그는 일본의 패전을 예감했던지 경성에는 두 달이나 체류하면서 히로시마 행(行)을 자꾸만 늦추었다. 그렇지만 패전을 목전에 둔 원폭사는 한국 왕족으로서는 유일한 '전사(戰死)'가 되었다. 되풀이하지만 비운이었다고밖에 달리 할 말이 없다.

일본의 명예를 지킨
일본인 무관(武官)의 자결

히로시마에서 '전사'한 왕손 이우 전하의 미망인 박찬주 여사는, 1995년 7월 13일 서울에서 타계했다. 81세였다. 한국 신문에 얼굴 사진이 곁들여진 기사가 실려 있었는데, 왜 그때 그녀의 사망기사를 쓰지 않았는지 지금도 후회스럽다. 부끄러움을 무릅쓰고 고백하자면, 사실 그 기사를 볼 때까지 미망인 박찬주 여사가 서울에서 살고 있는지 몰랐다.

이우 전하는 일본 육군사관학교 시절, 동기생인 동포가 "전하께서 모국어인 조선어로 말을 걸어와 당황했다"고 회상하고 있을 만큼 "민족의식이 강하고 반골정신이 넘쳤다"고 하는데, 박찬주 여사와의 결혼도 상당한 물의를 일으켰다.

약혼은 1933년이었으나 실제로 결혼할 수 있었던 것은 2년이 지난 다음이었다. 일본의 천황 폐하로부터 결혼 허가가 떨어진 것이 불과 거식(擧式) 16일 전이었다.

'황족'은 마음대로 결혼을 하지 못한다. 조선 왕족 역시 상대는 일본의 황족이든가 화족(華族, 귀족)이어야 한다는 규정이 있었다. 일본인이 아닌 사람과 결혼할 수 없었던 것이다. 한국 왕족은 일본 황족에 준하는 처우였으므로, 일본정부는 이우 전하가 마음대로 약혼을 하는 바람에 곤혹스러웠다. 그래서 도리 없이 규범을 고쳐 '조선 귀족'과도 결혼할 수 있도록 하여 허가했다고 한다.

박찬주 여사는 개화기 한국 조정의 거물 개혁파 정치가로, 앞서 등장한 근대화의 지사 김옥균과는 동지적인 존재였던 박영효(朴泳孝)의 손녀였다. 아버지는 친일파로, 일본 후작(侯爵)의 반열에 올라 있었으니 '조선 귀족'임이 분명했다.

'이우 전하의 죽음'을 오랫동안 추적해온 영상작가 마쓰나가 씨는 박찬주 여사의 생전에 몇 차례나 인터뷰를 신청했으나 끝내 실현되지 않았다. 마쓰나가 씨로부터 들은 이야기로는 박 여사가 "남편을 돌려보내준다면 만나주겠다"고도 했다고 한다.

한편 혼다 세쓰코(本田節子) 씨가 지은 〈조선왕조 최후의 황태자비〉(文春文庫)에 의하면, 저자는 그녀와 "몇 번 만났다"고 한다. 그런데 남편이 히로시마로 떠날 때의 일을 "가을에는 아이들을 히로시마로 불러주겠다고 약속하셨음에도 … 남편이 돌아가셨을 때 열 살과 다섯 살이었지요"라고 말한 것 외에는 "이미 오래 된 이야기니까 …, 더 드릴 이야기가 없습니다"면서 과거에 대해서는 입을 다물고 아무 말도 하지 않았다고 한다.

이우 전하가 히로시마에서 원폭에 조우하여 타계했을 때, 수행 부관이었던 요시나리 히로시(吉成弘) 중령이 책임감으로 자결했다. 이미 밝힌 것처럼 히로시마의 제2 총군 소속 교육참모(중령)였던 이우 전하는 8월 6일 아침, 말을 타고 출근하던 도중에 피폭했다. 그러나 항상 수행하던 요시나리 중령은 그날 '허리에 종기가 났다' '심한 무좀'의 두 가지 설이 있는데, 어쨌든 말을 탈 수 없는 상태였던지라 전하의 배려로 수행하지 않고 따로 자동차를 타고 사령부로 출근하여 난을 면했다.

요시나리 중령은 원폭 투하 직후로부터 지옥도(地獄圖)나 마찬가지인 히로시마 시내에서 행방불명된 전하를 찾아 돌아다녔다. 저녁 무렵, 찾지 못한 채 녹초가 되어 사령부로 돌아오자 수용되어 있던 니노시마로부터 연락이 와 달려갔다.

하지만 전하는 응급처치의 보람도 없이 7일 새벽에 세상을 떠났다. 요시나리 중령은 7일 밤 쓰야를 마치고, 이튿날인 8일 아침 출관(出棺)한 뒤 전하가 숨을 거둔 육군검역소 임시 구호소의 민가(民家)에서 자결했다. 오른손의 군도(軍刀)로 배를 찌르고, 왼손의 권총으로 머리를 쏜 상태였다.

상관이었던 이모토 구마오(井本熊男) 대령은 죽은 요시나리 중령의 뺨에 자신의 얼굴을 대고 "잘 했다. 멋진 최후였다"고 말해주었노라고 훗날 증언했다. 4남 1녀의 자녀들에게 쓴 유서에서는 단 한 마디 "난 공(楠公)이 되거라"고 적혀 있었다. '난 공'은 남북조(南北朝)시대 충의(忠義)의 무사였던 구스노키 마사시게(楠木正成)를 가리켰다.

이 같은 이야기는 직접 취재를 했던 마쓰나가 씨로부터 훗날 전해 들었다. 마쓰나가 씨에 의하면 요시나리 중령의 '전사'가 아내인 요시나리 마키노 씨에게 전해진 것은 일본 패전 전날인 8월 14일, 경성의 박찬주 여사가 보낸 전보에 의해서였다고 한다. 이 또한 대단한 비화(秘話)이다.

패전 후 제법 시간이 흐른 1962년, 이우 전하와 동기인 육군사관학교 45기생 가운데 살아남은 이들이 '임관 30주년'을 계기로 모여 전사자를 포함한 먼저 떠난 동기의 위령제를 도쿄에서 가졌다. 동기생들은 미망인인 박찬주 여사를 서울에서 초청했다. 요시나리 마키 씨도 초대를 받아 여기서 처음으로 만나 함께 야스쿠니신사(靖國神社)로 참배를 갔다고 한다.

이 두 사람 사이에는 계절마다 안부 편지와 연하장이 오갔다. 박찬주 여사가 마키 씨에게 보낸 어느 편지에는 이렇게 쓰여 있었다.

"… 요시나리 님은 무인(武人)의 거울, 깊이 깊이 명복을 빕니다. 돌아간 제 남편과 함께 해주시어 지하에서 남편도 외롭지 않으리라고 생각하고 있답니다…"

당시 군국 일본은 멸망했지만, 야스나리 중령은 일본의 명예를 지킨 것이다.

마쓰나가 씨는 그 후 이우 전하의 '민족의식'에 초점을 맞춘 텔레비전 다큐멘터리의 속편 〈항일(抗日), 한일합병의 그림자〉(1994년 3월 21일, RCC주고쿠방송에서 방영)를 제작했다.

그 가운데에서 육군사관학교 일본인 동기생의 "전하는 경성의 지사(志士, 독립운동가)를 몰래 지원하고 있었다는 이야기를 들은 적이 있다"는 증언을 소개했다. 그의 아버지 의친왕 이강 전하는 상하이에 있던 항일 독립운동가들의 망명 정권(대한민국 임시정부)에 가담하느라 신의주까지 갔다가 일본 관헌에 체포되어 발길을 돌렸다는 에피소드가 전해진다. 이우 전하 역시 그 피를 이어받았던 것일까.

일본 통치시대를 오로지 항일 애국 민족주의 운동의 역사로서 가르치고 있는 현재의 한국에서는, 당연히 이우 전하를 특별히 띄우려고 한다.

몇 해 전, 한국에서 왕족들의 독립운동을 테마로 한 〈황실은 살아 있다〉(上下, 安天 지음, 人間愛社 발간)이라는 논픽션 풍의 책이 나왔다. 거기에서도 그를 다루고 있었지만, 전하를 '감추어진 독립운동가'로 너무 추어올린 나머지 히로시마 니노시마 구호소에서의 죽음을 일본 측에 의한 '모살(謀殺)'의 의심이 간다고 했다. 나아가 수행 무관 요시나리 중령과의 관계 역시 처음부터 끝까지 적대관계로 그려놓았다.

얼토당토않은 이야기다. 그렇지만 한국에서는 교육이나 매스컴의 공식 사관(史觀)이라고 해야 할 '잘 한 사관' '반일 저항 사관' 탓으로 과거는 이처럼 아무렇게나 왜곡되고, 그리고 그것을 사실인 양 믿는다.

파헤쳐진
재한(在韓) 피폭자 문제

앞서 한국인 원폭 희생자 위령비에 관해서 언급했다. 이제 그 이야기를 상세하게 쓰기로 한다.

1945년 8월, 히로시마에서 피폭한 뒤 한국으로 돌아온 이른바 재한 피폭자의 존재와 그 고통은, 내가 히로시마 근무를 하던 1960년대 중반 무렵부터 일본 매스컴에 등장하게 되었다. 특히 히로시마 〈주고쿠(中國)신문〉 기자였던 히라오카 다카시(平岡敬) 씨의 취재와 보도에 의해 처음으로 표면화되었다. 재한 피폭자 문제의 역사는 히라오카 씨를 빼고는 이야기하지 못한다.

히라오카 씨는 전전(戰前), 일본 통치시대의 경성중학 출신이다. 1945년 8월에는 경성제국대학 예과 학생으로 학도 동원되어, 함경남도 흥남에 있던 일본질소(日本窒素) 공장에서 일하고 있었다. 그런 인생 체험에서 한국(조선)에는 각별한 추억이 있었고, 그것이 '속죄 의식'이 되어 재한 피폭자에 대한 관심으로 이어졌던 것으로 짐작된다.

그는 〈주고쿠신문〉 편집국장 등을 거쳐, 퇴직 후에는 1990년대에 두 차례 히로시마 시장을 역임했다.

그는 한일 국교정상화 직후인 1965년 11월에 전후 처음으로 한국을 방문했다. 목적은 국교정상화 후의 한국에 관한 취재였는데, 이때 그 전부터 관심을 가졌던 재한 피폭자들의 실정을 현지 취재했다.

당시의 취재는 1965년 11월에서 12월까지의 연재기획 '이웃나라 한국'으로 보도되었고, 10회 연재 가운데 마지막 2회가 재한 피폭자의 이야기였다. 이것이 일본 매스컴이 재한 피폭자의 실정과 지원 필요성을 현지 취재로 전한 최초의 보도였지 싶다.

한국은 아직 가난했다. 피폭 후유증을 안고 살아가는 재한 피폭자들은 고립무원(孤立無援)이었고, 기사가 전하는 실정은 처절하고 참담했다.

나 또한 이 같은 〈주고쿠신문〉의 보도에 자극받아 재한 피폭자 문제에 눈을 떴다. 소위 전국 미디어(=중앙 일간지 격. 옮긴이)에서 이 문제를 히로시마 발신으로 보도한 것은 아마 내가 처음이었으리라.

히라오카 씨는 1968년 8월에도 '잊혀진 피폭자 / 한국으로부터의 호소'라는 3회 연속 기획을 통해 다시금 문제를 어필했다. 나에게는 그 무렵의 그와 같은 재일 피폭자에 관한 〈주고쿠신문〉 기사를 스크랩해둔 것이 많이 남아 있다.

예를 들어 1968년에는 야마구치현으로 밀항해온 부산의 여성이 "나는 히로시마 피폭자다"고 주장함으로 해서 시민단체와 매스컴에서 지원 캠페인이 벌어지기도 했다. 그런 일도 있어서 그 후로는 한국인 피폭자의 히로시마 방문이 늘어났다. 일본에서의 치료 지원이나 소위 피폭자 수첩의 발급 등을 포함하여 한일 양쪽에서 관심이 높아졌다.

그 무렵 한국인 피폭자 문제를 정리한 최초의 책으로 다케나카 로(竹中勞) 편저 〈내버려진 재한 피폭자〉(1970년, 日新報道 발간)가 있었다. 여기에는 평론가 다케나카 로 씨의 현지 르포 외에, 문제를 최초로 알린 존재였던 히라오카 씨의 상세한 보고, 그리고 내가 쓴 보잘 것 없는 히로시마 취재 체험도 수록되어 있다.

이 출판은 내가 당시 일본에서 발행되던 한국 문제 전문잡지 〈코리아 평론〉에 기고한 히로시마 리포트가 다케나카 씨의 눈에 띄어, 히라오카 씨까지 끌어들여서 햇빛을 보게 된 것이었다. 집필자 중에는 이외에도 역시 재한 피폭자를 취재하고 있던 사진가로 르포라이터인 후지사키 야스오(藤崎康夫) 씨와, 신좌익·과격파 계열 이론가로 알려진 오타 류(太田龍) 씨도 합세했다.

다케나카 씨는 아나키스트를 자칭하던 르포라이터 겸 평론가로, 프리 라이터로 인기가 있었다. 당시 아직 서른 전후였던 나는 그의 자택에 자주 들락거렸다. 나야 '기업 내의 저널리스트'였지만, '다케나카 로 패밀리'를 통해 프리 저널리스트의 세계를 배울 수 있었다.

문제의 출판은 그 결과였는데, 지금 돌이켜보면 불가사의한 필진들이었다. 그것은 재한 피폭자 문제를 어떻게 해서든 일본사회에 어필하고 싶다는, 모두의 절박했던 '마음의 산물'이지 않았을까.

한편 한국인 원폭 피해자 위령비는 1970년, 현지의 재일 한국인 단체인 민단(民團) 히로시마현 본부가 중심이 되어 실현되었다.

그런데 나중에 가서 "비석이 평화공원 내에 세워지지 않은 것은 차별이다"며 비판과 불만의 목소리가 들리기 시작했다. 일본에서는 이른바 진보파 단체와 미디어가 비판의 소리를 냈고, 여기에 자극받은 한국 미디어가 "죽은 뒤에도 한국인은 차별당한다"고 비난하면서 반일보도에 이용했다.

그러나 건립 경과를 되돌아보면 당시 히로시마시 당국은 평화공원 내에 각종 위령비, 기념비를 비롯한 시설물이 너무 많았던 탓으로 공원 내에 새로운 시설은 인정하지 않기로 방침을 정했다. 한국인 위령비도 다른 여러 요청이나 희망과 마찬가지로 그 방침에 따른 셈이었다.

따라서 위령비 건립을 전후하여 현지에서는 차별론이 들려오지 않았다. 당연히 비난의 목소리도 나온 적이 없었다.

차별론이 등장한 뒤에도 시 당국은 그와 같은 '사정'을 해명했으나 마지막에 가서 꺾이고 말았다. 히라오카 시장 시절인 1999년이 되자 "그렇게까지 요구한다면…" 하고 평화공원 내로의 이전을 승낙했던 것이다. 건립경위야 어쨌거나 결과적으로 '차별'로 간주되어 비판의 대상이 되는 등 불필요한 트러블을 피하기 위해서였다.

이 책의 원고를 쓰느라 2016년 가을 히로시마로 가서 새삼 히라오카 씨의 이야기를 들었다. 앞서 지적한 위령비 삭제 부분에 관해서는 당시 소위 전공투(全共鬪) 계열의 과격파 학생이 저지른 게 아닌가 하는 소문이 있었다고 한다. 그리고 평화공원 내로 옮겨진 한국인 원폭 희생자 위령비를 다시금 확인했는데, 삭제된 부분의 문장이 복원되어 있었다.

재한 피폭자 지원 문제에서는 과거 이미 일본정부로부터 40억 엔의 인도적 지원이 한국정부에 제공되었다. 또 피폭자 건강수첩 발급이나 의료지원 등 한국인 피폭자 개인에 대한 일본으로부터의 지원도 행해지게 되어, 지금은 국적을 넘어 '일본인과 똑같은 대응'이 실현되었다.

그럼에도 불구하고 아직도 "일본은 아무 것도 하지 않는다"는 따위의 주장이 대수롭지 않게 한국 미디어를 장식한다. 위령비 이전 역시 히로시마 시 당국의 배려이자 선의이겠건만, 한국에서는 여전히 차별론의 재료가 되기 일쑤다.

돌이켜보면 1960년대로부터 반세기의 시간이 흘렀다. 그동안 재한 피폭자 문제에 관해서는 곡절을 겪으면서도, 히로시마나 일본이 민관(民官) 쌍방에서 나름대로 열심히 노력해왔다고 믿는다. 그렇지만 그것을 평가해주는 목소리가 한국에서는 아직도 여전히 들려오지 않는다. 히로시마에서 기자 인생을 스타트하여, 히로시마가 제2의 고향이 된 '원폭 기자 OB'로서는 그것이 무척 안타깝다.

그런데 한국인 위령비에는 희생자가 '2만여 명'으로 새겨져 있다. 이것은 어디까지나 추정인데, 지금까지 가장 자주 사용되어 온 숫자이다.

그렇다면 피폭 당시 히로시마시 거주자가 몇 명이었는가 하면, 시민 외에 군인 4만 명과 시외에서 이입(移入)된 사람을 포함하여 약 35만 명으로 추정된다. 그 중에서 피폭으로 약 14만 명이 연말까지 사망했다는 수치가 히로시마시 홈페이지에 나와 있다(시민국 평화추진과).

피폭자의 사망은 그 뒤로도 현재까지 이어지고 있다. 그로 인해 히로시마에서의 희생자 총수는 종종 '20만 명'으로 일컬어진다. 그 10%가 한국인이라는 셈인데, 그 근거는 무엇일까?

가령 피폭 자료를 모은 히로시마 평화기념자료관 편찬 〈히로시마 원폭 전재지(戰災誌)〉(1971년)에서는 당시 한국인은 히로시마현 내에 추정 약 6만 명이 거주했고, 그 중 히로시마 시내에서 3만~4만 명이 피폭한 것으로 추정한다. 앞에 나온 35만 명의 약 10%가 된다.

다만 한국인 피폭자 문제의 선구자인 히라오카 씨의 초기 보도에 의하면 "(일본 내무성 경보국의 조사자료에는) 쇼와(昭和) 19년(1944년) 말에 히로시마현 내에는 8만1863명의 조선인(한국인)이 거주하고 있었다. 그렇다면 피폭 당시 히로시마시 주변에는 5만 명 정도 있지 않았을까" 하고 추정한다(앞서의 기획기사 '잊혀진 피폭자'에서).

시 전체 거주자를 35만 명이라고 하면, 직후의 사망자 14만 명은 그 40%에 해당한다. 거기에서 한국인 거주자에 대해 히라오카 씨가 추정한 '5만 명 정도'라는 숫자를 빌린다면 희생자는 그 40%인 2만 명인 셈이 된다.

이상은 어디까지나 추계(推計)에 근거한 내 가설이지만, 히로시마에서의 한국인 원폭 희생자 숫자를 에워싼 약 2만 명 설(說), 혹은 전체의

10% 설은 실태에 근접한 것이 아닐까.

피폭 당시 또는 패전 전에 히로시마에는 많은 한국인이 있었다. 그 대다수는 돈벌이였거나, 전시 중 노동력 동원으로서의 징용공(徵用工)이었던 것으로 여겨진다. 앞에서 말한 대로 히로시마는 청일전쟁 이래의 '군도(軍都)'였다. '전함 야마토(大和)'를 건조한 군항(軍港) 구레가 있고, 구레에 가까운 에다지마에는 해군병학교도 있었다.

히로시마 시내는 내 아버지가 우지나항으로부터 출정했듯이 각지로부터 병력이 집결하여 장비를 조달하는 등, 병참·군수 도시로서 관련 산업이나 직장이 시내에 숱하게 존재했다고 보면 된다.

다음은 내가 1960년대 히로시마에서 체험한 지극히 사적인 '비화'이다.

히로시마의 밤에 남은
불가사의한 '한국'

20대의 초년병 기자는 배우느라 경황이 없다. 호기심도 넘쳐난다. 온갖 경험을 다 하게 만든다. 낮에는 경찰서나 법원, 시청, 피폭자 단체, 시민 단체 등을 돌아다니고, 해가 지면 히로시마 시민구장에서 히로시마 카프의 야구 취재가 기다린다. 신인 기자는 우선 "기자는 체력이 승부를 가른다"는 사실을 깨우치게 된다.

그 결과 밤에는 거의 매일 기자 동료들과 술자리가 벌어진다. 1960년대 히로시마 밤의 환락가는 나중에 영화로도 만들어진 〈히로시마 야쿠자 전쟁〉의 무대였다. 매일처럼 충격 사건이 일어났다. 단지 내가 부임했을 무렵은 그 '종전(終戰)' 직후여서, 사건 관계자들과는 법정에서 피고인으로서 대할 수 있었다.

기자로서는 밤거리도 당연히 호기심과 취재(?)의 대상이었다. 젊은 독신 기자로서 환락가에서의 2차, 3차… 그 다음은 정해진 것처럼 여세를 몰아 '모처로 우르르 몰려가기'가 되기 일쑤다.

히로시마는 주고쿠(中國) 지방의 거점 도시여서 정부의 행정기관에서 기업에 이르기까지 '히로촌', 즉 '히로시마 촌가'로 불리던 단신 부임자가 많았다(촌가는 한국어로 젊은 독신 남성을 의미하는 '총각'에서 온 외래어다). 삿포로(札幌)나 센다이(仙台), 후쿠오카(福岡) 등 그 같은 거점 도시는 어디나 비슷하지만, 밤거리는 붐비고 밤의 비즈니스가 발달해 있다.

히로시마의 밤, 모처에 우르르 몰려가면 얼굴을 내민 상대 '언니'가 당연히 히로시마 사투리로 항상 먼저 묻는 말이 "오늘은 어쩔 거야?"였다. 잇달아 "자고 갈 거야, 시간으로 할 거야?"라고 덧붙인다. 다시 말해 '긴 밤'인지 '짧은 밤'인지 머무는 시간에 따라 가격이 다르므로 그 교섭을 벌이는 것이다.

보통 젊은 독신남은 돈도 없고 성급하여 빨리 끝난다. 그래서 언제나 가장 싸고 짧은 시간을 선택하기 마련이다. 그런데 교섭에서는 앞의 두 가지 외에 또 한 가지, 가장 가벼운 선택지가 있다. 언니들은 그것을 "하나로 할 거지?"라고 묻는 것이다.

여기에 관해 당시에는 간단하게 하는 것, 세칭 '초이노마'라는 것이어서, 그걸 "화류계에서는 하나다이(花代)라는 말이 있으니까 그렇게 표현하는가 보다" 하고 그리 깊이 생각하지 않았다. 경험적으로 '하나'란 역시 '초이노마'여서 볼 일을 마치면 곧장 돌아가는 것이었다.

그런데 훗날 히로시마를 떠난 다음이지만, 한국어를 알게 되면서 "그게 한국말이었던가!" 하고 놀랐다.

한국어 '하나'는 일본어의 하나, '히도쓰'에 해당되는 말이었다. 따라서 "하나로 할 거지?"는 '히도쓰' 즉 "한 번만 할 거지?"였던 것이다. 이것은 충격적인 발견이었다. 1960년대 히로시마 밤의 세계에 한국어에 뿌리를 둔 은어(隱語)가 존재하다니! 왜 그럴까?

은어라고 하면 1970년대 도쿄에서 경시청 담당의 사건기자를 하던 무렵, 방범과에서 작성한 〈비행(非行) 청소년의 은어집〉이라는 자료를 보았을 때에도 거기에 한국어 기원의 은어가 몇몇 수록되어 있었다. 기억을 떠올려 보자면 담배를 '단베'라고 한다든지, 화장실을 '변소'라고 했다.

재일 한국인이나 조선학교 학생 등을 통해 은어화된 것으로 짐작되지만, 그렇다면 히로시마 '하나'의 뿌리는 무엇일까? 어디서부터 시작되었을까?

지금도 여전히 확실한 사실은 모른다. 어디의 누구에게 물어도 몰랐다. 단지 다음은 상식적인 추측으로서, 그 배경에는 그런 세계에 한국인이 있었기 때문임이 분명하다. 손님 쪽이건, 손님을 받는 쪽이건….

그리고 그것이 은어로서 정착한 시대가 일본 패전 전이었는지 후였는지도 알 수 없다.

다만 일반론적인 추측으로 말하자면, 이미 적었듯이 히로시마에는 피폭 당시 꽤 많은 한국인이 살고 있었다. 그들은 밤의 세계를 포함하여 접객업에도 많이 종사하고 있었으리라. 그리고 손님 가운데에도 적지 않은 한국인이 있었을 것임에 틀림없다. 이렇게 그들 한반도 출신 남녀를 통하여 한국어가 은어로 유통되었을 소지는 충분히 있었을 것으로 믿어진다.

1960년대 히로시마 밤의 세계에서 통용되던 '하나'에, '히로시마와 한국'과 연관된 내 역사적 상상력이 크게 자극되었다.

원폭 피해를 포함하여 그런 사실을 서로 '쓰라린 역사'라고 말한다면, 다소 겉치레가 번지르르하고 정서적으로도 지나치다. 하지만 한편으로는 지금 떠올리는 당시 히로시마에서의 '하나'에는 어딘가 유쾌한 느낌이 들지 않는 것도 아니다. 뿌리도 모른 채 일본여성들이 태연하게 쓰고 있었기 때문이다.

그 후, 아니 여태까지 히로시마에서 '하나'가 유통되고 있을지 어떨지, 확인해볼 기회가 없네….

06

이조잔영(李朝殘影)

⋮

한국의 흙이 된 일본 황녀(皇女)

쇼와(昭和) 천황과 함께 서거한
이방자 비(妃)

옛 조선왕조인 이왕가(李王家)의 최후를 말하자면 일본인인 이방자 비 (1901~89년)를 떠올리지 않을 도리가 없다. 이 책의 서두에서 소개한 글 씨 '무량수'를 쓴 분이다.

그녀는 메이지시대에 태어난 일본 황족 '나시모토노미야 마사코'였다. 1920년에 이왕가로 시집을 갔다. 황족으로서는 쇼와 천황의 고준(香淳) 황후(전 久邇宮良子)와 사촌 사이로, 쇼와 천황(황태자 시절)의 배필의 한 명이었던 것으로도 알려지고 있다. 방자 비의 이왕가로의 시집은 '일선융 화(日鮮融和)'라고 했지만, 한국합병 후의 한일 융화를 위한 '정략결혼'이 었다.

본인의 자전(自傳)에 의하면, 이 결혼은 말하자면 '나라를 위하여'라는 설득 아래 싫고 좋고 선택의 여지가 없는 결혼이었다. 상대는 조선왕조 최 후의 황태자인 영친왕 이은 전하로, 앞 장에서 나온 이우 전하의 숙부에 해당한다. 일본에 의한 한국합병으로 왕조가 없어졌던지라 황태자(한국에서는 왕세자라고 함)인 채 왕위에는 오르지 못한 인물이다. 만 10세의 유년기에 일본으로 끌려와 일본에서 살고 있었다.

결혼 당시 이은 전하는 22세, 방자 비는 아직 18세였다.

결혼생활은 일본에서 시작되어 이듬해에는 장남인 '진(晉)' 전하가 탄생하지만, 일찌감치 커다란 비극에 휩싸인다. 이듬해인 1922년 한국으로 '귀향'했을 때, 생후 아홉 달도 되지 않은 진 전하가 급사했던 것이다.

이 죽음에 관해 방자 비는 자전 〈흘러가는 대로〉(1984년, 啓佑社 발간)에서 이렇게 적었다.

{… 아무런 죄가 없음에도 일본인의 피가 섞여 있다는 오직 그 하나의 이유로 비업(非業)의 죽음을 맞지 않으면 안 되었던 가련한 아이… 만약 부왕(父王)님이 살해당한 그 원수(怨讐)가 이 아이에게로 향해진 것이라고 한다면, 왜 나를 노리지 않았단 말인가…. 차가워진 주검을 끌어안고 무한의 슬픔에 몸부림친 그날 저녁, 요란한 천둥소리가 울려 퍼지던 것을 오랜 세월이 흐른 지금도 귓속으로 들을 수가 있답니다.}

'부왕'이란 남편 이은 전하의 아버지로 제26대 왕 고종인데, 이은 전하와 방자 비가 결혼하기 한 해 전(1919년)에 갑작스레 서거했다.

고종의 죽음에 관해 한국에서는 '일본에 의한 독살설'이 널리 퍼져 민중들이 몹시 자극되었다. 이것이 그 해 일어난 대규모 '3·1 독립운동'의 원인이 된 것으로 전해진다. 이 역사를 기억하는 '3·1절'은 지금도 한국의 국경일이다.

방자 비는 큰아들 진의 죽음을 한국 측에 의한 보복의 '독살'이었다는 견해를 드러내고 있다. 방자 비로서는 파란과 격동으로 뒤흔들린 인생의 비극적인 개막이었다.

이방자 여사와 인터뷰하는 저자(1981년).

이은·방자 부부는 일본 패전 전부터 패전 후까지 일본에서 사셨다. 패전 후에도 1963년이 되어서야 한국 국적이 부여되어 간신히 한국으로 '귀국'할 수 있었다. 그 후 이은 전하는 1970년에 72세로, 방자 비는 1989년 87세로 돌아가셨다.

두 사람은 서울 근교 금곡(金谷)에 있는 옛 왕릉 홍유릉(洪裕陵)의 '영원(英園)'에서 나란히 잠들어 있다. 방자 비는 그 인생을 한국에 바치고 '한국의 흙'이 된 일본인이다.

돌아가신 것은 1989년 4월 30일이고, 장례는 5월 8일이었다. 서울에서 목격한 이방자 비의 장례는 '최후의 왕조 장례'라고 불렸는데, 지금 당시를 떠올려도 눈가가 촉촉해진다.

실은 그 해 1월에 쇼와 천황이 돌아가셨다. 쇼와 천황은 87세였다. 즉, 방자 비와 쇼와 천황은 묘하게도 같은 해인 1901년에 태어나 똑같은 해에 돌아가신 것이다.

쇼와 천황은 문자 그대로 '격동의 쇼와사(昭和史)'를 온몸으로 겪은 인물이다. 방자 비 역시 그 쇼와사의 귀중한 '산 증인'이었고, 그 인생은 '격동의 한일사(韓日史)' 자체였다.

나의 두 번째 서울 근무는 1987년 1월부터였다. 1월 7일의 쇼와 천황 붕어(崩御)를 도쿄에서 접한 뒤, 1월 19일에 서울로 부임했다. 그로 인해 2월 24일에 거행된 쇼와 천황의 장례식(大葬) 때에는 일본에 없었다. 그래서인지 서울에서 4월 30일 이방자 비가 돌아가셨을 때에나, 5월 8일 그 장례식이 거행되었을 때에도 쇼와 천황에 관한 것은 특별히 머리에 떠오르지 않았다. 지금 생각해보면 이상한 느낌이 들지만, 당시 서울에서 써 보낸 원고에도 같은 해에 태어나 같은 해에 돌아가신 '두 사람의 쇼와사'에 언급한 부분은 없었다.

그런 일도 있었고 해서 여기서 다시금 이방자 비가 돌아가셨을 때의 일과, 그 인생을 되돌아보기로 한다.

방자 비는 한국에서는 서울 중심부의 고궁 창덕궁 내 낙선재(樂善齋)에서 살고 계셨다. 덧붙이자면 '재'는 '서재(書齋)'에서 알 수 있듯이 방, 가옥이라는 뜻이다.

한국은 일본의 지배에서 해방된 다음 공화국이 되었다. 왕제(王制)는 부활하지 않았다. 왕궁을 비롯한 왕실 재산은 모조리 국가 소유가 되었고, 이은 전하 부부를 위시한 옛 왕가 사람들에게는 아무 것도 남겨지지 않았다.

낙선재에서의 거주는 한국정부의 조그만 배려였다. 방자 비로서는 말하자면 '고궁 관리인'과 같은 처우였다.

남편인 이은 전하는 귀국 전부터 병으로 쓰러져 의식이 혼미한 뇌연화증(腦軟化症)으로 입원해 있었다. 1963년 귀국할 때에도 베드에 누운 채

였고, 서울에서도 그대로 입원해야 했다. 따라서 낙선재에서 부부가 함께 생활하는 것은 끝내 실현되지 않았다.

이방자 비가 살고 계셨던 낙선재가 있는 창덕궁은 정궁(正宮)인 경복궁에 대한 이궁(離宮)에 해당했다. 그러나 내 취향으로 말하자면 궁전으로서는 창덕궁 쪽이 으리으리한 면이 없고, 조촐하면서도 숲이 많아 아름답게 여겨졌다. 특히 수려한 정원은 '비원(秘苑)'이라는 이름으로 잘 알려져 관광 명소가 되어 있다.

창덕궁은 비교적 원래 모습을 가진 왕궁으로서 품격이 있다. 그로 인해 한국 고궁 가운데 유일하게 유네스코 세계문화유산으로 등록되어 있다. 정문이 '돈화문(敦化門)'으로, 남쪽을 향해 있다. 그 앞이 시가지인 종로로 연결된다.

창덕궁 내에는 예로부터 비원이 최대의 볼거리로 여겨져 왔다. 그 바람에 창덕궁은 오히려 비원으로 지명도가 더 높다. 창덕궁이 곧 비원이라고 하는 편이 나을지 모른다.

사실은 내가 근무하던 서울 사무소가, 최초의 〈교도통신〉 서울지국장 시절인 1980년대 전반에는 이 비원 앞에 있었다. 사무실이 있던 빌딩이 돈화문의 도로 건너편에 위치했기 때문이다. 그 빌딩 10층에서 4년 이상에 걸쳐 계절마다 창덕궁, 비원을 바라본 셈이다. 이방자 비는 거주한 곳이 낙선재였으므로 나하고는 말하자면 '한 동네'에서 산 셈이다.

한일 합동 장례식에
황족도 참석

    1989년 5월 8일, 이방자 비의 장례식은 창덕궁 내에서 거행되었다. 왕조의 장례 행렬은 돈화문을 나와 종로4가의 종묘(宗廟)까지 길게 이어졌고, 연도에 나온 시민들은 '최후의 왕비'와의 이별을 아쉬워했다.

    당시에 적은 메모를 보니 방자 비가 돌아가셨을 때 한국의 MBC텔레비전이 특집 프로그램을 방영했다. 그 가운데에서 한일 쌍방의 길거리의 목소리로 "이방자 여사를 아십니까?" 하는 질문에 대한 반응을 소개하고 있었다. 한일 양쪽에서 각각 10명가량이 화면에 등장했는데, 일본에서는 아는 사람이 고작 한 명이었다. 한국에서는 절반 이상이 안다고 대답했다.

    이방자 비는 한국에서는 '왕비'였다. 정확하게는 황태자비니까 한국에서는 '왕세자비'인 셈이지만, 일반인들은 왕비라고 불렀다. 마지막 반생(半生)은 한국에서 복지사업에 헌신하셨던지라 나이든 세대를 중심으로 그 존재는 제법 널리 알려져 있었다. 따라서 한일의 관심 차이는 어쩔 수 없는 면이 있었다. 하지만 이 또한 한일 간에 종종 문제가 되는 역사 인식의 갭의 한 예이리라.

이방자 비의 장례식은 먼저 돌아가신 이은 전하 장례식과 거의 마찬가지 형식으로 거행되었다. 왕실은 없어지고, 부부는 말하자면 사인(私人)이 되어 있었기 때문에 국가로서의 장례식이 아니었다.

장례 주최로 이왕가를 낳은 '전주이씨(全州李氏)' 동족 조직이 중심이 된 장의위원회가 구성되었다. 장의위원장은 전국에 200만 명 이상이 산다는 전주이씨의 동족 조직 '전주이씨 대동종약원(大同宗約院)' 이사장인 이재형(李載灐) 전 국회의장이 맡았다.

한국에는 성씨를 근본으로 한 동족 의식이 강하게 남아 있다. 가령 기본적으로 동성(同姓) 남녀의 결혼은 바로 얼마 전까지만 해도 민법으로 금지되어 있었다. 성씨를 함께 하는 동족은 혈통이 같은 만큼 "동족끼리의 결혼은 동물적이며 인륜(人倫)에 어긋난다"고 믿기 때문이다.

동족으로 많은 성씨는 김, 이, 박의 '3대 성씨'로, 이들만 해도 인구의 절반 가까이 된다. 단지 동성의 동족이라도 성씨의 출신지(本貫)에 따라 '전주이씨'라든지 '경주이씨(慶州李氏)' 등으로 집단이 나뉜다. 이 성씨와 본관이 같은 '동성동본' 남녀의 결혼이 법적으로 금지되었던 바람에 혼인신고를 할 수 없었던 것이다.

같은 이씨 중에서도 왕실을 낳은 전주이씨는 명문으로 꼽힌다.

고별식에 해당하는 '영결식(永訣式)'은 창덕궁 내 희정전(熙政殿) 앞에서 거행되었다. 영결식 전에는 언론 등을 통해 준국장(準國葬)이며 '전통적인 왕조 스타일'이라고 들었으나, 영결식 자체는 아주 간소하게 치러졌다.

현대의 한국 장례는 일본 장례에 익숙한 일본인에게는 긴장감이 결여된 것처럼 여겨진다. 일본에서처럼 문상객 모두가 검정색 옷차림으로 긴장감이 넘치는 풍경이 아닌 것이다. 좋게 말하자면 소박하고 온화하게 문상객들이 고인을 추모한다는, 어딘가 빈틈과 여유(?)를 느끼게 해주는 인간적인 면이 있다. 나쁘게 말하면 조잡하여 예식으로서의 매듭이 없고, 때로는 시끌벅적하다.

이방자 비의 장례도 그랬다. 일본 황실에서 온 미카사노미야(三笠宮) 부부를 비롯한 일본인 참석자들도 꽤 있었으나, 그 소란스러움과 긴장감이 결여된 분위기에 놀란 모습이었다.

특히 제단(祭壇) 부근에 몰려든 취재진의 무질서가 장례 분위기를 깨트리고 있었다. 그들은 장례가 진행되는 중에 제단 주변을 제멋대로 우왕좌왕했고, 개중에는 관이 안치된 제단의 '대여(大輿)'에까지 기어 올라간 카메라맨까지 있었다. 이거야 관에 발을 디딘 것이나 마찬가지 꼬락서니였다.

또한 한일 양쪽의 요인들이 보내온 조화(弔花)인 국화 꽃잎이 마구 떨어졌고, 제단 바닥에 깔린 하얀 천은 식이 시작되기도 전에 이미 신발 자국으로 더렵혀져 있었다.

당시 이처럼 예의를 잃은 취재진의 방약무인(傍若無人)함에 나는 순간적으로 "혹시 반일감정 탓인가?" 하고 의아했다. 그렇지만 한국 취재진들의 평소 행동거지를 떠올리자 "그들의 오만함에서 나온 단순한 비례(非禮)"라면서 나 스스로를 납득시킨 기억이 난다.

덧붙이자면 조화는 일본에서 보낸 것이 많았다. 황족 중에는 천황, 황후 폐하를 비롯하여 황태자 부부 등 거의 대다수가 보내왔다. 그런데 조화 역시 두 폐하가 보낸 것보다 다케시타 노보루(竹下登) 총리(당시)의 조화가 가장 앞쪽에 놓였고, 심지어 아야노미야(禮宮, 현재의 아키시노노미야) 전하 이름의 조화가 민간인들이 보낸 것에 섞여 맨 뒤쪽에 놓여 있기도 했다. 그러니 이 역시 조잡했다. 장례가 관(官)이 아니라 민(民) 주최였기 때문일까?

다만 의외였던 것은 장례가 마치 한일 합동장과 같은 풍경이었다는 사실이다. 중심은 당연히 한국인들이었고, 조사(弔辭) 역시 동족 대표인 이

재형 전 국회의장과 강영훈(姜英勳) 총리 등 몽땅 한국인들이었으나 제단 앞의 참석자 배치가 흥미로웠다.

제단 앞에 텐트를 친 식장은 오른쪽 의자에는 한국인, 왼쪽 의자에는 일본인이 앉았다. 일본인 의자의 제일 앞쪽에는 미카사노미야 부부와 야나이 신이치(梁井新一) 주한 일본대사 등이 앉아 있었다.

실은 1970년에 이은 전하가 돌아가셨을 때에도 일본 황족인 다카마쓰노미야(高松宮) 부부와 지치부노미야(秩父宮) 부인이 조문하러 오셨었다. 그것이 전후 첫 일본 황족의 한국 방문이었다. 이때는 일본인 조문객은 황족을 비롯하여 제일 앞줄에는 아무도 앉지 못하고, 모두 셋째 줄 뒤쪽이었다고 들었다.

방자 비의 경우, 일본인이었으므로 한일 합동장례처럼 된 측면이 있다. 그와 동시에 1970년으로부터 약 20년이 흘렀으며, 한국 측의 대일 감정이 그만큼 완화되었기 때문이기도 하다. 그리고 그 배경에는, 나중에 자세히 다루겠지만, 역시 방자 비에 대한 한국사회의 '따뜻한 눈길'이 있었다.

국제적이며 역사적으로 보자면, 유럽 왕실의 경우 전통적으로 '상호 연계(連繫)'가 있었다. 각국 왕실이 혼인을 통해 친척으로 맺어진 케이스가 꽤 있다고 들었다. 그러고 보면 이 땅에서도 고려시대(10~14세기)에는 몽골족의 중국인 원(元)으로부터 공주가 이곳으로 가끔 시집을 오곤 했다.

따라서 국제적으로는, 혹은 세계사적으로는 방자 비와 같은 왕실끼리의 혼인이 그리 이례적인 일은 아니다. 그런 의미에서는 창덕궁에서의 한일 합동 장례식과 같은 분위기도 이상한 게 아닐지 모른다는 기분이 들었다.

그러나 한일 관계사가 세계사적이지는 않을 것 같다. 서로 어딘가 '민족적인 거리낌'이 있다. 이것은 영결식이 끝나고 장례 행렬이 시가지로 나선 다음, 연도에 늘어선 시민들의 모습을 보면서 가졌던 감상(感想)이다.

'우리의 왕비'가
되어

방자 비의 장례는 말 그대로 '이조잔영(李朝殘影)'이었다. 이 말은 한국에서 해방 전에 소년 시절을 보낸 일본 작가 가지야마 도시유키(梶山季之)의 소설 제목인데, 연도에서 시민들 사이에 섞여 장례 행렬을 지켜보던 내 머리를 스쳐갔다.

장례 행렬은 한국에서 상복(喪服)을 뜻하는 하얀색 치마저고리를 입은 여학생들이 든 커다란 태극기를 선두로 돈화문을 나섰다. 각 지역의 전주 이씨들로부터 보내온 조의(弔意)를 적은 컬러풀한 리본인 '만장(輓章)'은 200개가 넘었다. 관을 실은 '대여'는 하얀 상복을 입은 상여꾼 100여 명이 하얀 천으로 꼰 두툼한 끈으로 끌고 있었다.

장례 행렬에는 그 외에도 화려한 전통의상을 차려입은 악사(樂士)와 무관(武官), 여관(女官)들이 가세하여 길이가 1킬로미터에 달했다. 대학생과 고교생들이 분장(扮裝)하여 왕조의 장례를 재현한 것인데, 여기에는 정부(문화공보부)가 예산을 지원하고 창덕궁에 보존된 대여 등의 정부 보유

궁중 문화재를 동원했다. '최후의 왕조 장례'로서 기록으로 남기고자 했던 것이다.

창덕궁에서 그리 멀지않은 '종묘'까지의 연도에는 수많은 시민들이 달려나와 장례 행렬을 지켜보았다. 사람들의 가장 큰 관심은 역사의 두루마리 그림과 같은 화려한 퍼레이드에 대한 호기심이었다. 그렇지만 당시 연도의 시민에게 들은 감상은 "우리나라 마지막 왕비의 장례식이니까…"라는 것이었다.

그러니 이들 시민들에게 방자 비는 이미 '우리의 왕비'였던 셈이다. '우리'라는 한국어는 남과 내 편(=가족)을 가르는 한국인의 인간관계(문화)에서 중요한 단어다. 방자 비는 한국인에게는 이미 '자신들과 마찬가지 세계의 사람', 즉 내 편이 되어 있었던 것이다.

장례 행렬을 전송하는 사람들 가운데 살짝 합장을 하거나, 고개를 숙이는 노인들의 모습도 여기저기 눈에 띄었다. 온통 검정색 투성이로 숙연한 긴장 상황인 일본의 장례와는 달리, 알록달록한 만장과 민족의상으로 치장한 화사한 장례였던 만큼 웅성거리는 인파 가운데에서의 드러나지 않는 합장은 인상적이었다.

장례 행렬이 돈화문을 나선 직후였다. 연도의 인파 속에서 갑자기 한 명의 노파가 나타나, 아스팔트 도로 위에 무릎을 꿇고 대여를 향해 이마를 바닥에 대고 절을 하는 '예(禮)'를 되풀이했다. 물론 아무도 말리지 않았다. 품위 있는 짙은 블루의 치마저고리를 입은 체구가 자그마한 노파로, 하얗게 센 머리카락을 뒤로 당겨 묶은 모습이었다.

이런 식으로 땅바닥에 머리를 대는 것을 한국에서는 '큰 절'이라고 한다. 상대를 존경할 때의 최고 예절이다. 일어섰다가 무릎을 꿇고, 무릎을 꿇었다가 일어서는 것을 계속 되풀이한다.

순식간에 카메라맨들이 몰려들어 떠나가는 장례 행렬은 뒤로 한 채 노파에게 셔터를 눌러댔다. 하지만 노파는 조금도 동요됨이 없이 담담하게 '큰 절'을 계속했다. 그리고 아무 일도 없었던 것처럼 인파 가운데로 되돌아가 다시 장례 행렬을 지켜보았다.

같은 시대를 살아온 한 사람으로서 '우리 왕비'에게 이별의 예를 바쳤던 것이다.

이 같은 풍경에는 나도 몰래 눈시울이 뜨거워졌다. 장례 행렬을 바라보는 내 눈이 한동안 흐릿해지고 말았다. 하지만 이런 기분을 해석하자면, 결과적으로는 500년이나 이어진 왕조를 붕괴시킨 한스러운 일본에서 건너온 일본인 왕비를 '우리 왕비'로서 예를 다하여 따뜻하게 보내는 사람들에 대한 일본인으로서의 소박한 감격과 감상(感傷)이지 않았을까.

거기에는 역시 앞에서 언급한 '민족적인 거리낌'이 있었던 것으로 여겨진다. 나로서는 당시 풍경을 역시 '일본인 왕비와 한국 국민'이라는 구도(構圖)로 감상에 빠졌던 것이다.

다시 말해 방자 비에게는 "한일 간의 가혹한 역사를 짊어지시고, 일본인으로서 이토록 애를 쓰셔서 너무 고마웠습니다"고 인사하고 싶었다. 또 연도의 한국인들에게는 "망국의 한을 넘어 이국(異國)의 왕비를 이토록 따뜻하게 전송해주셔서 감사합니다"고 이야기하고 싶었던 것이다.

그렇지만 앞에서 쓴 것처럼 장례 행렬을 지켜보던 연도의 한국인들에게는 그다지 민족적인 거리낌이 없었던 것으로 여겨진다. 물론 그들에게 죄다 물어본 것은 아니지만….

이렇게 말할 수 있는 것은 이미 한국사회에서의 일상 풍경으로서 방자 비에 대한 민족적인 거리낌이 크게 후퇴해 있었기 때문이다. 아니, 벌써 사라지고 없었다고 해도 좋을지 모른다.

그녀는 한국으로 '귀국'한 뒤 온몸을 바쳐온 장애인 복지사업을 통해 한국 국민으로부터 존경받는 인물이 되어 있었기 때문이다. 그런 활동은 한국에서의 본격적인 장애인 복지사업의 선구였으며, 한국과 일본을 오가면서 벌인 자선행사와 바자 등을 통한 자금 모으기는 '고군분투(孤軍奮鬪)'에 가까웠다. 내가 지닌 그녀의 글씨 '무량수'도 바로 그 자선행사에서 나온 것이다. 오로지 한국의 장애인들에게 여생을 바치신 방자 비였다.

나는 방자 비가 나이 여든이 되셨던 1981년과, 한일 국교정상화 20주년이었던 1985년의 두 차례에 걸쳐 낙선재에서 인터뷰를 했다. 그토록 조그만 체구로 어찌 그리 '그 시절의 역사'를 잘 견뎌내셨는지 하고 저절로 고개가 숙여졌다.

담백하면서도 품위 있는 온화한 말투였고, 정말이지 활기가 넘치셨다. 테이블을 놓고 마주 앉은 인터뷰는 초목(草木)이 울창한 안뜰에서 이뤄졌다.

낙선재에는
역사의 흔적이 없다

낙선재가 그 후 어떻게 변했는지 궁금하여 돌아가신 몇 해 뒤에 찾아가 보고 깜짝 놀랐다. 한국정부의 '역사 바로잡기' 정책의 일환이었는지 정원이 딸려 계절이 오면 철쭉이 아름답던 당시의 낙선재는 자취를 감추고, 새롭게 다시 목재로 지은 낙선재가 미니어처 가든의 모형처럼 느닷없이 모습을 드러냈다.

몇몇 건물로 이뤄진 낙선재에는 해방 후 방자 비 외에 왕족으로서는 이은 전하의 형수라고 할 순종 황제의 측실(側室) 윤대비(尹大妃, 順貞孝 황후 1968년 타계)와, 이복 여동생인 덕혜옹주(德惠翁主, 1989년 타계)도 한때 머물고 있었다. 덧붙이자면 '옹주'는 정식이 아니라 서출(庶出)의 공주를 가리킨다. 그리고 방자 비의 둘째 아들인 이구(李玖, 2005년 타계) 씨도 미국인 부인과 함께 한때 기거했다.

특히 방자 비는 복지사업 등 활발하게 사회활동을 하셨기 때문에 낙선재는 생활공간으로서의 생생한 존재였다.

그런데 방자 비의 타계 후 그게 완전히 모습을 바꾸어버린 것이다. 인간 냄새가 나지 않는 영화 세트장 같은, 내부에는 아무 것도 없이 텅 빈 건물뿐으로 '복원'되어 있었다. 거기에서는 생활 도구를 비롯하여 방자 비를 추억할 수 있는 것이 단 하나도 눈에 띄지 않았다.

단지 건물 앞에 표지판이 세워져 이은 전하와 방자 비가 일본에서 귀국한 뒤 거주했다는 설명이 적혀 있었다. 그러나 거기에는 인공적으로 복원된 왕조 풍을 본뜬 건물만 있었지, 이은 전하 부부로 상징되는 한일 근대사라는 '역사'의 향기는 전혀 없었다.

이 책을 쓰느라 2016년 여름, 오랜만에 낙선재를 다시금 찾아가보았다. 그랬더니 예전에는 있었던 바로 그 표지판도 사라지고 없었다. 관광지의 성격이 더해져 중국인을 위시한 내외 관광객으로 붐볐지만, 경복궁 등 다른 고궁과 마찬가지로 단순한 건물 구경의 대상에 지나지 않았다.

목에 이름표를 건 직원이 내 앞을 지나가기에 그 사람에게 "이방자 비가 머무셨던 곳은 어딥니까?"하고 물어보았다. "저 건물입니다" 하고 손으로 가리키는지라 "아니, 가봤더니 표지나 설명이 전혀 없어요. 예전에는 분명히 있었는데…"라고 하자 "예전의 일은 모릅니다만 설명은 해설사(왕궁 가이드)가 해줄 겁니다"는 대답이 돌아왔다.

나중에 매점에서 구입한 '문화재 해설 팀'이 엮은 멋진 가이드북 〈창덕궁, 문화재 해설사와 함께〉(일본어판)에는 각 건물에 관한 상세한 건축학적(?) 설명에 섞여 단 두 줄로 이렇게 적혀 있었다.

{1926년 순종이 붕어하자 순종효 황후가 여기서 한동안 체재했습니다. 영왕(英王)의 비인 이방자 여사도 여기서 살다가 1989년에 타계했습니다.}

"앞으로는
내가 싸운다"

한국에서 남편인 이은 전하가 돌아가신 1970년은 방자 비로서는 결혼한 지 꼭 50년인 금혼식(金婚式)의 해였다.

이은 전하는 태평양전쟁 뒤 가톨릭의 세례를 받았던지라 두 사람의 금혼식 미사가 입원 중이던 병실에서 베풀어졌다. 병원 또한 가톨릭 계열의 성모병원이었다. 금혼식 사흘 뒤에 돌아가신 셈이다. 방자 비는 전전(戰前)과 전후(戰後) 각각 25년씩 격동의 반세기를 비운의 왕실 출신인 남편을 성심껏 모시고 헌신했던 것이다.

이은 전하는 1907년, 만 열 살 때 부모와 떨어져 이토 히로부미의 손에 이끌려 일본으로 건너갔다. 이후 학습원에 다니면서 일본인 교육을 받았다. 그리고 일본 황족 남자들과 마찬가지로 육군사관학교를 나와 일본 군인이 되었다. 방자 비와의 결혼 당시에는 육군 중위였으나, 그 후 연대장과 사단장을 거쳐 마지막에는 육군 중장으로 제1 항공군 사령관의 지위에 올라 있었다.

일본 통치 시절의 일본군에는 지원과 징병 등으로 많은 한국인이 입대해 있었다. 그 전몰자(戰歿者)는 야스쿠니신사에 모셔진 숫자만 해도 2만 2000명에 달한다. 일본 사관학교 졸업생을 포함한 장교도 많았고, 이은 전하처럼 왕족이 아니라도 홍사익(洪思翊) 중장(필리핀에서 포로수용소장으로 있었던 탓에 일본 패전 후 연합군에 의한 전범재판으로 처형됨)과 같이 장군이 된 사람도 있었다.

그것은 한국인 상관 아래 일본인 부하가 있었다는 사실을 의미한다. 소위 지배자 측의 인간이 지배당한 측 상관의 부하가 되어 그 명령에 따랐던 것이다.

이런 군대는 영국이나 프랑스, 네덜란드 등 서양의 식민지 지배국에서는 있을 수 없는 일이었다. 일본에 의한 한국 지배의 '특이(特異)'했던 면이다. 당연히 엘리트 군인이었던 군대 시절 이은 전하의 부하 중에는 수많은 일본인 장병이 있었다.

방자 비가 쓴 자전을 읽으면, 소위 '신적강하(臣籍降下)'로 새로운 환경에 놓였던 전후 일본에서의 일을 회상하는 대목이 나온다. 그 가운데 둘째 아들 구(玖)가 고교 졸업 후 미국 유학에 관해 고민하던 때, 이은 전하가 이렇게 말하면서 유학을 권했다고 한다.

{(나는) 이 나이가 되어 하고 싶은 대로 하라는 말을 들어도 새삼스레 내가 어떻게 할 도리도 없다. 슬픈 일이지만 어쩔 도리가 없는 것이다. 오랜 세월 틀 속에 끼어서, 틀 속에서 여하히 나를 잊고 살아갈 것인지만 주입받았기에 막상 밖으로 나가려고 해도 좀처럼 나가지 못한다. 나가고자 하는 의지가 후퇴해버린 것이다. 구는 이런 아비를 뛰어넘어 부디 자유분방하게 스스로를 시험하기 바란다.}

그녀는 남편의 이 같은 울적한 심정 토로를 접하고 이렇게 적었다.

"그 무렵 늘 무기력한 남편을 마음 어딘가에서 안타깝게 여긴 적도 있었으나, 절절하게 반성했습니다." 그리고 "앞으로는 내가 강해지고 전하는 살짝 조용하게, 하고 싶은 대로 하면서 지내시도록 하고 … 만약 힘없는 우리를 노리는 자가 있다면 내가 싸우는 것이다. 내가 지켜내는 것이다 …"고 결심했다고 한다.

방자 비는 만 18세에 이국인 한국 왕실로 시집와 격동의 전전, 전후 50년에 걸쳐 한국인 남편을 지켜오셨다. 남편의 만년(晩年)은 의식불명의 상태였다. 1970년 5월 1일 아침, 성모병원으로부터 '위독'의 연락이 왔을 때 방자 비는 낙선재에서 마지막을 맞도록 해드리자고 생각하여 의식도 없는 이은 전하를 낙선재로 옮겼으나, 오후에 임종할 때까지 아무 말도 없었다고 한다. 자전에 의하면 그녀는 남편의 죽음을 대하는 소회를 "고통스러운 한 평생을 정말이지 송구스럽게 생각했습니다"고 적어 놓았다. 이 말에는 한일 간의 역사가 스며 있는 것일까.

그리고 훗날 어머니였던 나시노모토미야 이쓰코(伊都子) 비(妃)가 돌아가셨을 때, 어머니가 들려준 "인간은 무엇보다 인내가 제일이에요"라던 말을 떠올리고 있다.

방자 비는 다소 낡은 표현이지만, 바로 그 한일 간의 격동의 역사 속에서 실로 훌륭하게 '해로(偕老)'하셨던 것이다. 그리고 마지막은 한국 국민들로부터 존경받고, 따뜻하게 전송 받으면서 남편 곁으로 떠나셨다. 너무나 장하고 멋들어진 일본 여성이었다. 나 역시 일본인의 한 사람으로서 진심에서 우러나온 감사를 드리고자 한다.

일본 여성의
헌신에 관해

어딘지 마음이 무거운 역사 이야기가 계속되었지만, 이제 역사를 벗어나 한국인 남편에 대한 일본인 여성의 헌신이라는 것을 약간 다루고자 한다. 오래 전부터 신경이 쓰인 일이었기 때문이다. 그것이 일반화할 수 있는 성격인지 어떤지 모르겠으나, 이방자 비의 인생에서 촉발되어 일본 여성의 훌륭한 점으로 반드시 기록으로 남겨두고 싶어진다. 본제(本題)인 '이방자 비 이야기'에서 비껴나는지라 몇 가지를 에피소드 식으로 간단하게 소개해둔다.

예컨대 이 원고를 쓰고 있는 2016년 여름, 한국에서 최고 인기 화가인 이중섭(李仲燮, 1916~56년) 작품전이 서울에서 열려 화제가 되었다. 주요 일간지가 그의 탄생 100주년을 기념하여 개최했다. 바로 이 이중섭을 곁에서 지킨 사람 또한 일본인 부인이었다.

이중섭은 일본 통치 시절 북한(元山) 출신으로, 도쿄에서 그림을 배웠다. 일본 패전 후 고향 원산에서 화가로 활동하고 있을 때 6·25전쟁이 일어나 한국으로 피난했다. 부인은 도쿄 유학 시절 '분카가쿠인(文化學院)' 후배였던 일본 여성으로, 패전 직전인 1945년에 결혼했다. 전쟁이 나자 솔가(率家)하여 남쪽(한국)으로 내려온 다음, 1952년에 부인과 자녀를 일본으로 '피난'시켰다.

그는 그 2년 뒤 마흔 살로 요절하는데, 바다를 사이에 두고 떨어진 두 사람의 애정이 그의 인생과 작품을 지탱해주었다고 하며, 한국과 일본을 오간 숱한 편지 등이 공개됨으로써 일본인 부인에 관한 일이 새삼 화제가 되었다. 이중섭도 역시 일본 여성의 뒷받침에 의해 꽃을 피웠던 것이다. 이방자 비를 다루면서 먼저 떠올리게 되었다.

예술가라고 하면 또 한 사람, 비디오 아트의 창시자이자 전위적인 현대 아트의 제작자로 잘 알려진 백남준(白南準, 1932~2006년) 역시 그랬다. 그의 독창적인 비디오 아트는 국제적인 인기를 끌었고, 세계에서 가장 널리 알려진 한국인 아티스트의 한 명이었다. 그런데 그의 부인이 일본인 구보타 시게코(久保田成子) 씨였다.

백남준은 한국에서 태어났으나, 전후 일찌감치 도쿄대학에서 미학을 공부한 뒤 서독으로 건너가 해프닝 아트의 세계에 빠졌다. 활동은 뉴욕이 중심이었다. 부인과는 1964년, 도쿄 공연을 하면서 처음 만났다. 그 후 1977년, 뉴욕에서 결혼했다. 그녀는 오노 요코 등과 행동을 함께 한 같은 세대 전위 예술가로, 백남준과는 '예술적 동지'이기도 했다. 그녀의 작품도 남편의 작품과 더불어 뉴욕의 미술관에 소장되어 있다.

만년의 백남준은 뇌일혈로 쓰러져 휠체어 신세를 졌으나, 그녀는 끝까지 그를 지켰다.

그녀에 대한 한국인의 인터뷰에 의한 자전(自傳) 〈내 사랑 백남준〉(2010년, 한국어판)에 의하면, 마이애미에서 요양 중이던 백남준이 타계한 날은 설날 밤이었다고 한다. 설날이었으므로 저녁에는 그가 아주 좋아한

'장어 덮밥'을 만들어 먹었다. 백남준은 "맛있어, 정말 맛있어!"라면서 순식간에 그릇을 비웠다. 그것이 두 사람의 '최후의 만찬'이었다고 한다.

또 한 사람, 일본 여성을 떠올린다.

이방자 비가 사셨던 낙선재 바로 서쪽 곁에 한국에서 저명한 건축 설계 사무소 '공간(空間)'이 있었다. 그 대표가 해방 후 한국에서 최고의 건축가로 불린 김수근(金壽根) 씨(1931~86년)였다. 1950년대 도쿄예술대학과 도쿄대학에서 건축을 배웠고, 서울올림픽 경기장과 부여 국립박물관 등 수많은 유명 건축에 관여한 인물이다.

앞서 이야기했듯이 1980년대 전반, 내 사무소와 '한 동네'여서 이따금 바로 그 '공간'에 들렀다. 김수근 씨는 저명한 건축가이자 명사(名士)였던 지라 한국사회의 상층부와 잘 통했다. 한국의 문화인이나 지식인 중에는 정치를 포함한 '정보통'이 많다. 그 덕택에 귀가 솔깃해질 정보를 종종 들었다. 식사 자리에도 몇 번인가 불려가곤 했는데, 부인이 일본인이었다.

두 사람의 연분에 관해서는 들을 기회를 놓쳤으나, 부인이 미스 나가노 (長野) 출신이라고 했다. 바지런하게 음식을 차려주시곤 했다. 한국의 부인네들은 보통 가정에서 남편 손님에게 스스로 그렇게 친근감 있는 대접은 하지 않는다. 기본적으로는 잘 나서지 않는다. 김수근 씨가 성공을 거둔 뒤안에는 '일본인 부인이 있었기 때문'이라고 내 마음대로 상상해보았다. 김수근 씨는 심장병이 있었는데, 별안간 50대 중반의 나이로 세상을 떴다.

내가 〈교도통신〉 시절의 지국장을 마치고 일본으로 돌아가 있던 1986년의 일이었다. 스스로 설계한 올림픽 경기장에서의 올림픽 개최를 끝내 보지 못한 채 타계하고 말았다. 자유발랄하면서도 지적(知的)이고, 실로 매력적인 사람이었다. 그의 너무 빨랐던 죽음은 지금 돌이켜보아도 유감 천만이다. 부인 소식은 그 후 듣지 못했다.

이방자 비를 뒷바라지한
한국 여성

한화휴제(閑話休題). 다음은 이방자 비와 관련된 여담(餘談)이다. 그 자손은 어떻게 되었을까?

돌도 되지 않은 큰아들 '진' 전하가 귀향길의 서울에서 수수께끼의 죽음을 당한 후, 둘째 아들 '구' 전하가 1931년에 태어났다.

그는 해방 후 일본에서 미국으로 유학하여 매사추세츠공과대학을 졸업하고 건축가가 되었다. 미국 여성 '줄리아'와 결혼하여 미국 시민권도 얻었다. 1963년, 부모의 귀국에 맞춰 함께 한국으로 돌아가 한때는 낙선재에서 살았다. 그러나 두 사람 사이에 자녀는 없었고, 1982년에 별거 중이던 줄리아와도 이혼했다. 그 후로는 한국과 일본을 오가며 지냈다.

1996년, 한국으로의 영주 귀국이 발표되었다. 전주이씨 동족 조직인 '대동종약원 총재'로 취임했으나 안정을 찾지 못했다. 그러다가 2005년 7월, 도쿄에서 갑자기 병사(病死)했다. 73세였다.

이구 씨는 일본에서 태어나고 자라 일본어와 영어가 유창했으나, 한국어는 서툴렀다. 나는 생전 한 번 그를 만났는데, 한국인이라는 분위기를 전혀 느끼지 못했다. 대범한 태도와 풍모는 어딘지 모르게 그 출신을 드러냈다. 하지만 생활 감각이 희박하고, 다소 세상과 동떨어진 인상을 풍기는 사람이었다. 도쿄에서의 '객사(客死)' 현장은 원래 부모가 살던 저택이다. 나중에 매각되어 호텔로 바뀐 '아카사카(赤坂) 프린스호텔' 옆의 호텔 신관이었다. 어린 시절을 보낸 '옛 집의 추억'을 더듬으면서 숨을 거둔 셈이 된다.

한국 매스컴은 그의 인생을 "국제적인 미아(迷兒)와 같았다"고 평했다. 그로서는 영주 귀국을 포함하여 한국은 마지막까지 쉬 정이 들지 못한 조국이었던 듯하다. 아버지가 이은 전하인 왕실 직계이자 한일 두 나라에 연고를 둔 최후의 왕손이었으나, 그 죽음으로 조선왕실에서 일본인의 핏줄은 끊어졌다.

다음은 여담 중의 여담이다. 이구 전하는 이혼한 뒤 끝까지 재혼하지 않았다. 그 바람에 왕실 직계의 핏줄이 끊어지는 것을 아쉽게 여긴 일본 측 요인들 사이에서 "자손을 남기도록 무언가 해드려야 하지 않을까?"하고 비밀리에 '후계자 만들기 작전'이 벌어졌다. 이것은 당사자 가운데 한 명으로부터 들은 이야기인데, 결국 이구 전하는 끝까지 그들의 설득에 응하지 않았다고 한다.

이방자 비에 관한 또 한 가지 여담을 소개하고자 한다.

일본에 '일한(日韓)문화교류기금'이라는 단체가 있다. 외무성 외곽 조직으로, 오랫동안 한일 간의 문화, 학술교류를 지원하고 있는 공적인 단체다. 여기서 해마다 두 나라의 교류에 공이 있는 한국인에게 '일한문화교류기금상'을 수여한다. 2015년도 수상자로 김수임(金壽姙)이라는 여성이 뽑혔다. 그녀는 1921년생이므로 95세의 수상이었다.

그녀는 자신도 장애아의 어머니로써, 1960년대로부터 이방자 비를 모시고 함께 장애자 복지사업에 매달려 왔다. 방자 비가 돌아가신 다음에는 추도(追悼)와 현창(顯彰) 활동에 분주했다. 기일(忌日)에는 항상 일본인 추모객들을 묘소로 안내하여 방자 비를 기리곤 했다. 방자 비의 '능참봉(陵參奉)'과 같은 존재였다.

내가 그녀를 언제 어디서 처음 만났던지 잘 기억나지 않는다. 그렇지만 그녀는 〈산케이신문〉 서울지국으로 자주 찾아와 방자 비의 추억담을 들려주었다. 올 때는 반드시 손수 만든 과자와 튀김 등 선물을 들고 왔다. 고향이 북한의 개성(開城)이어서 그녀가 들고 오는 과자와 튀김은 전통적인 개성 요리였다.

개성은 고려시대 수도였던 고도(古都)이다. 그녀는 개성에 있던 미션 계통의 고등여학교에 다녔고, 일본 통치시대에는 수시로 경성(서울)에 들르기도 했다고 한다. 당시 이 두 도시는 지금으로 치자면 통근권(通勤圈)이었다. 그녀는 그대로 북상하면 중국과의 접경인 신의주(新義州)까지 이어지는 경의선(京義線) 철도의 경성과 개성 사이의 역 이름을 여태 전부 외우고 있다면서 술술 꼽아보기도 했다.

아흔을 넘기고도 원기 왕성하여, 찾아오면 돌아갈 때까지 가만히 입을 다물고 있지 못하는 사람이었다. 몸매가 아주 작은 사람인데, 어디서 저런 에너지가 샘솟는지 불가사의했다. 나는 이 김수임 씨에게 언젠가는 꼭 일한문화교류기금상을 드려야겠다고 작정하고 있었다.

2015년은 한일 국교정상화 50주년이었다. 그런데 이에 앞서 2013년부터 이듬해에 걸쳐 이방자 비를 추모하는 〈철쭉〉이라는 제목이 붙은 김수임 씨의 일본어 단가집(短歌集)이 한일 양쪽에서 출판되었다.

일본에서는 그녀를 지원하는 독지가인 스즈키 아키라(鈴木明) 씨와 교육자인 구사비라키 쇼조(草開省三) 씨, 한국에서는 교육자인 안장강(安長江) 선생 등이 많은 애를 썼다. 한국어판은 A4의 대형 하드커버로, 단가에 한국어 번역이 붙어 있었다.

이 책의 출판을 계기로 나는 그녀를 일한문화교류기금상에 추천, 2015년도 수상자로 선정되기에 이르렀다. 이것은 김수임 씨에 대한 감사임과 동시에, 이제는 돌아가신 이방자 비 현창이라는 뜻도 담겼다.

서울에서의 시상식에 그녀는 가족이 미는 휠체어를 타고 참석했다. 여전히 이야기를 잘 하고 건강했다. 그런데 옛 기억은 아직 또렷하게 기억하고 있음에도 근자의 기억이 잘 떠오르지 않는 모양이었다. 5년이 지나면 100세가 되는데, 이때 수상할 수 있어서 다행이라고 생각했다.

그건 그렇더라도 일본 측에 지금도 여전히 이방자 비를 현창하는 제대로 된 기념사업이 아무 것도 없다는 사실은 참으로 서글프다. 일본은 역사의 고난을 그녀에게 덮어씌웠으니까 너무 황송한 일이 아닐까. 이것은 김수임 씨가 평소 아쉬워하던 일이기도 했다.

앞서 말한 대로 방자 비는 남편인 이은 전하와 함께 서울 근교 금곡에 있는 '영원(英園)'에 잠들어 계신다. 영원이란 '영친왕(英親王)'으로 불린 이름에서 따왔다. 능에서 이어지는 산길에는 방자 비가 생전에 일본에서 가져온 천엽벚나무가 심어져 있다.

방자 비의 기일인 4월 30일 무렵이면 벚꽃이 활짝 핀다. 이 계절에는 일본으로부터의 참배객도 있어서 김수임 씨가 안내하곤 한다. 그녀의 단가집에는 그것을 노래한 단가 몇 수가 수록되어 있다.

〔고국(故國) 생각하는 / 정성의 표시라네 / 야마토(大和=일본) 나무 / 활짝 핀 벚꽃 / 영령(英靈)을 바라보네

머나먼 곳에서 / 그리움 안고 / 찾아왔다네 / 야마토의 정(情) / 가슴이 벅차오르네

나라 그리워하는 / 비(妃) 전하의 / 영령 위로하네 / 오늘도 바치는 / 야마토 소식이어라〕

07

옛 총독부 청사는
왜 해체되었는가?

'아리랑'과 '감격시대'가 말해주는 것

고궁 파괴에
이의를 제기했던 일본인

　1926년 10월 1일, 경성(서울)에서는 조선총독부 청사 낙성식이 성대하게 거행되었다. 총독부 청사 건설은 한국합병으로부터 6년 뒤인 1916년에 착공되어, 10년의 세월이 걸려 완성된 대공사였다.

　수도 경성에서는 일본 통치 하의 '근대화'에 의해 여러 고궁이 파괴, 축소되었다. 예를 들어 이방자 비가 계셨던 창덕궁과 인접한 창경궁은 일본 통치시대에는 한국 최초의 동물원이 들어서서 유원지인 '창경원'으로 바뀌어 있었다. 동물원이나 유원지는 근대 도시의 상징이었다. 원래의 창경궁으로 복원된 것은 1980년대 후반에 들어선 뒤였다.

　그런 가운데 정궁 경복궁 부지 내에 세워진 총독부 청사 건설에는 당연히 엄청난 '파괴'가 따랐다.

　총독부 청사는 중앙에 청록색의 둥근 돔을 올리고, 좌우 대칭으로 퍼지는 거대하고 수려한 르네상스 양식의 '백악(白堊)의 전당'이었다. 한국에 대한 일본의 지배를 과시하려는 듯이 경복궁에 솟구쳐 있었다. 결과적으로 경복궁을 뒤편으로 빼돌려 사람들의 눈길에서 감추어버린 꼴이었다.

고궁을 압도하는 거대한 근대 건축은 당시의 한국인들에게 일본 지배라는 '시대의 변화'를 싫건 좋건 억지로 인상 짓는 것이었다. 이것은 내 상상이지만, 그 위용은 그들에게 어떤 종류의 민족적 무력감을 안겨주었을 것임에 틀림없다.

1919년, 일본 지배에 반대하는 대규모 '3·1 독립운동'이 일어난 뒤 새롭게 부임한 제3대 총독 사이토 미노루는 '무단(武斷)통치'를 대신하는 '문화통치'로 알려져 있다. 이미 지적했지만 그는 조슈 파벌의 육군 중심으로 스타트한 일본의 한국 통치 역사에서, 처음으로 비(非) 조슈 계열에다 해군 출신이었다.

그가 부임한 9월 2일, 경성의 남대문역에 내려선 사이토 총독은 즉시 폭탄 테러 세례를 받았지만, 8년 재임 기간 동안 민심을 얻기 위한 교육과 문화에 힘을 기울였다. 그러나 경복궁 일부를 부수고 짓는 총독부 청사 건립 계획은 그대로 추진되었다.

당시 이 고궁 파괴에 이의를 제기한 일본인이 있었다. 도자기를 비롯하여 '조선의 미(美)'를 한없이 사랑한 일본 민예가 야나기 무네요시(柳宗悅, 1889~1961년)였다. 그는 1920년 일본 잡지 〈가이조(改造)〉 10월호에 게재한 기행문 '그의 조선행(朝鮮行)'에서 경복궁에 총독부 청사를 건립하려는 데 강하게 반대하며 이렇게 썼다.

{이 경복궁 건축은 이조(李朝) 최후의 대작이다. 앞에는 광화문이 솟구쳐 있다. 그 위력(威力)은 군위(君位)의 장엄을 표시하기에 충분하리라. 실로 이 궁전의 아름다움은 그 광대한 문을 지나 더욱 깊숙이 2중 돌계단 위에 선 근정전(勤政殿)의 대건축을 바라볼 때이리라. … 그럼에도 이 무슨 일인가. … 오늘 광화문과 근정전 사이에 실로 팽대(膨大)한 서양 건축

이 총독부의 손에 의해 세워지고 있다. … 이 얼마나 무익(無益), 무모한 소치(所致)인가. 억지로 민족의 반감을 사느라 이런 일을 벌이는가 하고 사람들이 물을 것임에 분명하다. 이런 물음이 합리적이 아니라고 어떻게 생각할 수 있으랴.}

다시 2년이 지난 1921년에도 〈가이조〉 9월호에 '잃어버리려는 한 조선 건축을 위하여'라는 제목 아래 "나는 지금 가슴을 쥐어짜는 기분을 느끼고 있다"면서 광화문 철거 계획에 격렬하게 항의했다. 그 글은 "광화문이여, 광화문이여, 광화문이여, 너의 목숨이 경각에 달렸다"라는 글로 시작된다. 이어서 "어떻게 하면 좋을까? 나는 갈피를 잡지 못한다. 꼴 사나운 끌과 무정한 망치가 네 몸을 조금씩 깨트리기 시작할 날이 이제 멀지 않았다. …"면서 총독부 청사의 완성이 가까워져 그 앞쪽에 자리한 광화문의 철거가 닥쳐왔다는 사실에 초조감을 드러냈다.

이 같은 야나기 무네요시의 호소가 영향을 미쳤는지, 혹은 사이토 미노루 총독의 '문화통치'의 배려 결과였는지, 광화문은 파괴만은 피할 수 있었다. 결과적으로는 정면에서 철거되어 궁전 북쪽으로 옮겨져 간신히 '보존'되었다.

그래도 야나기는 "파괴를 면하고 이전(移轉)될 것이라는 말을 전해 들었다. … 광화문은 경복궁의 문이지 어디 다른 곳의 문일 수 없다. 그 위치와 그 배경과 그 좌우의 벽을 빼면 문에 얼마만큼의 생명이 있을까. 형체는 남더라도 그것은 추상(抽象)되어 버린 생명 없는 형해(形骸)가 아닌가" 하고 따끔하게 비판했다(이상은 〈新裝 야나기 무네요시 선집〉 제4권 '조선과 그 예술'에서).

광화문은 어디까지나 경복궁의 정문이며, 옮기는 것은 파괴나 마찬가지라고 강조한 것이다. 미의 탐구자로서의 올바른 견해이다. 아니, 이 같은

해체 철거 전의 조선총독부 건물.

다른 나라, 다른 민족의 '문화'에 대한 경의(敬意)와 배려는 존경하고도 남을 일이다. 따라서 그는 지금껏 한국에서 존경받는 몇 되지 않는 일본인의 한 명이다. 한국식 표현을 쓰자면 전형적인 '양심적 일본인'이리라.

다만 야나기 무네요시의 한국(조선)문화에 대한 심미안(審美眼)에는 위화감도 있다. 이것은 훗날, 특히 해방 후에 한국 측에서 문제가 된다. 그가 "조선의 예술은 사랑이 찾아오기를 기다리는 비애(悲哀)의 미"라고 단정했기 때문이다.

{긴 세월 동안 처절하고 고통스러웠던 조선의 역사는 그 예술에 남모를 외로움과 서러움이 담겨 있었다. 거기에는 항상 슬픈 아름다움이 있다.

눈물이 넘치는 외로움이 있다. 나는 그것을 바라볼 때 가슴에 저며 오는 감정을 억누르지 못한다. 그토록 비애에 잠긴 아름다움이 어디 또 있을까?(〈조선의 친구에게 보내는 글〉에서).

항간에 떠도는 말투를 흉내 내자면, 이것은 선입견에 의한 지레짐작이리라. 나 역시 오랫동안 한국에서 숱한 '예술'을 대해 왔지만, 그럴 때 특별히 '비애의 미'를 느낀 적은 없었다. 물론 그 같은 감개를 불러일으킨 것도 있기는 했다. 그렇다고 해서 '한국의 미는 비애의 미'라고는 생각하지 않았다.

그의 한국에 대한 미의식은 '긴 세월 동안 처절하고 고통스러웠던 역사'라는 관념(?)에서 온 동정, 또는 일본의 지배에 대한 속죄 의식이 배경에 있었다. 그러나 한국인 쪽에서는 나중에 예술 평론으로서 "그런 식의 서러움으로 받아들여져서는 곤란하다"는 비판의 소리가 나왔다. 야나기 무네요시로 보자면 한국(조선)의 편을 들려고 했을 것이지만, 한국인들로 보자면 그 '양심'은 고마우나 "그렇게까지 이야기하면 도리어 비참해진다"는 것이리라.

동정이나 속죄 의식은 당연히 있는 게 바람직하다. 하지만 그로 인해 '미'를 바라보는 눈이 흐려져서는 낭패다. 한국인은 그것을 오해라고 여겼다. 역사에 관해서도 마찬가지이리라. 과잉 동정이나 속죄 의식은 역사의 진실을 보는 눈을 그르치게 만들고 만다.

광화문으로 돌아가자. 결과적으로 경복궁 한쪽 구석(!)으로 옮겨져 살아남기는 했으나, 앞서 말한 대로 경복궁 자체는 전면(前面)에 생겨난 거대한 총독부 청사로 인해 가려지고 말았다. 그리고 정면에는 광화문이 없다. 총독부 청사의 출현으로 경복궁은 실질적으로 사라지고 만 셈이었다.

그런데 그 후의 역사는 실로 아이러니컬하게 전개되었다. 옮겨져 간신히 살아남은 광화문은, 사실 일본 통치가 끝난 해방 후에 없어지고 말았던 것이다. 왜냐하면 일본 지배에서 해방된 5년 뒤인 1950년에 일어난 남북 사이의 전쟁 때, 북한군에 점령된 서울이 전화(戰火)에 휩싸였기 때문이다. 3년이나 이어진 전쟁에서 광화문은 소실되고 말았다. 결과적으로는 일본 지배가 아니라 민족끼리의 전쟁에 의해 파괴, 소실된 셈이다.

거꾸로 총독부 청사 쪽은 해방 후에도 정부 청사로 남았고, 6·25전쟁에서는 남북에 의한 쟁탈전의 대상이 되기까지 했다.

단지 소실된 광화문은 1968년, 박정희(朴正熙) 대통령 시절에 경복궁 정문으로 원래 위치에 콘크리트로 복원되었다. 해방 후 새롭게 탄생한 대한민국의 정부 청사로 사용된 총독부 건물은 그대로 두고, 그 앞쪽에 문을 복원하여 이번에는 옛 총독부 건물을 뒤쪽으로 밀어낸 형태로 했던 것이다.

그리고 문의 편액(扁額)은 원래 한자로 '光化門'이라고 되어 있었으나, 복원 후에는 한글로 바뀌었다. 그러니 이것은 정확하게는 복원이라고 할 수 없었다. 따라서 콘크리트에다 한글 편액이어서 문화재가 되지는 못했다. 한글 사용 등 새로운 내셔널리즘 아래에서의 새로운 건조물인 것이다. 이 언저리의 이야기는 나중에 총독부 건물 해체, 철거 항목에서 다시 다루기로 한다.

'아리랑'에 새겨진
한일사(韓日史)

총독부 청사가 완공된 1926년 10월 1일, 낙성식은 사이토 미노루 총독을 위시한 각계 요인들이 참석하여 대대적이고 화려하게 거행되었다. 통치자인 일본으로서는 안정적인 통치와 지배를 향한 기념할 만한 날이었다. 총독부 청사의 위용은 일본이 드러내는 '힘'의 상징이자, 한국인으로서는 싫든 좋든 '신(新)시대'의 스타트였다.

그런데 총독부 청사 낙성식이 진행되고 있을 때, 중심가인 종로에 있던 영화관 단성사(團成社)에서는 개봉된 영화 '아리랑'을 보러 사람들이 몰려들어 열광하고 있었다.

당시는 아직 무성(無聲)영화 시절이었다. 한국인(조선인)에 의한 영화사(映畵史)는 1919년에 시작된 것으로 되어 있다. '아리랑'은 그 최초의 히트작이며, 민족주의적인 내용으로 해서 훗날 한국영화를 대표하는 불후의 명작으로 꼽히게 되었다.

더구나 개봉이 기이하게 총독부 청사 낙성식과 같은 날이었던지라 영화

'아리랑'은 일본 지배에 항거하는 민족혼의 상징으로서, 특히 해방 후에는 평가가 더욱더 높아졌다. 제작과 촬영은 일본인이었으나 감독과 주연, 시나리오를 담당한 나운규(羅雲奎)는 민족적 영웅이 되었다. 지금은 한국의 역사 교과서에 사진과 함께 실려 있다.

영화 스토리는 농촌을 무대로, 옥살이를 하고 돌아와 미치광이가 된 청년의 복수 드라마이다. 여동생에게 나쁜 짓을 한 사내를 죽이면서 제정신을 차린 주인공이, 마지막에는 경찰에 붙잡혀 가는 이야기로 전해진다. 무성영화 시대였으므로 변사(辯士)가 정감이 넘치게 이야기한다.

영화는 주인공이 일본인 순사에게 끌려가는 라스트신이 클라이맥스로, 그 대목에서 "아리랑, 아리랑, 아라리요, 아리랑 고개를 넘어간다…"며 주제가 '아리랑'이 흘러나온다. 이 노래는 그 후 한국을 대표하는 민요가 되어 현재에 이른다.

이것은 내가 마음대로 해보는 상상적 해석인데, 영화는 상영 당시 서민의 애환을 그린 일종의 인정(人情) 드라마로 인기를 끌었던 것으로 짐작된다. 그것이 나중에 한국 측 해석으로서 일본 지배에 대한 저항이라는 함의(含意)가 강조되기에 이르렀다. 특히 영화 필름이 현존하지 않기 때문에 민족주의적인 관점에서 평가가 급등한 것으로 여겨진다.

현재 영화 '아리랑'을 들먹이는 한국인 가운데 실제로 그 영화를 본 사람은 아무도 없다.

'아리랑'을 두고는 내 지인인 미야쓰카 도시오(宮塚利雄) 씨(전 야마나시학원대학 교수)의 저서 〈아리랑 탄생, 노래에 새겨진 조선 민족의 혼〉(1995년, 創知社 발간)이 기억에 남는다. 영화 이야기뿐 아니라, 노래 '아리랑'에서 한국과 한국인, 그리고 한국과 일본의 역사를 흥미진진하게 그렸다. 내가 무릎을 쳐가면서 읽었던 기억이 떠오른다.

그 내용을 볼라치면 가령 태평양전쟁 말기에 한국인으로 일본군 특공

대원이었던 일본 이름 '미쓰야마 후미히로(光山文博)', 한국 이름 탁경현(卓庚鉉) 소위가 출격 전날 밤 지란(知覽) 기지에서 부른 '아리랑'과, 한국인 위안부가 부른 '아리랑', 나아가서는 1960년 겨울에 왕년의 유명 테너 나가타 겐지로(永田絃次郎, 김영길)가 북송을 앞두고 구단(九段)회관에서 부른 '아리랑', 그리고 1984년에 한국 대통령으로서는 처음으로 일본을 공식 방문한 전두환 대통령의 궁중 만찬에서 연주된 '아리랑' 등등….

북한에서는 최근 들어 김일성, 김정일, 김정은의 세습 권력을 칭송하는 거대 마스게임을 '아리랑 축제'라면서 내외에 선전하고 있다. 서민의 애환을 노래한 '아리랑'이 권력자를 위한 김왕조(金王朝) 숭배 도구로 변질되어 버렸다.

민요 '아리랑'을 소재로 한국과 일본의 역사를 이야기하자는 미야쓰카 씨 저서의 아이디어는 아주 훌륭하다. 나 또한 '코리아 워처(한국 관찰자)'로서 이 책에는 질투(!)가 생겨날 만큼 재미있었다.

이 책이 출판되었을 때, 나는 어느 잡지로부터 서평을 부탁받았다. 그래서 미야쓰카 씨의 수법을 본떠 '내 추억 속의 아리랑'이라는 이야기를 소개했다. 그것은 1988년 10월, 서울올림픽 폐회식에서의 '아리랑'에 관한 추억담이었다. 이 노래는 역시 이별과 어울린다.

그런데 '아리랑'은 민요로서 예로부터 각 지방마다 있었다. '강원도 아리랑' '정선 아리랑' '진도 아리랑' '밀양 아리랑' 등등 여러 버전이 있는 것이다. 토속적인 느낌으로, 그것은 그것대로 민요다운 정서가 있다. 게다가 별도의 창작 가요로 '울산 아리랑'처럼 유행가 풍의 노래도 더러 만들어져 왔다.

일본 통치시대에 영화 주제가로 데뷔한 '아리랑'은 대중가요가 된 최초의 노래로, 그것이 지금도 대표적인 '아리랑'으로 불리고 있다. 가사는 "아리랑, 아리랑, 아라리요…" 다음에 "나를 버리고 가신 당신은 10리도 못가서 발병 나요"라고 이어진다. "꼭 돌아오실 거지요" "가지 마세요"라는 애석한 정을 불러일으킨다.

고속철도 '아리랑'은
환상이었다!

1988년의 서울올림픽은 한국으로서는 해방 이후 처음이었던 최대 국제 이벤트였다. 그런 만큼 민족주의적으로 어깨에 힘이 들어간 대회로, 외국인 기자에게는 다소 마음이 무거운 장면도 있었다(拙著 〈한국은 어디로?〉 2016년, 海龍社 발간 참조). 그래도 피날레였던 '아리랑'은 정서가 넘치고 감동적이었다. 나에게는 그것이 '추억의 아리랑' 베스트 3의 하나였다.

서평으로는 또 하나, 당시 명명(命名)에 어려움을 겪던 한국판 고속철도를 소개하면서 '아리랑'이라고 하면 어떨까 하고 썼다. '아리랑'은 한국 정서 그 자체이면서 어감도 좋았기 때문이다. 일본 고속철도 신칸센(新幹線) 이름이 '히카리'(=빛), '고다마'(=메아리)인지라 한국에서도 애칭이 필요하리라고 생각했다.

그러나 내 아이디어는 채용되지 않았다. 한국 고속철도의 명칭은 평범하기 짝이 없는 'KTX'가 되고 말았다. 그저 '코리아 트레인 익스프레스'의 약자로, 신칸센과 같은 애칭은 생겨나지 않았다. '고속철도 아리랑'— 이것은 지금도 생각할 때마다 아깝기만 하다.

'아리랑'에 관해서는 일본인들로부터 종종 듣는 질문이 있다. '아리랑'이란 대관절 무엇을 뜻하는가? 그렇지만 이것은 한국인들도 잘 모른다. 예로부터 수수께끼 풀이처럼 되어 여러 설이 나왔으나, 아직 정설은 없다.

노래의 첫머리에 "아리랑, 아리랑, 아라리요…" 하고 되풀이하니까 어딘가 장단을 맞추는 소리 같기도 하다. 또 한탄하는 소리처럼 들리기도 하는데, 한국인이 그렇게 말하면서 한탄한다는 소리는 들은 적이 없다. '我離娘' '我離難'이란 식으로 억지로 한자를 끌어대는 설도 있지만, 이는 헤어짐(離)의 탄식이라는 의미를 함유한 해석이다.

그런데 지금으로부터 10여 년 전, 어느 날 내가 '아리랑 덕후'(=일본어 '오타쿠'에서 온 표현으로 중독자를 뜻함. 옮긴이)라면서 놀리는 아리랑 연구가 김연갑(金煉甲) 씨로부터 "수수께끼를 풀었다!"는 전화가 걸려왔다. 여태까지의 연구 성과를 정리한 대작 〈아리랑 시원설(始原說) 연구〉가 완성되었고, 거기에 밝혀놓았다는 것이다.

서둘러 만나 이야기를 들어보았다. 14세기 말에 조선을 세운 이성계(李成桂)에 의해 나라가 망한 고려 왕조 유신(遺臣)들이 낙향하여 시골에서 은둔하며 살던 시절, 그 무념(無念)의 심정을 노래한 한시(漢詩)가 있는데, 거기에 나오는 한문 '수지(誰知)'가 어원이라고 했다.

'수지'는 '누가 알까'라는 뜻이다. 이것을 구어(口語)로 하면 '누가 알리오'가 되고, 거기에서 '알리요, 알리, 아리리…, 아리랑'이 되었다는 것이다. 지금까지 나온 40가지 이상을 헤아리는 제설(諸說)의 영역을 뛰어넘는 결정판이라는 느낌이 들지는 않았다. 그렇지만 고려 유신들의 한탄이라는 역사성이 마음에 들어 아직 기억하고 있다.

덧붙이자면, 조선 왕조에 대한 고려 왕조의 원한에 관해서는 다음과 같은 재미있는 에피소드가 있다.

고려는 400년 이상 이어져온 왕조로, 도읍은 개성에 있었다. 지금도 '개성 요리'는 품격 있는 요리로 알려지는데, 그 요리의 하나에 '조랭이 떡'이라는 조그맣고 이색적인 떡이 있다. 보통 떡국으로 만들어 먹는다. 이 떡은 새끼손가락처럼 작고 가운데가 잘록하며 양쪽 끝이 공처럼 둥글다. 다시 말해 사람의 목을 조른 것 같은 모양새를 하고 있는 것이다.

이것은 고려를 멸망시킨 이성계의 목을 의미하는 것으로, 고려인들은 그 조랭이 떡, 즉 이성계의 목을 씹으며 망국의 한을 달랬다는 것이다. 지독한 역사적 원한이 드러나지만, 그렇게 생각하면 고려의 망국과 연관된 '한의 아리랑'도 있을 법한 기분이 들지 않는가.

민요 '아리랑' 가운데에는 '정선 아리랑'이 정통으로 말해지는 것처럼, 강원도 정선은 '아리랑의 고향'이 되어 있다. 정선은 산이 많은 강원도에서도 산속 깊숙한 오지에 있다. 물론 지금이야 교통편이 발달하여 부분적으로 리조트가 들어서 있기도 하지만, 원래는 한국에서도 알아주는 산간벽지의 하나로 꼽힌 곳이다. 그러니 고려 유신의 전설(?)에 딱 들어맞는다.

한국에서도 최근 들어 '마을 일으키기'의 일환으로 '무슨 무슨 축제'라는 이름을 붙인 관광 이벤트가 여기저기서 벌어진다. 정선에서의 이벤트는 당연히 '아리랑 축제'다. 제1회 축제에서는 '아리랑에 관한 국제학술 세미나'라는 것이 있어서 김연갑 씨에게 이끌려가서 강연까지 하느라 진땀을 흘리기도 했다. 나로서는 또 하나의 '추억의 아리랑'이다.

여기서 영화 '아리랑' 이야기로 되돌아가자. 한국인이 이토록 절절하게 여기는 '아리랑'을 대중화한 영화임에도 불구하고 그 필름이 한국에는 없다. 해방 후에도 변사를 곁들인 무성영화로 상영했다는 이야기는 남아 있으나, 필름이 남아 있지 않다.

물론 민족주의적이고 불후의 명작이라는 것은 나중의 평가이니까 처음부터 기념비적으로 다루어지지는 않았다. 1945년 해방 후의 정치적, 사회적, 문화적 혼란에 더하여 1950년에는 6·25전쟁으로 온 국토가 전란에 휩싸여 있었다. 30년이나 더 전에 제작된 무성영화, 그것도 한국인들이 말하는 '일제시대의 영화'에 대한 가치 따위는 기본적으로 쳐주지도 않았고, 그저 아는 사람만 아는 정도였으리라.

그런데 그 뒤 문제의 필름이 오사카에 사는 일본인 수집가가 가지고 있다는 이야기가 영화 관계자들 사이에 전해졌다. 그래서 1990년대에는 한국에서 '영화 아리랑 찾기 범국민 서명운동'이라는 애국 캠페인까지 벌어졌다. 그래서 나도 그 수집가를 찾아서 일본으로 달려간 적이 있다.

영화 '아리랑'의 필름은
어디에 있는가?

당시 취재 메모를 보니 한국에서의 서명운동에서 배포된 유인물에는 필름 소장자가 '총독부 검열관, 경찰 통역관, 전염병 의약 제조 전문가'였던 인물의 아들로, 영화 '아리랑'의 필름은 그 부친이 제2차 세계대전 말기에 핵 개발 실험용 폭약 제조를 위해 대량으로 모은 필름 가운데 섞여 있었고, 따라서 반환 문제는 '민족 문제'이며, 국민의 이름으로 일본에 반환을 요구해야 한다—는 투로 적혀 있었다.

"일본이 탈취해간 필름이니까 돌려 달라"는 것이다. 자신들의 나라에서 없어진 사실은 제쳐두고, 없어진 것이 일본 탓이라고 떼를 쓰는 듯한 이야기였다. 한국에서 흔히 있는 손쉬운 '반일의 수법'이다. 이렇게 해서 영화 '아리랑'은 반일, 애국운동의 대상이 되어 버렸다.

아무리 그렇더라도 '핵 개발 실험' 운운하는 것은 참 묘한 이야기이다.

소장자로 지목된 사람은 히가시(東)오사카에 사는 수집가 아베 요시시게(安部善重) 씨다. 1997년 봄 나는 서울에서 편지를 적어 이쪽 사정을 전한 다음, 그를 찾아갔다. 거기서 들은 이야기는 앞서의 유인물에 나오는 이야기와는 전혀 달랐다.

아베 씨가 직접 들려준 영화 '아리랑'을 둘러싼 사연은 이랬다.

그의 아버지 아베 가나에(安部鼎) 씨는 1887년 태생으로, 교토 부립(府立) 의학전문학교를 나와 1918년에 경찰의(警察醫)로 아내와 함께 한국으로 건너갔다. 일본의 한국합병이 1910년이니까 일본 통치 초기에 해당한다. 경찰 의사니까 총독부 관리인 셈이다.

그 후 경찰의를 그만두고 무의촌에서 개업의가 되어 마산과 하동, 여수, 광주 등 주로 남부지방에서 주민들의 진료를 맡았고, 한국에서는 5년쯤 살았다고 한다.

그는 젊은 시절부터 영화를 좋아하여 한국에서는 환등(幻燈)을 사용하여 위생 사상의 보급을 위해 애를 쓰기도 했고, 16밀리 필름에 담은 의학 표본도 만들었다. 귀국 후 독일 유학을 할 때는 채플린과 키튼 등의 영화를 아들인 요시시게 씨에게 선물로 사오기도 했다고 한다.

오사카에서는 병원을 개업하고 있었다. 그런데 자금 사정이 나쁜 한국의 영화 관계자를 도와주어 그 보답으로 이따금 작품을 선물 받아 60여 편의 한국 영화를 소장하기에 이르렀다. 전후에도 병원 운영을 계속하다가 1966년에 타계했다는 것이다.

아베 씨는 부친의 소장품을 물려받아 전쟁 중에는 화약용으로 처분하는 낡은 필름을 모았고, 패전 직후에는 미군 공습을 면한 교토의 영화회사 등지로부터도 많은 필름을 사들였다. 화학제품인 필름은 화약 원료가 되었으므로 전쟁 중에는 군용으로 공출 대상이 되기도 했다고 한다. 이것이 '핵 개발 실험' 등으로 이야기가 부풀려진 것으로 유추된다.

아베 씨는 골동품 등 다양한 물건의 수집가였다. 내가 찾아갔을 당시 영화 필름 10만 통 외에 우표 100만 장 이상, 무수한 사진, 비디오, 나아가서는 카메라와 영사기 등의 기재(機材), 가전제품 등 막대한 양의 물건을 스스로 '도깨비집'이라고 부르는 숲속의 135평 폐가(廢家) 같은 자택에 소장하고 있다고 했다.

단층집 안에는 정말이지 발을 디딜 틈도 없었고, 집 바깥에도 비닐 시트를 덮은 컬렉션이 산더미처럼 쌓여 있었다. 그 외에도 가까운 산 속의 참호(塹壕)에도 보관하고 있다고 했다.

서둘러 영화 '아리랑'에 관해 물어보자 "어디에 두었는지 모르겠다"고 했다. 분명히 산처럼 쌓인 그 엄청난 자료를 보면 그런 대답이 전혀 거짓말로 여겨지지 않았다.

그래서 아베 씨에게 영화 '아리랑'을 보았는지 물어보았다. 그러자 "중학생 시절 집에서 본 적이 있다"고 한다. 그의 기억에 의하자면 영화는 개와 고양이가 나오는 자막으로 시작하여, 주인공이 낫을 휘두르며 격투하는 장면이 인상에 남아 있다는 것이다. 그리고 나중에 부친으로부터 "위험한 사상이니까 자꾸 보지 말라"는 주의를 들은 것이 기억난다고 했다.

당시 한국 측으로부터 '돌려달라' '제공하라'라며 몰리고 있던 아베 씨는 어디까지나 '아리랑'을 소장하고 있음을 부인하지 않았다. 손으로 직접 쓴 소장품 리스트에 그 타이틀이 적혀 있었다. 그러나 한편으로 "한국에는 절대로 주지 않는다"고도 했다. "빼앗아 간 전리품이니까 돌려달라는 소리를 듣고서야 승복할 수 없다"는 것이었다.

너무 시달린 나머지 한국으로부터의 '억지스러운 반환 요구'에 화가 치밀었고, 마지막에는 "네시와 마찬가지로 환상의 것인 채로 두는 게 낫지 않을까. 환상이니까 가치가 있는지 모른다"고 덧붙였다.

그 후 아베 씨는 2005년, 81세로 타계했다. 일본으로부터의 보도에 따르면 그에게는 상속인이 없었던지라 소장품은 국고로 이관되었다. 영상물은 도쿄 국립 근대미술관의 필름 센터가 조사를 시작했다고 했는데, 현재에 이르기까지 '아리랑'이 나왔다는 뉴스는 들려오지 않는다.

　그것은 그가 말했듯이 실제로는 컬렉션에 존재하지 않는 '환상의 아리랑'이었을지 알 수 없다. 나쁘게 말하자면 '거대한 허풍'이었는지도 모른다. 굳이 선의로 해석하자면 부자(父子)가 다 영상 마니아였던 아베 씨는 한일의 영화 팬들에게 영원한 꿈을 준 셈이라고나 할까. 그 꿈은 아직 끝나지 않았지만….

역사적인 건조물이
정부에 의해 파괴되다

한반도가 일본 지배로부터 해방된 반세기가 되던 1995년 8월 15일, 서울에서는 한국정부 주최 '광복 50주년 기념'의 최대 이벤트로서 옛 조선총독부 청사의 해체가 행해졌다. 해방 직후에 민족감정 폭발로 한 맺힌 일본 지배의 상징으로 '시류를 타고' 부셔진 '조선 신궁(神宮)' 등과는 달리 1926년의 완공에서 70년, 해방 후 50년인 '평시(平時)'에 정부의 손으로 당당하고도 엄숙하게 파괴되었던 것이다.

역사적인 건조물에 대한 이 같은 평시 이벤트로서의 파괴는, 세계의 역사에서도 이례적인 일이리라. 그 '속내'는 과연 무엇이었을까.

조선총독부 청사는 해방 후 한때 일본의 항복으로 한반도 남쪽에 진주한 미군에 의한 미 군정청으로 사용되었다. 말하자면 지배자가 바뀌었으니 건물 주인도 바뀐 셈이었다. 1945년 9월, 서울에 진주한 미군에 의해 청사의 일장기가 내려지고, 대신 성조기가 게양되었다. 이 풍경은 기록사진으로 남아 있다.

그 후 얼마 지나지 않아 대한민국 정부(1948년 8월)가 수립되면서 정부 중앙청사가 되었다. 이번에는 성조기 대신 태극기가 게양되었다. 이것이 1986년에 국립 중앙박물관이 될 때까지 약 40년을 이어졌는데, 그동안 6·25전쟁에서는 북한군에 의해 두 차례 점령되어 인공기와 태극기가 올라갔다 내려갔다 했다.

총독부 청사는 이미 지적했듯이 과거의 일본 지배를 상징하는 건물이고, 더구나 고궁 경복궁의 전면(前面)에 세워졌던 탓으로 한국인으로서는 민족적 울분의 대상이었다. 한국에는 그 같은 일본에 대한 민족감정을 배경으로 소위 '일제(日帝) 전설'라고 해야 할 이야기들이 전해 내려온다.

예를 들어 "일제는 우리 민족의 정기를 단절하기 위해 각지의 명산 정상에 쇠말뚝을 박았다"고 하는 풍수설을 근거로 한 쇠말뚝 모략설이나, 일본 지배 시절로부터 군항(軍港)이 된 진해 중심가는 일본 해군의 깃발(旭日旗)을 본떠 방사선 형태로 만들어졌다는 것 등이 그렇다.

둘 다 그 진상은 근거 없는 우스개 종류이지만, 총독부 청사에도 그와 비슷한 전설이 있었다.

서울 중심부는 총독부 청사가 있던 경복궁 뒤편에 '북악(北岳)'이라는 조그만 산이 있고, 거기서 남쪽으로 뻗어가는 선이 중심가가 되어 있다. 남쪽 끝은 남대문인데, 도중에 서울시 청사가 있다. 현재는 옆에 새 청사가 세워져 일본 통치시대에 경성부청(京城府廳)이라 불렸던 옛 청사는 문화재로서 그대로 보존되어 있다. 그런데 이 '북악—총독부 청사—경성부청 청사'가 실은 '대일본(大日本)'이라는 글자의 형태로 만들어져 있다는 주장이다.

그러고 보면 북악을 정면에서 바라보면 '대(大)'로 보이고, 총독부 청사는 위에서 내려다보면 '일(日)'이며, 경성부청 청사는 '본(本)'으로 보이기도 한다. 언뜻 얼토당토않은 농담으로 여겨지지만, 이것이 한국인들이 품은 일본에 대한 울분의 심리이다.

다만 이런 전설에는 일본인 기원설도 있다. 당시의 일본인 거주자들이 그렇게 말하면서 으스댔을 가능성도 있기 때문이다. 특히 진해의 이야기에서는 그런 느낌이 든다.

총독부 청사 해체 계획이 발표된 당시, 한국 미디어가 '대일본' 전설의 진위에 관해 나에게 인터뷰를 하러 온 적이 있었다. 나는 "그렇지만 위에서 본 총독부 청사의 '일(日)'은 정면에서는 옆으로 넘어져 있지 않은가? 이것은 일본으로서는 불길한 일이니까 '대일본' 설은 어디까지나 지어낸 이야기다"고 반박해주었다. 여하튼 '일'로 여겨진 총독부 청사는 70년 뒤에 해체되어 결과적으로는 옆으로 넘어진 꼴이었다.

이야기가 다소 옆길로 새고 말았으나, 그 건조물은 민족적인 울분의 대상이긴 했더라도 근대 건축으로서는 훌륭했다. 더군다나 아직 충분히 더 사용할 수 있었던지라 한국에서도 해체를 망설여왔던 것이다. 무엇보다 해방 후에는 새로운 정부 청사를 지을 여유조차 없었다.

한편에서는 '일제지배의 상징'이고, 오욕(汚辱)의 역사도 역사니까 '역사의 교훈'으로 후세에 영원히 남겨야 한다는 보존론도 드세었다.

그러나 30년에 걸친 군인 정권이 끝나고, 역사적인 '첫 문민 정권'을 간판으로 1993년에 탄생한 김영삼(金泳三) 정권은 어깨에 힘이 들어가 있었다. 스스로를 진짜 애국자로서 국민들에게 인상 지우려고 했다. "민족의 정기를 되살리자"고 말했고, '역사의 올바른 재건'을 외쳤으며, 그 기세를 몰아 광복 50주년인 1995년 여름, 국립 중앙박물관으로 사용되던 옛 총독부 청사의 해체, 철거에 들어갔던 것이다.

당시 대신할 국립 중앙박물관은 아직 없었다. 상식적으로는 새로운 박물관이 만들어진 다음에 해체, 철거하는 것이 수순일 텐데 기다리지 않았다. 무엇이 어떻게 되었던 정권의 임기 중에 그것을 해치우고 싶었다.

때도 마침 '광복 50주년'. 해체와 철거는 정치적으로 강행되었던 것이다.

그 결과 국립 중앙박물관의 막대한 소장품을 보관하고 전시할 장소가 없어 낭패였다. 그 바람에 "일제에 의해 파괴된 경복궁의 완전 복원!"을 명분으로 삼았음에도 불구하고, 철거된 옛 총독부 청사의 왼쪽 편에 다시 임시 박물관을 지었다.

옛 조선총독부 청사는 1926년부터 약 70년 간 존재했다. 그중 일본 통치시대는 1945년까지의 19년에 지나지 않는다. 미군정시대를 포함하여 나머지 50년 동안은 한국의 것이었다.

1948년의 대한민국 건국 선언이나 제헌 의회는 이 건물에서 행해졌다. 6·25전쟁에서는 남북에 의한 격렬한 공방과 쟁탈의 표적이 되었다. 1961년의 박정희 장군 등에 의한 '5·16 군사혁명' 등 쿠데타가 있을 때마다 탱크에 포위되었다. 옛 총독부 청사는 해방 후에도 한국 현대사의 현장이었던 것이다.

해체와 철거의 옳고 그름에 관해서 나는 한국 미디어의 질문에 "역사의 현장, 역사의 증인으로서 사라지는 것은 아까우나 그 옳고 그름은 한국인 여러분이 정할 일이다. 일본인으로서야 그걸 받아들일 수밖에 없다"고 대답한 것으로 기억한다. 막상 해체와 철거를 하게 된 단계에서 매스컴에서는 보존론이 꽤 나왔다. 역사적인 기념물로서 이전하여 보존하자는 의견도 있었다. 하지만 대세는 바뀌지 않아 예정대로 해체, 철거되어 옛 총독부 청사는 영원히 그 모습이 사라졌다.

청사의 중앙 돔 위에 있던 첨탑(尖塔) 부분은 현재 독립기념관에 보존, 전시되어 있다. 대 건축물이었던지라 해체와 철거 공사는 오래 끌었다. 공사 현장인 담 안쪽에는 파괴된 콘크리트와 석재가 산더미처럼 쌓여 있었다. 정부와 일부 여론에서는 동서독의 통일로 파괴된 베를린의 벽을 그렇게 했던 것처럼, 그 조각을 기념품으로 팔면 어떻겠느냐는 의견이 나왔으나 실현되지는 않았다.

내 책상 서랍에는 공사 현장에서 얻은 그때의 조각이 지금도 몇 개 남아 있다.

옛 총독부 청사가 없어진 다음의 광화문 근처는 전망이 좋다. 경복궁과 배후의 북악이 잘 보인다. 그런 점에서는 나쁘지 않다. 일본 통치 시대의 주된 건물 가운데 서울 중심부에 남아 있는 것은 서울시청 구관(舊館, 경성부청 청사)과 전시장 등으로 사용되고 있는 옛 서울역, 그리고 조선은행이었던 한국은행 구관 정도일까. 아, 미쓰코시(三越)백화점이었던 신세계백화점 구관도 있다.

이제 서울 중심부의 풍경은 일본이 깊숙이 연관되었던 '근대'가 사라지고, '중세'와 '현대'만 남고 말았다.

한국인에게도
'희망의 청춘'이 있었다

1995년 8월 15일, 옛 조선총독부 청사의 해체와 철거 이벤트는 그 상징으로서 식전에 참가한 각계 요인과 시민들이 지켜보는 가운데 첨탑 부분의 절취가 행해졌다. 분위기를 띄우는 축하 연주가 브라스밴드에 의한 백 뮤직으로 흘러나왔다. 다양한 곡이 멜로디로 연주되었다. 대부분이 마치 등 경쾌한 곡이었다.

최초의 곡을 듣는 순간 나는 '엇!' 하고 놀랐다. 곡이 흘러간 대중가요로 잘 알려진 '감격시대'였기 때문이다.

이 대중가요가 나쁘다는 게 아니다. 이 곡은 라디오에서 왕년의 대중가요를 들려주는 프로그램의 테마곡이 될 만큼 한국인들에게는 귀에 익은 곡이었다. 밝고 경쾌한 노래니까 일종의 청춘 가요이다. 이 노래의 분위기는 글로는 설명하기 어려우나, 가사를 몇 구절 소개하자면 아래와 같다.

'거리는 부른다 환희에 빛나는 숨 쉬는 거리다 … 휘파람을 불며 가자 내일의 청춘아'

'바다는 부른다 정열에 넘치는 청춘의 바다여 … 희망의 봄은 멀지 않다 행운의 뱃길아'

'잔디는 부른다 봄 향기 감도는 희망의 대지여 … 저 언덕 넘어가자 꽃피는 마을로'

일본의 흘러간 대중가요에 비유하자면 후지야마 이치로(藤山一郎)가 패전 전에 부른 '언덕을 넘어서', 패전 후라면 '푸른 산맥'의 느낌이 나는 노래이다. 다시 말해 기쁨과 희망의 노래인 것이다.

따라서 이 노래에 관해서는 많은 한국인들이 1945년 해방 직후의 노래라고 생각해왔다. 그러므로 일본지배로부터 해방된 '광복 50주년' 축하 행사장에서 연주되었으리라. 그러나 사실 이 노래는 일본 통치시대인 1939년에 인기가수 남인수(南仁樹)가 불러서 히트한 일종의 '전시(戰時) 건전가요'였다. 이 무슨 아이러니?

당시 일본은 중국 대륙으로 전선을 확대해갔다. 만주 건국(1932년)도 있었던지라 소위 '만주 개척'을 비롯하여 "젊은이들이여, 가라 대륙으로!" 식으로 대륙 붐이 일어나고 있었다. 영화나 가요 역시 '대륙으로의 웅비'를 독려하고 있었다. "좁은 일본에서 살기에 이제 질렸다"는 투정이 나오던 시절이었다.

이듬해 1940년에는 하세카와 가즈오(長谷川一夫)와 리꼬란(李香蘭) 주연의 영화 〈열사(熱砂)의 맹세〉(渡邊邦男 감독)가 개봉되었고, 이토 히사오(伊藤久男)가 '사막의 들국화가 아침 이슬에 …'라고 호쾌하게 부른 동명(同名)의 노래도 그 전형(典型)이다. 한국(조선)에서의 '감격시대'는 그 같은 시대 배경 가운데 히트를 쳤던 것이다.

그밖에 지금도 흘러간 대중가요 프로그램 등에서 테마곡으로 자주 나오는 가요에 '대지의 항구'라는 노래가 있다. 이 역시 1941년, 만주 진출을

구가(謳歌)한 한국인을 질타 격려한 것이다. 경쾌한 곡으로, 가사는 '말을 매는 나그네야 해가 졌느냐 쉬지 말고 쉬지를 말고 달빛에 길을 물어 꿈에 어리는 꿈에 어리는 항구 찾아 가거라'고 어깨를 떠민다. 흘러간 유행가로 여태 불리고 있다.

일본인과 마찬가지로 한국인 역시 대륙 붐, 만주 붐에 실려 많은 사람들이 대륙으로 '진출'했다. 박근혜(朴槿惠) 대통령의 아버지인 박정희(1917~79년)도 같은 시대에 초등학교 교사를 그만두고 만주로 건너가 군인이 되었다. 이른바 '일제' 하의 한국인들에게도 당연한 일이로되 '희망의 청춘'이 있었던 것이다.

'광복 50년' 8월 15일의 이튿날, 아니나 다를까 한국 신문에 "기념해야만 할 식장에서 침략 미화의 친일 가요를 연주하다니!" 하고 씹혔으나 이미 행차 후의 나팔이었다. 기획자나 연주자들도 그런 시절의 노래라고는 알 리가 없었다. 다들 영락없이 해방 직후라는 감격적인 시대의 노래라고만 생각했을 것이다. 그 만큼 노래가 밝고 번드레하여 한국인들에게 크게 먹혔던 셈이다.

덧붙이자면 '감격시대'는 한국 가요계에서 3000곡 이상을 작곡한 최대의 원로 작곡가 박시춘(朴是春)의 곡이다. 해방 직후에는 '럭키 서울'을 히트시켰고, 6·25전쟁 때에는 '전선야곡(戰線夜曲)'으로 인기를 끌었다. 1982년, 대중가요 작곡가로서는 처음으로 한국정부로부터 문화훈장(寶冠章)을 받았다.

일본 대중가요 '엔카(演歌)'의
원류는 한국인가?

그런데 나는 한국 가요사(歌謠史)와 관련하여 또 하나 '엇!' 하고 놀란 적이 있었다. 제법 오래 전 일본에서 '조선노동당 창건 30주년 기념행사'를 소개하는 북한 기록영화를 볼 때였다. 북한 노동당 30주년이니까 1970년 대의 일이었던 것으로 기억한다.

영화에서는 당 대회를 기념하는 이벤트로 스타디움에서 예의 대(大) 마스게임 장면이 소개되었다. 그런데 그 서두에 흘러나온 군악대 마치 풍의 곡이 어찌 된 영문인지 하필 일본의 '철도 창가(唱歌)'가 아닌가.

물론 이 곡은 한국(조선)에서는 예로부터 '학도가(學徒歌)'로 번안되어 '학도야 학도야 청년 학도야 …'나, '청산 속에 묻힌 옥도 갈아야만 광채 나네 …' 등 다른 가사를 붙여 널리 불러왔다. 한국에서의 제1호 근대 대중가요로 평가되고 있다.

따라서 이런 노래는 한국 근대 가요사의 첫 페이지에 나오는데, 한국의 문헌에 의하면 일본 지배 시절에는 항일 독립의 기개를 노래한 국민가요였다고 한다. 지금은 '작곡 미상'이라고 쓴 문헌도 있어서 원래 일본 노래였다는 사실을 아는 사람은 거의 없다.

'기적 소리, 신바시(新橋)를'로 알려진 '철도 창가'는 1900년에 만들어졌다. 한국에는 당시 일본 유학생들에 의해 소개된 것으로 전해진다.

이 책 서두의 '헤이그 밀사 사건'이 일어난 무렵이다. 1980년대 북한에서 만들어진 영화 〈돌아오지 않는 밀사〉를 소개했지만, 이 영화에서도 실은 '철도 창가', 아니 '학도가'가 등장했던 것으로 기억한다. '자주'라든지 '주체'를 간판으로, 언제나 그토록 생떼를 쓰는 북한에서 일본의 '철도 창가'가 건재하다니 정말이지 유쾌한 일이었다.

일본에서는 한때 '엔카의 원류는 한국'이라는 이야기가 널리 퍼졌다. 1970년대 후반에서 80년대에 걸친 무렵인데, 한국 대중가요가 일본에 소개되어 호사가(好事家)들 사이에서 인기를 끈 적이 있었다. 그런 의미에서는 그 후에 일어난 '한류(韓流)'의 선구자였다고 말할 수 있을지 모른다.

먼저 1970년대 후반에 한국의 여성 가수 이성애(李成愛)가 부른 엔카 '가슴 아프게'가 히트를 치고, 여기에 맛들인 일본의 음악 비즈니스 세계가 한국 엔카 팔기에 나섰다. 여기서 캐치프레이저가 된 것이 '엔카의 원류 한국'이었다.

그리고 1980년대에 일본에서 폭발적으로 히트 친 조용필(趙容弼)의 '돌아와요 부산항에'로 절정에 이른다. 이 노래는 일본에서 대중적으로 인기를 얻은 첫 한국 가요였다. 앞선 '가슴 아프게'도 그랬지만, '돌아와요 부산항에' 역시 항구, 연락선, 갈매기, 이별 등등 엔카의 키워드를 늘어놓아 일본인들이 사족을 못 가누는 엔카 그 자체나 다름없었다.

나는 일본에서 '돌아와요 부산항에'를 크게 히트시킨 조용필을 '욘사마 제1호'라고 부른다. 그 후 한류 붐의 선구가 된 텔레비전 드라마의 '욘사마' 또는 '배용준' 이전에 노래의 '욘사마'가 일본에서 엄청난 인기를 끌었기 때문이다.

가요의 '한류 비즈니스'에서는 일본 가요계의 갓파더라고 해야 할 작곡가 고가 마사오(古賀政男, 1904~78년)의 이름도 이용되었다. 그는 일본 패전 전의 중학 시절에 한국의 선린상고를 졸업했다. 이 중학 시절에 처음으로 만돌린을 대한 것이 음악 인생의 출발이었던 것으로 전해진다.

고가 마사오는 '그림자를 그리워하며'를 비롯하여 수많은 명작 히트곡을 만들었다. 일본 엔카의 터줏대감이었다. 그가 히트한 비밀은 청년 시절 한국에서 접한 한국 정서에 있다는 이야기가 나왔다. 여기서 "일본 엔카를 대표하는 작곡가 고가 마사오의 노래의 고향, 즉 원류는 한국이었다"로 이어져 한국 엔카가 각광을 받기에 이르렀던 것이다.

이것은 물론 당시 일본의 음악 메이커가 짜낸 PR 작전에 지나지 않았다. 한국의 근대적인 대중가요는 앞서 소개한 대로 일본의 '철도 창가'가 역사의 첫 페이지를 장식하고 있는 것처럼, 일본 경유로 시작되었다. 한국 엔카 역시 그 계기는 일본에서 들여왔다는 것이 진상이다.

단지 노래를 부를 때의 독특한 떨림이랄까, 어미(語尾)를 떨면서 부르는 엔카의 가창법은 원류가 아시아 내륙의 몽골이나 알타이 지방에서 온 것이 아닐까 싶다. 그 지역의 민요를 텔레비전 프로그램에서 들은 적이 있는데, 발성법이 일본이나 한국 민요와 정서를 함께 한다는 기분이 들었다. 그리고 전통 정서를 양악화(洋樂化)한 일본 가요곡, 즉 엔카는 한국에서 현재 영어로 '트로트'라고 하지만, 오히려 한국에서 발달한 것으로 본다. KBS 텔레비전이 매주 방송하는 장수 프로그램 '가요무대'는 흘러간 유행가요 중심으로 인기를 끈다. 한국 가수들이 부르는 한국 엔카의 박력은 분명히 일본의 그것을 능가한다.

08

일본인이 되고자 했던 한국인

:

한운사(韓雲史)와 가지야마 도시유키(梶山季之)

조선학도 특별 지원병은
과감하게 호소했다

　서울에서 어학 유학을 하고 있던 1978년 여름의 일이다. 어떤 텔레비전 드라마에 몹시 감동했다. 한국 매스컴이 해마다 하는 '8·15 광복절' 기념 특별 프로그램의 하나로, 이른바 '한일 드라마'였다. 다만 드라마를 본 게 아니라 처음에는 신문에 실린 그 드라마 평이 흥미를 자아냈다.

　당시 하숙하던 집의 방에는 개인용 텔레비전이 없었다. 아직 학생들이 하숙방에 텔레비전을 들여놓을 만큼 잘 살던 시절이 아니었다. 더구나 한국인 학생들 대부분은 한 방을 두 명 이상이 썼으며, 1인실은 외국인 유학생 정도였다. 텔레비전도 흑백이던 시대였다.

　그래도 나는 신문기자였으므로 신문은 구독했다. 어학 유학이니까 우선 신문을 읽을 수준이 되고 싶었다. 그리고 히어링은 오로지 라디오였다. 기자로서는 뉴스를 알아듣는 게 과제였다. 하숙집에 있을 때에는 아침부터 저녁까지 라디오를 틀어 놓은 채 지냈다.

　드라마의 신문 비평을 읽고 방송사로 편지를 보냈다. 드라마 작가에게 방송이 끝난 드라마를 보여줄 수 없느냐고 부탁했던 것이다. 당시 메모를 보니 신문 비평은 이런 것이었다.

{TBC(동양방송)의 특집극 〈파도여 말하라〉는 한운사 씨에 의한 3부작으로, 한창 패전의 혼란이 계속되는 가운데 고아가 된 일본인 소년 모리신이 한국인 어부에 의해 자라나 6·25전쟁을 거쳐 나전칠기(螺鈿漆器)의 기법을 배웠다. 고난 끝에 성공을 거둔 뒤 부모를 찾아 일본으로 건너가지만, 고향이 된 한국을 잊지 못하여 다시금 한국으로 돌아온다고 하는 드라마이다. 다시 말해 드라마는 민족과 국경을 초월한 휴머니즘의 승리를 노래한 것이다.}

{한운사 씨는 시청자들에게 전하고 싶은 강렬한 메시지를 가진 작가로서 높은 평가를 받아 왔다. 그러나 이 드라마는 보기에 따라서는 여러 문제를 내포하고 있다. 가령 일본인 주인공을 받아들이기에는 아직 감정적으로 녹록치 않다. 한 씨는 일관하여 휴머니즘의 구극(究極)의 승리를 추구해온 작가이지만, 코스모폴리탄적인 사고(思考)의 위험을 지적하는 목소리도 있다. 따라서 아직 감정적으로 소화될 만한 소재는 아니라고 할 수 있다.}

서툰 한국어로 한운사 씨에게 편지를 보냈는데 이내 답장이 왔다. 소개받은 TBC 텔레비전 담당 프로듀서에게 연락하여 방송국 자료실 같은 곳에서 이틀 동안, 합쳐서 4시간 가까이 3부작 드라마를 보았다.

TBC는 당시 가장 인기가 있던 텔레비전 방송국으로, 〈중앙일보〉와 함께 재벌 기업 '삼성' 계열이었으나 지금은 아니다.

드라마는 '한일 화해'를 테마로 한 것으로 "한국에 이런 작가가 있나?

더구나 일본인을 주인공으로 한 텔레비전 드라마로 호소하다니!" 하고 놀람과 동시에 감격했다. 방송국의 좁은 방에서 오직 혼자서 드라마에 빠져들면서 자꾸만 눈시울이 뜨거워졌던 것이 기억난다.

이 드라마는 신문 비평에서도 나오듯이 이른바 한국판(版) 일본 잔류 고아 이야기였다.

주인공인 일본인 소년 모리 신은 고향이 이시카와현(石川縣) 와지마(輪島)라는 설정이었다. 한국에서 성장하여 한국 공예인 나전의 장인(匠人)이 된 주인공이, 일본으로 건너가 와지마의 칠기 기법을 익혀 '세계에 자랑할 만한 동양 공예인 나전칠기의 아름다움'을 완성한다는 스토리로 이루어져 있었다.

나전 공예는 전복 껍질을 소재로 삼은 한국 전통공예다. 주인공은 거기에 일본 전통인 칠(漆) 공예를 더하여 최고의 나전칠기를 완성한다는 이야기였다. 주인공은 일단은 고향인 일본으로 건너가지만, 마지막에는 또 하나의 '자라난 고향'인 한국으로 돌아온다. 그러나 그것은 한국이라는 '나라'로 돌아온 것이 아니라, 그를 키워준 다정한 '사람'들이 있는 곳이었다는 게 드라마의 핵심이었다.

이 드라마가 인연이 되어 한운사 씨와 사귀게 되었다. 그는 당시 한국에서 최고 인기 방송작가였다. 라디오 시대로부터 텔레비전 시대에 걸쳐 수많은 히트작을 썼다.

그리고 나중에 알게 되었지만, 그는 태평양전쟁(대동아전쟁) 말기, 일본의 총동원 체제 아래에서 실시된 '조선학도 특별 지원병'으로 학도 출진(出陣)의 경험을 가진 사람이었다. 그가 들려준 학도 출진 이야기가 또 한 편의 드라마와 같이 감동적이었다.

한운사 씨는 도쿄에 있는 주오(中央)대학 예과 2학년이었던 1943년 가을, 한반도 출신 학생들에게도 '지원병' 형식으로 소집할 움직임이 나오는

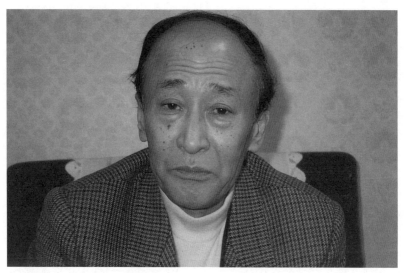

한운사 씨.

가운데 "군대에 끌려가기가 싫으니까 만주로 도망칠까…" 하고 일단 시모노세키(下關)에서 부산으로 가는 관부(關釜)연락선에 올랐다.

그런데 전시 하의 '감시'를 하느라 항상 승선해 있던 일본 형사에 의해 배를 탄 학생 모두가 한 곳으로 모여졌고, 그는 '학도 지원병'이 되고 말았다.

입대하기 전 고향인 충북 괴산으로 가 어머니를 만났다. 그리고 12월 말이 되어 약 2000명의 학도 지원병들은 서울에 있는 경성제국대학 법문학부와 동성(東星)상업학교에 집합, 일주일 동안 군사훈련을 받았다. 수료식은 12월 28일, 경성제대 법문학부 운동장(현재의 대학로)에서 거행되었다.

일동은 거기서 대열을 짜 창덕궁과 총독부 앞을 지나 출정식이 열리는 중심가인 경성 부민관(府民館)까지 행진했다. 연도에는 가족들이 달려 나와 울면서 이별을 아쉬워했다.

경성 부민관은 현재 서울시청(당시는 경성부청) 건너편 뒤쪽, 코리아나호텔 근처로 서울시 의회가 자리하고 있다. 이때 한운사 씨는 스무 살.

부민관에서 그는 2층 왼쪽 구석 자리에 앉았다. 단상에는 고이소 구니아키(小磯國昭) 총독, 이타가키 세이시로(板垣征四郎) 조선군 사령관을 위시하여 유력 인사들이 줄지어 앉았다. 한국 근대문학의 개척자로 일컬어진 소설가 이광수(李光洙)를 비롯한 각계 명사들이 격려 인사를 했다.

고이소 총독이 연단에 서서 "… 다행히도 제군(諸君)들은 이제야말로 황은(皇恩)의 무한함을 깨닫고 결연히 일어서서, 앞으로 틀림없는 황국 신민으로서 당당하게 그 의무를 수행하게 된 것입니다"(한운사 씨의 자전소설 〈현해탄은 알고 있다〉)라고 연설했다.

이때 2층에 있던 한운사 씨가 갑자기 벌떡 일어나 "고이소 총독께 한 마디 여쭤보겠습니다!"고 외쳤다. 장내의 모든 시선이 집중되는 가운데 "고이소 총독께서는 우리가 출정한 뒤 조선 2500만의 장래를 확실하게 보증할 수 있는지 없는지 명확하게 대답해주시기 바랍니다!"고 호소했다.

그 다음 장면에 관해 한운사 씨는 "과연 총독이라고 생각했다"고 말했다. 이 돌연하고도 뜻밖의 호소에 대해 고이소 총독은 일순 말문을 닫았다가 이렇게 대답했다는 것이다.

"그런 것을 의심하는 자는 황국 신민으로서의 훈련이 아직 모자란다고 할 수밖에 없다."

"안녕, 일본이여! 나는 용서한다"

이때의 심정을 한 씨는 "출정이라고 해서 다들 흥분되어 있었으므로 한 번 불을 붙여 볼까 하는 기분이었다. 어차피 사지(死地)로 떠나니까 이 자리에서 죽어도 그만이다. 그러는 편이 역사에 남을지도 모른다는 생각이 들었다"고 말했다.

그러나 장내는 물을 끼얹은 듯 조용한 채 불은 붙지 않았다. 그의 기억으로는 한쪽 모퉁이에서 웅성거림이 있었던 듯했으나, 고이소 총독은 그 뒤 아무 일도 없었던 것처럼 담담하게 연설을 이어갔다.

한 씨는 낙심천만으로 자리에 앉았다. 그 순간 뒤에서 헌병에게 뒷덜미를 잡혀 식장에서 끌려 나갔다. 헌병은 다리후리기로 그를 넘어뜨린 뒤 지하로 데려갔다.

헌병과 형사들에게 둘러싸여 "엄청난 짓을 했구먼! 대관절 어쩔 셈이야?" "사형이야! 사전에 모의를 한 거야?" "각오는 되어 있겠지…" 등등 한바탕 위협을 당했다. "동기가 뭐야?" 하고 따져 물었을 때에는 "정직해지고 싶었기 때문입니다. 여기 와 있는 모두의 가슴을 열고 물어본다면 알 수 있으리라 믿습니다"고 대답했다고 한다.

이윽고 위쪽에서 '군칸(軍艦) 마치'가 들려왔다. 출진식이 끝난 모양이었다. 헌병은 떠나고 그 자리에 남아 있던 '쇼우지'라는 이름의 형사에게 경성부청 뒷골목에 있던 여관으로 끌려갔다. 쇼우지 형사는 "나는 너의 정직함에 반했다. 잘 들어. 총독 각하도 특별히 너를 걱정해주셨다. 어디 오늘밤은 우리 툭 터놓고 한번 이야기해보자"고 말한 뒤 한 씨를 여관에 남겨둔 채 "본서에 다녀오겠다"면서 나가버렸다.

한운사 씨는 그날 밤 쇼우지 형사와 여관에서 밤을 새우며 이야기를 나누었다. 이튿날 혼쵸(本町)경찰서(현재의 중부경찰서)로 끌려가 시말서를 썼다. 쇼우지 형사의 이야기로는 전날 밤, 길거리에서 출정식을 마친 학생들이 난리를 피웠다. 하지만 고이소 총독이 (한 씨를 포함하여) "모두 용서하라"고 지시했다고 한다.

저녁 무렵 석방되어 일단 고향으로 돌아갔다. 다만 자택에서 2킬로미터 이상 멀리 나갈 때는 경찰의 허가를 받아야한다는 금족령(禁足令)이 딸려 있었다. 입대는 1944년 1월 20일. 고향에서 가까운 청주에 집합한 뒤 대전에서 입대하여 부산항에서 일본으로 향했다.

입대한 한운사 초년병은 출정식 때의 사건이 정보로 전해져 있었던 탓인지 헌병으로부터 실컷 당했다. 사이판 함락(1944년 7월) 소식이 전해졌을 때에도 고참병으로부터 "너 이 자식! 기쁘겠지?"라는 말과 함께 또 두드려 맞았다.

한운사 씨의 일본 군대생활은 자전적 소설 〈현해탄은 알고 있다〉(3부작의 일부가 일본어로 번역 출판됨)에 자세히 나온다. 그는 "어느 나라이건 좋은 녀석도 있고 나쁜 녀석도 있다"는 인간 철학을 지니고 있다. 이 소설에서는 '좋은 일본인'으로 '나카무라(中村) 일등병'이 등장하여 저자의

210

분신인 주인공 '아로운(阿魯雲)'과 마지막까지 마음을 터놓고 지낸다.

학도 지원병 출신자들에 의한 '1·20 동지회'가 출판한 900페이지 가까이 두터운 〈청춘 만장(挽章), 태평양전쟁에 끌려 나간 학병 수기〉(1972년 출간)에도 한운사 씨의 글 한 편이 실려 있다. 그는 나고야(名古屋)에서 일본 육군 일등병으로 패전을 맞았다. 한 달 뒤, 전우들과의 작별의 밤에 관해 그는 이렇게 적어놓았다.

{… 중천(中天)의 달이 병영(兵營)의 뜰로 나서는 우리를 비추고 있었다. 눈부신 전등 빛이 마치 출항을 기다리는 연락선처럼 제3중대 병사(兵舍)를 바라보았다. 나카무라가, 그리고 스즈키가 일부러 내 손을 쥐었다. 눈물이 흘렀다. 나는 이 선량한 두 명의 일본인 덕으로, 내 청춘을 갉아먹은 2년 동안의 군대생활, 아니 30여 년에 걸친 우리에 대한 일본인의 모욕과 무례를 한 순간에 용서해주고 싶어졌다. 안녕, 일본이여! 나를 항상 100% 괴롭힌 모리여, 갱생하라! 따뜻한 인간이 되거라!}

이 수기에 따르면 조선인 학도 지원병은 모두 4385명, 패전 전 해인 1944년 단 한 차례의 출정으로 끝났다.

참고로 한반도 출신으로 일본군에 동원되어 희생된 군인과 군속은 일본 자료로는 약 2만2000명으로, 야스쿠니 신사에 모셔져 있다. 일본군 전체 희생자의 1%를 차지한다. 나는 예전부터 일본 군인이었던 이들에게는 일본인과 똑같이, 아니면 그에 준하는 배려를 해야 한다고 주장해왔다.

이 같은 한국인에 대한 보상은 1965년의 국교정상화 당시 한국에 지불한 '청구권 자금'(무상, 유상 합쳐서 5억 달러)으로 다 해결되었다는 것이 일본 정부의 공식 입장이다. 분명히 한국정부 발행의 〈청구권 자금 백서〉(1976년)에는 청구권 자금의 일부가 한국인 전몰자 유족에게 보상으로 지급되었다는 기록이 있다.

그렇지만 생존자, 귀환자에게는 아무 것도 없었다. 일본에서는 군인 은급(恩給)도 있고, 유족 연금도 있는데…. 그렇다면 하다못해 옛 일본 군인이었던 한국인에게는 일본 방문과 왕래를 자유롭게 하든가, 일본 체재 중 면세 조치라든지 교통기관 이용 할인이든지, 국가에 의한 '감사와 위로'의 조치를 취할 수 없는 것일까. 내가 만난 일본 관리나 정치가들에게 수시로 호소했고, 기사도 여러 차례 썼다.

그렇게 생각한 것은 어느 날 영국정부가 옛 식민지 출신의 영국 군인에게 그런 배려와 특전을 베풀고 있다는 이야기를 일본의 정통한 소식통으로부터 들었기 때문이다. 일본은 패전국이었지만, '나라의 품격'으로서 그것은 반드시 필요하다고 믿는다.

일본 군대로 달려온 한국인 장병은 일본 군인으로서 '동지'였다. 그런 의미에서는 위안부도 마찬가지다. 경위야 어쨌든 그녀들 역시 일본군의 '동지'였다. 위안부 문제에 관해 나는 1999년에 출판한 〈한국인의 역사관〉(文春新書)의 '위안부는 군(軍)의 적이었던가'라는 항목에서 다음과 같이 쓴 적이 있다.

{역사적인 상상력을 포함하여 말하자면, 당시 일본군과 위안부의 관계는 … 적대 관계가 아니라 오히려 협력 관계였으리라. … 일본군 장병을 위해 고생한 위안부였던 한국인 여성에 대해 현대 일본인의 한 사람으로서 할 말이 있다면, 그것은 '감사와 위로'라고 생각한다.}

그 책으로 인해 나는 몰려든 위안부 지원단체로부터 맹렬한 항의를 받았다. 하지만 그런 생각은 지금도 변함이 없다. '동지'였으므로 '감사와 위로'를 위해 무언가 해드릴 수 없을까 하고 생각해왔다.

그 시절,
좋은 일본인도 있었다

한운사 씨 이야기로 돌아가자. 텔레비전 드라마 〈파도여 말하라〉가 그의 작품이라는 사실을 알았을 때, 사실은 이전에 그의 이름을 들었다는 생각이 떠올랐다. 1970년대 중반 무렵, 일본에서 한일 문화교류에 관해 취재하던 중 영화감독 겸 작가인 마쓰야마 젠조(松山善三) 씨를 만났을 때, 그에게서 "한국에 한운사라고 하는 훌륭한 시나리오 작가가 있어요"라는 이야기를 들었던 것이다.

여기서 왜 마쓰야마 젠조 씨를 화제에 올리는가 하면, 한일 국교정상화 직전인 1965년, 한국에서 가지야마 도시유키의 소설 〈이조잔영〉의 영화화 이야기가 나와 마쓰야마 씨가 시나리오 작성에 협력했다. 이 영화는 당초 한국과 일본의 첫 합작영화로 계획되었으나, 결과적으로는 합작에 이르지 못했다. 그 뒤 신상옥 감독의 작품으로 1967년 한국에서 독자적으로 제작되었다.

그런 일도 있고 해서 마쓰야마 씨는 한국의 시나리오 세계를 잘 알고 있었고, 그의 입에서 시나리오 작가 한운사 씨의 이름이 나왔던 것이다.

한운사 씨는 텔레비전 드라마 〈파도여 말하라〉 다음에 가지야마 도시유키의 소설 〈족보(族譜)〉를 영화화 할 때 시나리오를 썼다. 영화 〈족보〉(임권택 감독)는 1978년도 하반기의 한국 우수영화로 뽑히기도 했다.

이것은 같은 해의 '3·1 독립운동 기념일'에 특집 드라마로 방영된 작품의 영화화였다. 둘 다 한 씨가 시나리오를 담당했다. 따라서 한 씨는 이해 '3·1'과 '8·15'의 두 기념일에 방송된 특집 드라마를 양쪽 다 시나리오를 담당한 셈이다. 얼마나 잘 팔리던 작가인지 짐작이 가리라.

다만 나의 유학은 그 해 3월 하순부터였던지라 텔레비전 드라마 〈족보〉는 보지 못했다.

가지야마 도시유키의 소설 〈족보〉는 일본 통치시대 말기(1940년부터) 한국인(조선인)의 이름을 일본식으로 바꾸도록 한 '창씨개명(創氏改名)' 정책의 사실(史實)을 소재로 한 것이다. 여기에 저항하여 자살한 친일파 명사인 한국인과, 그 정책 추진에 괴로워하는 마음씨 고운 일본인 청년인 도청 직원의 모습을 그린 작품이다. 한국(조선)에서 소년 시절을 보낸 가지야마 도시유키의 그 땅에 대한 '속죄의식'이 짙게 그려져 있다.

한운사 씨는 한국에서 가장 반일 감정이 자극되는 항일 투쟁 기념일인 3·1절 특집 드라마에서, 일본인이 주인공인 가지야마 도시유키의 작품을 가져다가 "그 시절 좋은 일본인도 있었다"고 시청자들에게 전한 뒤, 나아가 영화화까지 했던 것이다. "인간을 나라와 민족으로 보는 게 아니라 인간 그 자체로 보는 게 어떤가?" 하는 게 한 씨의 일관된 신념이다.

그러나 영화 〈족보〉가 우수 영화상을 수상했을 때에도 한국 신문에는 다음과 같은 비평이 실려 있었다.

{원작자는 청년 시절을 일제하의 한국에서 보낸 사람으로, 한국과 한

국인에게는 일종의 죄의식을 갖고 작가 활동을 했다. 그렇지만 소설이건 드라마이건 영화이건, 쌍수를 들고 환영하기에는 어딘가 저항감이 든다. 일제 학정에 대한 일본인의 양심적 고뇌는 일본인의 문제이지 우리 문제가 아니다. 자칫하면 그것은 일본인의 자기 위안과 변명이 될 뿐이다.}

신문 비평은 나아가 "문제는 자결한 한국인으로, 목숨을 걸고 성씨를 지키고자 한 것은 칭찬해야 하겠지만, 일본에 대한 다른 협력은 적극적, 소극적을 가리지 않고 해나가면서 성씨만을 고수하려고 한 것은 그 저항의 의미를 거의 없애버리고 만 꼴이다"고 했다. 대일 저항 기념일인 3·1절에는 어울리지 않는다는 주장인 것이다.

나는 그 이래 30년 이상에 걸쳐 한국의 텔레비전 드라마를 접해 왔다. 그런데 텔레비전 드라마나 영화에서 보는 한, 한운사와 같은 민족이나 국가를 초월한 '화해'의 발상은 그 후 도리어 후퇴했고, 비평에서 지적한 것 같은 '저항'과 '투쟁' 드라마만이 영역을 넓혀간 것으로 보인다.

한국에서는 일본 통치시대를 경험하지 않은, 이른바 '해방 후 세대'가 다수를 점하는 가운데 그 시대의 다양한 시대상이나 일본, 일본인의 모습도 점점 단순화되어 가고 있다.

이 자리에서 최근의 한국영화 비평을 전개할 마음은 없다. 그러나 극히 일부를 소개하자면, 2015년과 2016년의 '8·15'를 겨냥하여 개봉한 화제작 〈암살〉과 〈덕혜옹주〉는 둘 다 항일 테러 영화였다.

앞쪽은 일본 통치시대에 상하이에 있었던 대한민국 임시정부 산하 항일 테러리스트 집단을 주인공으로 한 호화 캐스트의 액션 드라마다. 여성 저격수를 리더로, 당시 수도 경성에 비밀리에 잠입하여 일본 요인과 한국인 대일 협력자를 살해한다는 줄거리다. 결혼식장에서 폭탄 테러를 저지른 뒤 공격해오는 일본군을 닥치는 대로 쏘아 죽이는 클라이맥스 신은 흡사 서부극을 떠올린다.

뒤쪽은 이방자 비를 이야기할 때 등장한 덕혜옹주를 주인공으로 하고 있다. 그녀는 일본 통치시대에 일본인과 억지로 정략결혼 했으나, 정신병을 앓아 평생 요양생활을 해야 했던 인물이다. 영화에서는 그녀를 짝사랑한 한국인 청년이 일본군 장교가 되어 등장하여, 항일 독립운동의 일환으로 그녀를 비밀리에 상하이로 탈출시키기 위한 테러를 계획한다. 일본이 무대이니까 이은 전하와 방자 비도 등장한다.

도쿄에서 많은 요인들이 참석한 기원절(紀元節) 기념식장에 폭탄을 던져 그 혼란 속에서 일본군 장교인 한국인 청년이 덕혜옹주와 이은 전하 부부를 데리고 일본 탈출을 시도하지만, 결국에는 실패한다는 이야기다. 그것을 해방 후 한국에서 신문기자가 된 일본군 장교였던 바로 그 한국인의 회상으로 그린다는 줄거리로 엮어졌다.

간단하게 소개하자면 이런 느낌의 영화인데, 두 영화의 공통적인 콘셉트는 일본과의 올바른 관계를 다루는 게 아니다. 오히려 자신들이 얼마나 과감하게 일본과 싸웠고, 얼마나 일본인을 처치했는가 하는 것에만 관심이 쏠려 있다. 다시 말해 일방적으로 자신들만을 보고 있는 자기만족의 영화라고나 할까.

한운사 씨는 2009년 타계했다. 86세였다. 생전에 입버릇처럼 "나이를 먹으면 무서울 게 아무 것도 없어. 무엇이든 말할 수 있어요"라면서 "나중에 가서 저항한 이야기가 수시로 나오지만, 학도병도 나이 차이를 비롯하여 온갖 인간이 다 있었지. 원해서 간 사람도 있고, 믿고 간 사람도 있어. 당시의 일본인도 인간으로서 봐야지, 최근 들어 너무 과장된 일면적인 묘사가 많아 종종 지적해주고 있지"라고 털어놓곤 했다.

베스트셀러 작가
가지야마 도시유키의 속죄의식

영화 〈족보〉에는 후일담이 있다. 한국에서 어학 유학을 마치고 나는 1979년에 일본으로 돌아갔다. 어느 날 작가 가지야마 도시유키(1975년 타계)의 기일을 앞두고 부인인 미나에(美那江) 씨로부터 전화가 걸려왔다. 자택에서 가질 추도회에서 영화 〈족보〉 시사회를 가지려 하는데 통역 겸 해설을 맡아주었으면 했다.

그러고 보면 영화 〈이조잔영〉 역시 가지야마 씨의 1주기를 기념하여 1976년 5월, 한국 영화로는 처음으로 일본 텔레비전(당시의 도쿄12 채널)에서 방영했다. 당시에도 한운사 씨의 추천으로 내가 통역을 맡아 당일 도쿄 시부야에 있던 가지야마 자택으로 간 적이 있었다.

그 이래 미나에 씨와 알고 지내게 되었고, 그 후 일본의 대학에서 열린 '가지야마 도시유키와 한국'이라는 문학 세미나에도 함께 참석했다. 가지야마 부부는 히로시마 출신으로, 이 또한 '히로시마'가 맺어준 인연이었을지 모르겠다.

다음은 가지야마 도시유키와 한국 이야기다.

작가 가지야마 도시유키는 태평양전쟁 후 구제(舊制) 히로시마고등사범
(나중의 히로시마대학)을 졸업했다. 그 자신은 전쟁 전이던 1930년 경성
(서울)에서 태어났다. 히로시마가 고향인 그의 아버지는 소설 속에 '총독
부 관리'로 그려져 있는데, 에세이에서는 보다 정확하게 "기술자로 경성부
청에서 근무하고 있었다"고 한다(잡지 〈타이요(太陽)〉 1965년 3월호에 실
린 '경성, 나의 혼'에서).

경성에서는 남대문소학교를 나와 경성중학으로 진학했고, 중학 4학년
때 전쟁이 끝났다(당시 중학은 5년제). 그에게는 '경성의 8·15'를 소재로
한 소설도 있다. 그해 연말 부모의 고향인 히로시마로 돌아와 구제 히로
시마2중에 들어갔다.

연보에 따르면 학생 시절 문학에 뜻을 두었고, 대학 졸업 후 신문기자
를 지망했으나 결핵 진단이 내려져 도리 없이 자택에서 요양하지 않을 수
없었다. 1953년에 도쿄로 올라가 문학 수업을 하는 한편으로, 업계 신문
과 주간지 기자로 일했다. 특히 주간지에서는 특종을 많이 하는 민완기자
였다.

1960년대에서 70년대에 걸쳐 타의 추종을 불허하는 잘 팔리는 작가이
자 르포라이터로 이름을 날렸다. 고도 경제성장기를 배경으로 베스트셀
러가 된 〈붉은 다이아몬드〉와 〈검은 시주차(試走車)〉 등 기업소설로부터,
풍속소설에 이르기까지 대중적인 작품을 무수히 발표했다. 소년 시대의
한국을 배경으로 한 몇몇 소설은 초기에 쓴 것들이다.

이쪽은 수적으로는 많지 않으나 그 후의 작품들과 달리 '진지한' 내용
이었다. 그는 만년(晩年)에 라이프워커로서 그쪽으로의 회귀를 겨냥하여
대하 장편소설 〈적란운(積亂雲)〉에 매달리다가 급사했다. 이 장편은 한국
과 원폭, 이민이라는 세 가지가 테마였다고 한다. 뒤의 두 가지는 '히로시

가지야마 도시유키 씨.

마'에서 유래한다. 히로시마는 예로부터 해외 이민이 많아 '하와이의 일본어는 히로시마 사투리'라는 이야기를 들은 적도 있다.

여행지 홍콩에서 타계한 것은 1975년 5월, 아직 마흔다섯의 한창 나이였다. 필경 다작(多作), 다망(多忙)에 의한 과로 탓이었으리라.

나는 생전의 그와 딱 한 번 만났다.

히로시마에서 지방 근무를 마치고 도쿄 본사로 돌아가 사회부 기자로 뛰던 1970년대 전반이었던 것으로 기억한다. 그게 무슨 일이었던지는 기억이 가물가물하다. 어떤 사건과 연관되었는지, 혹은 문학상과 관계가 있었는지 그의 코멘트를 따려고 호텔 파티장으로 달려가 선 채로 이야기를 나누었다.

안건(案件)이나 대화 내용이 도통 떠오르지 않지만, 기이하게도 그가 참으로 친절하게 나를 대해준 것만큼은 선명하게 기억한다. 초(超) 베스트셀러 작가인 유명인임에도 아직 서른이 될까 말까 한 초년병 기자를 한창 파티가 무르익어 가는 와중에도 귀찮은 기색 없이 정중하고 부드럽게 상대해주었던 것이다.

나는 그 뒤로도 기자로서 여러 유명인을 만날 찬스가 있었다. 하지만 그때 가지야마 도시유키가 보여준 소탈함과 친절함이 여전히 기억에 남아 있다.

가지야마 도시유키가 쓴 한국 관련 작품 중에는 1963년에 발표한 〈이조잔영〉이 가장 완성도가 높고, 스토리도 재미있다. 그해의 나오키상(直木賞) 후보에도 올랐다.

해방 전의 서울을 무대로, 여학교 미술 선생이던 일본인 청년 화가가, 요정에서 목격한 '불가사의한 그늘'이 드리워진 기생의 전통 무용에서 '사라져가는 조선의 미'를 발견한다. "어떻게 해서든 그림으로 그려보자!"면서, 항상 어딘지 쌀쌀맞은 그녀를 설득했다. 그렇게 그녀를 모델로 완성한 작품에 '이조잔영'이라는 제목을 붙였고, 특선으로 뽑힌다.

그런데 그녀는 '3·1 독립운동' 때 일본군에 의한 학살 사건이 일어난 마을 출신으로, 더구나 화가인 일본인 청년의 아버지가 당시 일본 군인이었다는 사실이 밝혀진다. 그녀는 청년의 아틀리에에서 그 아버지가 군복 차림으로 찍은 가족 앨범을 발견하고, 그것을 그가 보는 앞에서 캔버스에 집어던진 뒤 가버린다.

청년 또한 헌병으로부터 그녀와의 사이를 의심받고, '이조잔영'이라는 타이틀까지 트집 잡아 제목 변경을 요구한다. 이를 거부하고 특선 반납을 외친 그는 헌병에게 두드려 맞고 쓰러진다.

소설의 소재가 된 '3·1 독립운동'의 학살 사건이라는 것은 서울 근교 수원의 제암리에서 진압을 위해 출동한 일본군이 주민 다수를 살해했다는 '제암리 사건'으로 역사에 남아 있다. 저자가 한국(조선)에 대한 역사적 속죄의식에서 쓴 작품이라는 사실은 분명하다.

작품의 배경은 1940년으로 되어 있고, 당시 한국의 의식주 등 풍물이 세세하게 그려져 있다. 어딘지 관광 가이드북의 인상마저 준다. 특히 주된 무대는 경성(서울)에서도 한국인 거리였던 종로여서, 그 풍경이 수시로 등장한다. 이 또한 저자가 지닌 속죄의식의 산물이라고 해도 무방하다.

왜냐하면 저자는 당시 소년이었고, 더군다나 일본인 거주지에서 살고 있었으므로 한국인 거주지에서의 경험은 거의 없었다. 당시 일본인들은 종로와 같은 한국인 거주구역에는 가능한 한 다가가려 하지 않았다. 특히 어린아이들에게는 그렇게 주의를 주었다.

다시 말해 가지야마 소년은 서울에서 태어나 자랐지만, 실제로는 한국이나 한국인에 관해 거의 몰랐던 것이다.

'몰랐던 과거'에 대한
부끄러운 마음

거기에 대한 패전 후의 부끄러운 마음, 특히 작가가 된 뒤의 통절한 반성 (?)이 그 같은 풍물 묘사를 포함한 〈이조잔영〉이 되었다고 해도 틀림이 없다. 이것은 스스로의 '경성에서의 8·15'를 그린 아주 초기의 단편소설 〈성욕 (性慾)이 있는 풍경〉(1958년 발표)도 마찬가지다.

묘한 타이틀의 이 작품은 서두가 이렇게 되어 있다.

{종전(終戰)의 날, 즉 1945년 8월 15일의 기억을 되살리면 나는 지금도 내심 부끄러움을 느끼지 않을 도리가 없다. 왜냐하면 학우들은 누구나 할 것 없이 동원되어 간 공장에서 망연자실하거나, 까닭 없이 흘러내리는 눈물의 의미에 당혹하거나 하고 있을 때, 동원을 피하여 한강에서 보트 놀이에 빠지거나, 급기야는 영화관의 어둠 속에서 패전 사실조차 모른 채 콧구멍을 후비고 있던 불량 학생이 바로 나였기 때문이다….}

소설이니까 그날의 저자가 반드시 이대로였다고는 장담하지 못한다. 그는 전쟁이 끝나고 한국과 그 시대에 관해 '아무 것도 몰랐다는 사실'을 이런 식으로 표현하여, 그것을 단정적으로 '내심의 부끄러움'이라 쓴 것이다.

타이틀에 들어간 '성(性)'에 관해 말하자면 이런 해석이 가능하리라.

주인공인 '나'는 그날 공장 동원을 사보타지하고 교외의 시골에서 소의 교미 장면을 목격한 성적 흥분과, 거리의 사창가에서 외출 나온 소년 항공병이 순서를 기다리지 못하고 "어서 하라고!" "시간이 없다니까!" 하며 떠드는 장면이 그려지고, 동급생인 한국인 학생 '가네모토(金本甲植)'가 조혼(早婚) 풍습으로 결혼하여 여자를 안다는 사실에 질투를 느끼는 이야기 등이 그려져 있다.

이것이 무엇을 의미하느냐고 하면, 저자인 소년 '나'는 과거를 돌아보고 "아무 것도 몰랐다"는 사실의 암유(暗喩)로서 성적 미숙함을 소재로 썼던 것이다. 소년 시절의 성적 미숙함은 또한, 나중에 돌이키면 역시 '내심의 부끄러움'이다.

그리고 이 소설에서도 '가네모토'를 떠올리는 가운데 다음과 같은 부분이 나온다.

{내선일체(內鮮一體)라느니 일시동인(一視同仁)이라느니 선전은 하고 있었으나, 어릴 적부터 길러진 조선인 멸시의 감정은 김 씨, 박 씨가 창씨개명하여 가네모토나 기노시타(木下)가 되어도 좀처럼 지워지지 않았다. 게다가 우리는 일본이 얼마나 비열한 수단을 구사하여 조선을 침략했는지도 모르고, 그들이 얼마나 과혹하게 착취당하고 탄압받아 왔는지에 관해 무엇 하나 제대로 알지도 못한 채 자라났다.}

소설인데도 '몰랐던 과거'에 관해 이 같은 해설이 삽입되어 있는 것이다.

초기 작품인 탓인지 소설로서 잘 소화(消化)되어 있지 않다.

한운사 씨의 시나리오로 한국에서 영화화된 소설 〈족보〉는 히로시마 시절 동인지에 썼고, 1961년에 고쳐 쓴 뒤 발표했다. 〈이조잔영〉과 마찬가지로, 가지야마 도시유키의 한국과의 과거에 연관된 속죄의식이 진하게 반영된 작품이다. 일본 통치시대 말기인 1940년에 시행된 이른바 '창씨개명'을 테마로 한 것이다.

창씨개명은 한국인에게 일본식 이름을 부여하여, 한국인을 일본인으로 만들어버리겠다는 정책이었다. 전시 하의 국민 총동원 체제를 향한 이른바 '황민화(皇民化) 정책'이었다. 이것은 〈이조잔영〉에서 중요한 배경이 된 '3·1 독립운동'에 대한 탄압과 더불어, 일본 통치시대 '일제의 악(惡)'으로 지금도 여전히 한국에 전해 내려오는 역사이다.

소설에서는 그 같은 일본 지배의 횡포함이 그려지고, 거기에 저항하는 한국인들과 그들에게 동정하는 총독부 산하 경기도청 직원으로 상냥한 일본인 청년인 나 등등이 등장한다. 마지막에는 창씨개명에 몰린 명가(名家)의 주인이 자살하고, 딸의 약혼자는 불순 사상을 가졌다는 혐의로 일본군에 강제 입대된다. 일본인 청년은 그 딸을 짝사랑하고 있었다.

소설의 라스트신은 이렇다.

[약혼자를 빼앗기고 아버지를 살해당한 조선 처녀의 엄청난 분노가 절절하게 나에게로도 전해져 와 무어라고 답해주어야 좋을지 알 수가 없다. 그래, 늦다. 다들, 늦다. 나는 신음하듯이 중얼거릴 뿐이었다. … 나는 고개를 숙인 채 "밉지요, 나를 원망하세요"라고 초췌해진 옥순(玉順)의 옆얼굴을 보면서 더듬거릴 수밖에 없었다. … 나는 그로부터 석 달쯤 지나 출정(出征)했다. 대동아전쟁이 시작되어 있었다. … 오직 홀로 나는 열차에 올랐다. 나는 외톨이였다. "이게 오히려 낫다"고 생각했다. 전혀 슬프지 않

왔다. 어딘지 속죄와 비슷한, 도리어 상쾌한 기분마저 들었다.)

　　가지야마 도시유키로서는 이 소설이 자신은 몰랐던 과거에 대한 '속죄'
의 이야기였다.

창씨개명에 관한
어떤 오해

〈족보〉는 소설로서의 평가나 영화의 완성도도 높았다. 그런데 문제의 창씨개명에 관해서는 한참 뒤에 가서 "기본적으로 오해가 있다"고 하여 전문가들 사이에서 비판이 제기되었다. 이 '오해'는 일본 통치시대에 행해진 창씨개명의 악명을 지나치게 강조한 나머지, 지금도 한일 양쪽에 남아 있다.

소설 〈족보〉는 당시 창씨개명에 항의하여 자살한 사람이 있었다는 실화를 소재로 삼았다. 자살한 예는 전북 고창군에서의 1건만이 기록으로 남아 있다. 소설은 창씨개명에 의해 한국인이 조상 대대로 스스로의 존재 증명(아이덴티티)으로서 이어져 내려온 긴 세월에 걸친 '일족의 계보' 족보가 단절될 것처럼 묘사해놓았기 때문이다. 그러나 이것은 잘못이라고 한다.

우선 창씨개명은 호적에 별도로 일본식 이름을 새롭게 만드는 것이었다. 개인이 소지하여 유지해온 전통적인 족보에 손을 대는 것이 아니어서 족보는 그냥 그대로 남았다. 또한 한국인이 소중하게 여기는 김이나 이,

박 등의 '성(姓)'도 호적에는 그대로 기록되었다. 다시 말해 실제로는 창씨개명과 족보가 직접적인 관계가 있었던 게 아니었다.

패전 후 과거에 관해 "아무 것도 몰랐다"는 사실을 몹시 부끄러워한 가지야마 도시유키는 속죄의 마음으로 창씨개명이라는 '비극'을 소설에서 호소했다. 다만 과거의 일본 규탄과 속죄에 치중한 나머지 실태(實態)를 다소 오해하고 말았던 것이다. 지나친 속죄 사관(史觀)이라고나 할까. 과잉된 속죄 의식이 역사적 사실을 오인하는 수가 있다는 하나의 예이다.

한국(조선)은 예로부터 남계(男系) 사회인지라 아내는 시가(媤家)에 들어갈 수 없어서 부부 별성(別姓)이다. 또한 자녀들은 반드시 남편의 성씨를 따른다. 따라서 호적에서는 남편과 아내의 성씨가 다르다. 그 어머니들 또한 저마다 별성(別姓)이어서 같은 호적에 여러 성씨가 혼재되어 있다. 게다가 성씨 자체가 200여 개밖에 없어서 3대 성씨인 김, 이, 박만으로 각기 몇 백만 명이나 있다.

그래서 창씨개명은 일본식 성씨를 새롭게 만들어 호적을 일본식으로 함으로 해서 한국인의 가족관을 바꾸고자 했던 것이다.

일본은 통치 아래의 한국(조선)이나 타이완(臺灣) 사람들을 국가 총동원 체제로 전쟁에 대처하려고 했다. 소위 '내선일체'(황민화) 정책의 일환이었다. 특히 '황군(皇軍) 병사'로 한국인을 동원할 필요성으로 인해 그 같은 '일본인화'가 추진되었다.

창씨개명은 한국인으로서는 가장 중요한 가족, 혈연에 관한 문제였던 만큼 당연히 반발이 생겼고, 극히 일부이지만 자살자도 나왔다. 창씨개명은 법률에 의해 반은 강제, 반은 자유의사로 행해졌다. 하지만 응하지 않으면 불이익이 따른다는 소문에다, 나아가 일본과의 일체화라고 하는 '시류(時流)'도 있어서 한국인의 약 80%가 여기에 따랐다.

저명한 문인이었던 이광수(李光洙)는 1940년 2월, '가야마 미쓰로(香山

光郎)'로 창씨개명하면서 그 이유를 다음과 같이 설명하고 있다.

{내선일체를 국가가 조선인에게 허락했다. 조선인이 내지인과 차별이 없어지는 외에 달리 무엇을 바랄 것인가. 따라서 차별을 제거하기 위해 모든 노력을 하는 것 외에 무슨 중대하고 긴급한 일이 있을 것인가. (중략) 우리의 종래 이름은 지나(支那)를 숭배한 선조의 유물이다. 지명이나 인명을 지나식으로 통일한 것은 불과 6, 700년 전의 일이다. 이미 우리는 일본제국의 신민이다. 지나인과 혼동되는 이름을 갖는 것보다 일본인과 혼동되는 이름을 갖는 편이 보다 자연스럽다고 믿는다.}

이광수는 '같은 일본인'으로서 차별 배제를 원하여 일본인식 이름을 선택했다는 것이다.

분명히 일본군에서는 한국(조선)인 상관 아래 일본인 병사가 지휘를 따른다는, 서구 식민지 나라에서는 상상하지 못할 '평등'이 있었다. 그러나 이광수의 바람은 5년 뒤의 일본 패전과 철수로 인해 결국 실현되지 않았다. 그리고 이광수는 해방 후 민족적 변절자를 의미하는 '친일파'의 대표적인 사례로 단죄되었다.

앞서 말했듯 족보는 창씨개명과 상관없이 한국에서 유지되었다. 지금도 사람들은 수백 년, 때로는 1000년 이상이나 거슬러 올라가는 선조를 의식하면서 혈연과 동족 사회를 살아간다. 어디까지나 민간 차원이지만, 일족의 가계도를 기재한 족보는 몇 권, 몇십 권의 두터운 책자로 현존한다.

그런데 북한에서는 1945년 해방 후, 공산주의화에 의해 바로 그 '일제'도 하지 않았던 문화 파괴라고 할 족보의 전면 폐지를 시행해버렸다. 같은 민족이지만 북한에는 지금 족보가 존재하지 않는다.

소년들은
전투기 '하야부사'에 환호했다

한국의 역사 교과서를 보면 일본 통치시대 말기에 해당하는 1940년 언 저리로부터 해방된 1945년까지의 기술(記述)은 아주 간단하다. "우리는 아주 잘 싸웠다"는 저항 사관으로 보자면, 이 무렵에는 이미 두드러진 저 항의 역사가 눈에 띄지 않는 것이다.

전시 체제 아래에서 그만큼 일본과의 일체화가 이루어지고, 일본에 대 한 협력이 이루어졌다고 할 수 있다. 당시 소년이었던 한국인은 현재 80대 이상이지만, 그들 대다수는 "그 당시 우리는 거의 일본인이 되고 있었다" 고 곧잘 말한다. 앞서 소개한 학도병 출신 작가 한운사 씨 역시 "그대로 갔더라면 완전히 일본인이 되었으리라"고 털어놓곤 했다.

나는 1970년대 한국 유학 시절, 단골 식당의 일본군 출신이었다는 아 저씨로부터 흥미로운 이야기를 들은 적이 있다.

그는 "일본이 전쟁에서 지지 않았더라면 나는 지금쯤 미국 캘리포니아 주지사쯤 되었을 텐데…"라고 절반은 정색을 하고, 절반은 농담조로 이야기했다. 그가 "나는 관동군(關東軍) 상등병이었다"고 자랑스레 말했는데, 일본이 전쟁에서 이겼다면 일본이 미국을 지배하고 자신도 출세했을 것이라는 의미였다.

일본의 한국 지배는 한국인들에게 그런 황당무계한(?) 꿈을 안겨주었던 것이다.

일본 통치시대 말기, 한국인들이 얼마나 일본인화 되고 있었던지에 관해 어떤 사람으로부터 이런 이야기도 들었다. 그는 똑같은 숫자의 한국과 일본 생도를 입학시켜 '한일 공학(共學)'을 한 것으로 잘 알려진 서울의 명문 고교 선린상업 OB로, 언론인 출신이라고 해서 알게 된 사람이었다. 선린상업은 앞서 고가 마사오를 이야기할 때에도 등장했다. 그의 이야기가 너무 선명한 인상을 던졌던지라 소개해두고자 한다.

1944년 봄, 육군 항공소년병 모집이 있어서 학교 상공에 일장기를 단 육군 전투기 '하야부사' 3기(機)가 날아와 몇 차례 저공으로 선회했다.

생도들은 모두 교정으로 나와 환호하면서 손을 흔들었다. 그 가운데 한 대의 파일럿이 선린상고 출신 한국인 항공병으로, 비행기에서 계속 손을 흔드는 것이 뚜렷하게 보였다고 한다. 그 뒤 생도들은 너도 나도 앞다투어 소년 항공병으로 지원했는데, 실제로 뽑힌 학생은 소수였다.

이 이야기를 들려준 사람은 "그때 우리는 99% 일본인이 되어 있었으니까"라고 털어놓았다.

다음은 다른 항목에서도 소개했지만, 다시금 추가해둔다. 역시 알고 지내던 이른바 '일제시대'의 한국인으로부터 들은 이야기이다.

일본의 대학으로 유학 갔던 그는 1944년 여름, 도쿄로부터 일시 귀향했을 때 경성의 한국인 거리였던 종로의 영화관에 들어가 뜻밖의 체험을 했다. 전시였던 당시, 영화관에서는 뉴스 영화로 반드시 전황(戰況)을 다룬 것을 상영했다. 그런데 일본군의 전투 장면을 전하는 뉴스 영화에 관객이 열광하는 모습에 놀랐다는 것이다.

당시에는 도쿄에서조차 그런 정도는 아니었기 때문이다. 그는 "한국인들이 급기야 일본인이 되고 말았구나" 하는 복잡한 심경이 되었노라고 말했다(〈한국인의 역사관〉文春新書에서).

일본의 한국합병은 35년 동안 이어졌다. 이것은 1세대 분이다. 따라서 1940년대의 전시 아래 장년(壯年) 이하 한국인은 일본인화되었다고 해도 틀림이 없으리라.

해방 후의 한국에서 철저한 반일교육이 행해졌던 것도 그 같은 사정이 있었기 때문이다. 일본인이 되어 가던 한국인을 본래의 한국인으로 되돌리기 위해서는 일본을 전면 부정하는 반일교육이 필요했던 것이다. 오늘날도 여전히 한국 언론이나 지식인들이 한편으로는 "일본에게 배워라"고 말하면서 일본을 경계하고, 일본 비난에 열을 올리는 이유가 여기에 있다. '일본인이 되어 버렸다'는 과거의 괴로운 민족 경험에서 오는, 어딘가 개운하지 않은 기억이 남아 있기 때문일지 모른다.

09

폭발하는 민족감정

⋮

고난의 귀환

모리타 요시오(森田芳夫)와
명저 〈조선 종전의 기록〉

벌써 20년이 더 지났는데, 1993년 4월 중순이었다고 기억한다. 좋은 계절이었던지라 서울 교외의 왕릉 동구릉(東九陵)에 벚꽃 구경이라도 할까 하고 갔다가, 아직 꽃이 피지 않아 발걸음을 돌린 적이 있었다. 이 벚나무는 앞서 이방자 비의 창덕궁 대목에서 언급한 창경원과 관계가 있다.

일본 통치시대에 유원지가 된 창경원에는 수많은 벚나무가 심어져 해방 후에 이르기까지 '벚꽃 구경의 명소'로 오랫동안 서울시민들의 사랑을 받았다. 그 벚나무가 창경궁으로의 복원에 즈음하여 다 뽑혀 이곳으로 옮겨졌다.

동구릉에 갔을 때, 예전에 서울의 일본대사관에서 근무한 모리타 요시오(1910~92년) 씨의 미망인 마사노 여사와 우연히 마주쳤다. 남편인 모리타 요시오 씨와는 생전에 서울에서 만나 인사를 나눈 적이 있었지만 부인과는 초면이었다. 그녀를 안내하던 일본대사관 직원이 소개해주어 알게 되었다.

마사노 여사는 그 전 해 8월, 82세로 타계한 남편의 사진을 가슴에 안고 있었다. 듣자 하니 "인생의 절반을 이 땅에서 산 남편에게 이 땅의 봄을 보여드리고 싶어서 달려왔다"고 했다. 패전 전 한국에서 태어나 자랐고, 경성제국대학에서 조선사를 전공한 모리타 씨는 서울 근교의 사적(史蹟) 답사를 유난히 좋아했다고 한다.

가슴에 안은 사진에는 계명(戒名)으로 '무궁화원성신일방거사(無窮花院誠信日芳居士)'라고 적혀 있었다.

그는 내가 서울특파원으로 근무하기 시작했을 무렵에는 이미 퇴직했고 (마지막 직책은 일본대사관 참사관), 만났을 때에는 분명히 서울의 성신여대에서 일본어를 가르치고 있다고 말한 것으로 기억한다. 어느 쪽이냐 하면, 조용한 학자풍의 인물이라는 인상이었다. 그 후 타계한 다음, 좀 더 이야기를 들었다면 좋았을 것을 하면서 몹시 아쉽게 생각한 기억이 난다. 불후의 명저 〈조선 종전(終戰)의 기록〉(1964년, 嚴南堂서점 발간)의 저자였기 때문이다.

나 역시 '코리아 워처'로서, 이 저서에 관해서는 이전부터 잘 알고 있었다. 일본 패전 직후의 한반도 정세와 거주 일본인의 패전 및 귀환 체험이 극명하게 기록된 책이었다. 한반도에서 귀환한 사람의 개별적인 회상은 여럿 있으나, 귀환자들로부터 들은 이야기를 기본으로 한 아주 두툼한 이 저서는 그들 전부를 한데 모아놓은 것 같은 대작이었다.

모리타 씨는 한국의 군산(群山)소학교, 경성중학교, 경성제대(사학과)를 졸업하고 교원(敎員) 생활을 한 다음, 조선총독부 외곽단체에서 근무하고 있을 때 전쟁이 끝났다. 당시 소위 '내선일체'를 이상(理想)으로, 한국인에 대한 사회교육 활동을 펴던 민간 조직 '녹기연맹(綠旗聯盟)'의 활동가이기도 하여 한국인이나 한국 사회와의 인연이 깊었다.

패전 후에는 법무성에서 근무한 다음 외무성 직원이 되었다. 1965년에 국교정상화를 이루기까지 14년에 걸친 한일 교섭의 기록도 담당했다. 모두 30권에 이르는 그 기록은 지금도 대외비이다. 그 후 일본대사관원으로 다시 한국 땅을 밟았다.

모리타 씨는 1945년 8월, 갑자기 한반도를 찾아온 일본지배의 붕괴, 그리고 반일 감정의 폭발이라는 혼란 속에서 '경성 일본인 세와카이(世話會)'(='세와'는 돌본다는 뜻의 일본어. 옮긴이) 멤버로서, 일본인들의 본국 귀환을 지원하는 데 매달렸다. 자신도 그 이듬해 3월에 일본으로 돌아갔지만, 귀국 후에도 손수 만든 도시락을 들고 귀환자들을 만나 증언 채록 작업을 이어갔다.

책 뒤에 있는 판권을 보니 〈조선 종전의 기록〉이 완성되어 출판된 것은 패전으로부터 19년이 지난 1964년 8월 15일로 나와 있다. 한일 국교정상화 1년 전이다.

마사노 여사도 남편 곁에서 자료의 필사(筆寫)와 원고 정리, 구술(口述), 청서(淸書) 등을 도왔다고 한다. '사가(史家)인 자신에게 부여된 사명'이라는 각오로 썼다는 이 저서는, 한반도로부터 귀환한 일본 민족 수난의 기록이다. '조선에서의 일본지배의 최후'는 이 저서를 빼고는 말할 수 없다.

이 책에 의하면 일본 통치 아래에 있던 한반도에는 1944년 단계에 약 71만 명의 일본인이 살고 있었다. 그 외에 육군 29만 명 등 군 관계자 35만 명(종전 당시)이 있었다니까 합쳐서 100만 명을 넘는 일본인이 있었던 셈이다. 주거 분포는 군 관계자를 별도로 치고, 서울(당시의 경성)이나 인천 등 수도권에 약 30%, 공업지대가 많았던 북한 지역에 약 30%였다.

서울 등 남한에서는 8월 15일의 해방 이후에 혼란이 시작되지만, 북한에서는 그보다 빠른 8월 9일에 소련군의 느닷없는 침공으로 대혼란에 빠졌다. 소련의 대일(對日) 참전은 그때까지 일본과 소련 사이에 존재하던 일종의 불가침조약인 '일소(日蘇) 중립조약'의 일방적인 파기에 따른 것이었다.

북쪽의 만주에서도 역시 8월 9일, 소련군이 국경을 넘어 물밀 듯이 침공해 들어왔다. 한반도에서는 동해안 쪽의 나진(羅津), 웅기(雄基), 청진(淸津) 등 항만 도시가 하늘로부터의 폭격과 바다로부터의 함포 사격으로 엄청난 공격을 받았다. 그런 다음 소련군 상륙과 진주(進駐)가 시작되었다.

북한에서는 난민이 된 일본인들에다, 국경을 접한 만주로부터 소련군의 공격을 피하여 탈출해온 유랑민들까지 더해졌다. 미군이 진주한 남쪽에 비해 북에서는 소련 진주군이 남북을 가르는 38선을 봉쇄했던지라 일본인의 탈출이 늦어졌다. 그 귀환(도피행?)은 강도, 강간, 살인, 아사(餓死), 병사(病死), 동사(凍死) 등 대량의 희생자를 낸 고난에 가득찬 행로(行路)가 되었다.

이처럼 한반도에서의 극적인 '일본 지배의 최후'를 어떻게 소개하면 좋을까, '전쟁을 모르는' 소위 전후 세대에게는 솔직히 말해 좀처럼 해법이 없이 막막하기만 하다.

내 친척 중에는 한반도로부터의 귀환자가 없으나, 만주에서 돌아온 사람은 몇 명 있었다. 똑같은 규슈(九州)라도 한반도에는 지리적으로 가까운 나가사키(長崎)나 후쿠오카 등 규슈 북쪽에서 건너간 사람들이 많지 않았을까.

가장 친했던 내 이모의 가족이 옛 만주철도 관계자여서 만주로부터 귀환했다. 북한을 경유하지 않고 마지막에는 중국의 항구에서 귀국했다고 한다. 피골이 상접한 어린 아들을 데리고 자신의 얼굴에 숯검정을 발라 남자로 변장한 고난의 '탈출'이었다고 한다. 그렇지만 이모도, 이모부도 그 자세한 이야기는 끝내 하고 싶어 하지 않았다.

나는 훗날 한국과 중국이 국교정상화(1992년)를 한 다음, 한국인 관광객에 섞여서 몇 차례나 '백두산 관광' 등으로 옛 만주를 여행했다. 이모로

부산부두에서 철수하는 일본인들.

부터 단편적으로 들은 길림(吉林)과 통화(通化)와 같은 도시도 둘러보았
다. 여행에서 돌아와 내가 본 만주 여러 지역의 이야기를 꺼내어도 이모는
"떠올리는 것조차 싫다"면서 절대로 관심을 보이려고 하지 않았다.

　만주로부터의 귀환 기록은 일단 제쳐두기로 하고, 한반도에서의 일본
패전과 철수의 기록을 되짚어 본다.

'종전(終戰)'의 서울에서
무슨 일이 일어났는가?

먼저 경성에서는 일본 패전이 어떤 식으로 전해졌을까.

연합국에 대한 일본의 패전, 항복을 의미하는 포츠담선언 수락 정보는, 정식으로는 8월 14일 밤 일본 〈도메이(同盟)통신〉(=현재의 〈교도통신〉. 옮긴이) 경성지사에 도쿄본사로부터 '종전 조서(詔書)' 전문(全文)이 전화로 통고되었다. 그것이 이튿날인 15일 정오에 천황 폐하의 '옥음(玉音) 방송'이 되어 라디오를 통해 흘러나왔다. 그러나 북한에서 9일에 이미 소련군이 침공해왔던지라 경성에서도 일본이 곧 항복한다는 소문이 퍼져나가고 있었다.

총독부 수뇌는 10일에는 해외 단파방송을 통해 일본의 포츠담선언 수락을 알고 있었고, 패전 후의 치안 대책과 권력 이양 등을 염두에 둔 대응책을 검토하고 있었다(《조선 종전의 기록》에서).

당시 총독부 기관지(機關紙)와 같았던 일본인이 경영하던 〈경성일보〉에 막 입사한 한국인 기자의 회상에 의하면, 신문사 내에서는 사흘 전부터 '일본 항복' 정보가 전해져 한국인 직원들은 흥분 상태로 "이 기쁜 정보를 몰래 누군가에게 말해도 괜찮을지 어떨지…" 하며 안절부절 못했고, "그걸 회사 바깥에 흘렸다가는 처벌받을까 두려웠다"고 한다(1978년 한국신문연구소 출간 〈언론 비화 50편〉에서).

그러나 그는 여학교에서 교편을 잡고 있던 형에게 그 정보를 귀띔했다. 형은 "정말 그럴까? 믿을 수 없군. 그토록 나쁜 것들(일본을 가리킴)이 그리 간단하게 무조건 항복을 하겠나?" 하는 표정이었다고 한다. 보통 한국인들로서는 일본 패전은 예상하지 못한 돌발적인 일이었던 것이다.

'조선의 해방', 즉 일본이 연합국에 한반도로부터의 철수, 일본 지배의 종료를 약속한 포츠담선언을 수락하는 '종전 조칙'은 한국에서도 8월 15일 정오, 라디오로 발표되었다. 하지만 이 날의 서울은 이상하리만치 조용하여 가두데모 등 두드러진 움직임이나 소동은 일어나지 않았다.

다만 "벌써 경성부 내에는 국민복과 몸뻬를 벗어던지고 흰옷을 입은 많은 조선인이 거리로 나와 유유히 거닐고 있었다"(〈조선 종전의 기억〉에서)고 한다.

그리고 이제까지는 숨어 있는 존재였던 좌익 세력이 이내 전면(前面)에 등장하여 재빨리 '조선건국준비위원회'가 결성되었다. 좌익 세력은 북한에서의 소련군 침공으로 이날이 다가올 것임을 예감하여 준비를 하고 있었던 것이다. 15일의 경성 거리에는 벌써부터 "소련군이 원산에서 경성으로 향하고 있다!" "내일 오후 1시, 경성역에서의 소련군 환영 집회에 나오라!" 며 떠들고 다니는 자도 있었다. 지하에 있던 공산주의자들은 이미 소련과 내통하고 있었던 것이다.

한국 최대의 신문이었던 〈경성일보〉에 관해 앞서 잠깐 소개했으나, 당시 그 주필 자리에 있던 나카야스 요사쿠(中保與作)가 패전 후에 쓴 수기 〈약탈과 적색(赤色)의 겁화(劫火)〉가 1953년에 후지서원(富士書苑)에서 출판된 〈비록(秘錄) 대동아전사(大東亞戰史) / 조선 편〉에 수록되어 있다.

저널리스트에 의한 기록인 만큼 패전 직후 경성의 모습이 여기에 가장 자세하게 적혀 있다. 거기에 따르면 맑은 날씨였던 15일과는 완전히 딴판으로, 이튿날 16일의 하늘은 납처럼 무겁고 잔뜩 찌푸려져 있었다. 바로 그 하늘로 총독부와 조선군사령부 주변에서 서류를 태우는 검은 연기가 높이 치솟았다.

{이따금 공중으로 조그만 불씨가 불꽃처럼 터져서 흩어졌다. 부드러운 바람을 타고 종이를 태우는 메케한 냄새가 물에 잠기듯이 이윽고 시내 전 지역을 떠돌기 시작했다. 그것이 신호이기라도 하듯 어느 관청이나 어느 공사(公社)를 가릴 것 없이 중요한 서류를 불태웠다. 이것은 그러나 일본의 총퇴각을 스스로 선언한 것이나 마찬가지였다. "드디어 일본이 총퇴각한다!" 일본인과 조선인, 너나 가릴 것 없이 누구나 이 검은 연기를 보고, 이 메케한 연기를 맡으면서 비로소 일본의 운명을 확연하게 알아차렸다.}

시 중심부에서 가까운 서대문형무소 옥상에는 어느 결에 '혁명이 마침내 이루어지다'라고 큰 글씨로 쓴 깃발이 나부끼고 있었다. '건준(建準)'의 요청으로 총독부 당국은 독립운동 관계의 사상범이나 경제사범을 석방했다. 그런데 살인, 강도, 도둑 등 일반 수형자의 출옥도 제지하지 못했다.
다음은 나카야스의 목격담이다.

{… 거기에 수용되어 있던 사람들은 죄수복을 갈아입을 틈도 없이 모조리 가두로 뛰쳐나갔다. 중범죄인, 사형수까지 슬금슬금 열을 지어 거리로, 거리로 밀려갔다. 나는 바스티유 감옥의 파괴가 프랑스 대혁명의 선구(先驅)가 되었다는 사실을 떠올리면서 본사를 향해 자동차를 몰았다.}

이날 출옥한 그들을 선두로, 대규모 데모 행진이 한국인 거리인 종로를 중심으로 벌어지기 시작했다. 트럭이나 승용차, 시내 전차에는 민중이 주렁주렁 매달려 '독립 만세!' '해방 만세!'를 외치며 돌아다녔다. 사람들이 흔드는 태극기는 일장기의 붉은 동그라미 절반을 파란색으로 덧칠하여 벼락치기로 만든 것이 대부분이었다.

일본 철수 후의 한국 통치를 맡을 작정으로 질서 유지에 매달린 '건준'은 16일에 이런 호소문을 발표, 길거리에 벽보가 나붙었다.

{조선동포여!! 중대한 현 단계에서 절대로 자중(自重)과 안정(安靜)을 요청한다. 우리의 장래에는 광명이 있으므로 경거망동은 절대로 금물이다. 제군(諸君)의 일어일동(一語一動)이 민족의 기쁨과 슬픔에 지대한 영향이 있음을 맹성(猛省)하라. 절대로 자중하여 지휘자의 포고를 따르는데 유의(留意)하라.}〈조선 종전의 기록〉에서)

"혁명이다, 혁명이다!"

하지만 사람들의 흥분은 가라앉지 않았다. 나카야스 요사쿠 〈경성일보〉 주필이 쓴 16일의 길거리 모습은 이랬다.

{어느 결엔가 '오후 1시, 소련군 입장' '가라 경성역으로' '소련군 환영' '소련군 만세' 등의 벽보가 유리창에도, 벽에도, 칸막이에도, 전봇대에도 붙여져 있다. 인간을 가득 태운 트럭이 좌로 우로 맹렬한 스피드로 달려간다. 파도소리를 연상시키는 웅성거림이 전역(全域)의 구석구석에서 솟구치고 있다. 어느 창문에서나 할 것 없이 적기(赤旗)가 나부낀다.}

{사람들은 앞다투어 길거리로 나왔다. 어느 골목에서나 튕기듯이 남자도 여자도 뛰쳐나온다. 골목에서 뒷길로, 뒷길에서 대로변으로… 대로변에는 사람, 사람, 사람이 밀치락달치락 복작거리면서 경성역 쪽으로 밀려간다. 인간의 대하(大河)이다. 인간의 분류(奔流)이다. 오랜 세월 억눌리

고 억눌렸던 민족의 울분이 제방을 무너뜨리고 격발하는 대홍수가 되어 밀려든다. 어느 누구 가리지 않고 눈동자를 빛내고, 숨을 헐떡거리며 포효하듯이 '만세' '만세'를 외치면서 간다. 분지(盆地)에서 들끓은 이 100만 명의 대노호(大怒號)는 그곳을 둘러싼 주위의 산에 메아리쳐서 북한산마저 흔드는 것처럼 여겨지는 엄청난 한 덩어리의 신음으로 치솟았다.}

벼락치기로 만든 태극기와 적기를 손에 쥔 군중은 경성역으로 밀려갔다. 그 숫자는 수만 명에 이르렀지만, 이날 실제로 소련군은 오지 않았다.

그러나 이런 군중 데모는 경성에서의 일본인과 한국인의 지위를 역전시켰다. 밤이 된 뒤에도 격렬한 함성이 이어져 일본인을 불안하게 만들었다. 일본 몰락의 순간, 한국인들은 '일본'을 벗어 팽개치고 한국인으로 되돌아갔다. "우리는 지금까지 착취당했다!"는 것을 구실로, 여기에 편승한 강도와 무단 침입, 도둑도 횡행했다. 그리고 어디에서나 듣게 되는 "일본은 전쟁에서 졌잖아!"라는 한마디에 일본인들은 어찌 할 바를 몰랐다.

특히 '건준'이 16일 오후에는 이미 실권을 쥔 것처럼 방송했던지라 각지에서 한국인에 의한 일본 각 기관과 일본인 재산에 대한 우격다짐의 접수(몰수)가 시작되었다. 치안 부재가 드러나는 가운데 경성은 다음과 같은 상황이었다고 한다. 나카야스 주필의 수기에 이렇게 적혀 있다.

{총독부에서 가까운 종로를 비롯하여 몇 군데 경찰서가 조선인의 손에 넘어갔다. 피스톨을 겨누며 습격하는 자도 있다. 경찰관에게나 습격자 쪽에나 잇달아 사상자가 나왔다. 거의 모든 주재소에서 순사가 자취를 감추고 말았다. 주재 순사 대부분은 조선인이었으나, 직장을 지키려 해도 떼를 지어 습격해오는지라 두어 명의 순사로는 버틸 재간이 없었던 것이다.}

{평소 일본인에게 원한을 품은 자와 도둑은, 때가 왔다는 듯이 부유해 보이는 일본인의 집으로 들이닥쳤다. 도둑은 대개 피스톨이나 칼을 들고 다녔으므로 길거리에서는 여기저기서 혼비백산한 비명이 들렸다. 아무리 '도와 달라!'고 외치고 외쳐도, 누구 하나 바깥으로 나오는 사람은 없었다. 일본인이 이제 서로 돕지 않는다는 것을 눈치채자 이번에는 세 명씩, 다섯 명씩 무리를 이룬 집단강도가 횡행했다.}

나카야스의 자택에도 밤에 3인조가 들이닥쳤다. "나는 2층 창문에서 확성기로 '불이야, 불이야!' 하고 외쳤다. 그렇지만 이웃의 일본인들은 쥐 죽은 듯 조용하여 기침소리조차 내지 않았다. 내 외침에 놀라 달아난 3인조는 그 길로 다른 집을 습격했다. 하지만 습격당한 그 집에서는 아무 소리도 내지 않았던지라 이튿날 아침까지 아무도 몰랐다"고 한다.

앞서 등장한 작가 가지야마 도시유키의 한국과 연관된 소설의 하나에 〈암선(闇船)〉이라는 작품이 있다. 이미 소개한 다른 한국 관련 작품과 달리 보다 대중소설 풍이며, 패전 직후 경성을 무대로 한 일본인의 이야기다.

주인공은 일본에서 사업에 실패하여 빚투성이로 어쩔 방도가 없어 "조선에서 재기를 꾀해보자"고 건너온 오구리 기하치(大栗喜八)라는 인물로, 청과물 도매로부터 시작하여 마지막에는 군용품 납품업으로 돈을 모았다.

'오구리 기하치'란 막부 말기와 메이지에서 전전(戰前)에 걸쳐 무역과 광산, 건설 등 폭넓은 사업으로 '오쿠라(大倉) 재벌'을 이루고, 만주와 한반도에도 족적을 남긴 유명한 사업가 오쿠라 기하치로(喜八郎, 1837~1928년)의 패러디다. 덧붙이자면 도쿄의 '호텔 오쿠라'는 그 자취이다. 앞서 고가 마사오와 소년 항공병 모집 이야기에서 등장한 경성의 명문 선린상업 역시 오쿠라 기하치로가 설립한 것으로 알려진다.

소설은 오구리 기하치가 패전을 맞아 한국인에게 배신당하여 모든 재산을 빼앗기면서, 이번에는 귀환 일본인을 위한 '불법 선박(暗船)'으로 끈질기게 돈벌이를 한다는 이야기이다. 소설에서는 패전 직후 경성의 모습이 이렇게 묘사되어 있다.

표변하는
한국인들

{구(舊) 성내(城內)의 시가지에서 살던 일본인들은 그날 밤, 동네를 둘러싼 동서남북 모든 산의 능선에 횃불의 불꽃이 흔들리는 것을 보았으리라. 그것은 흡사 오늘이 오리라는 것을 기다려 이전부터 서로 약속해두었던 예정된 행동처럼 비쳤다. 성벽을, 지붕과 지붕을, 검은 산들을, 묘지에 숨어드는 귀신불처럼 흔들리는 횃불의 불길. 그것만으로도 일본인들로서는 섬뜩하건만, 일정한 간격을 두고 '와아, 와아, 와아'라고밖에는 판단되지 않는 민중의 함성이 골짜기 아래의 거리에 메아리치고 있는 것이다.}

{산과 산으로 둘러싸인 분지인 경성 거리는 전쟁이 끝났다고 하는데도 불을 끈 채 고요했다. 식민지에서 벗어난 경성. 특권 계급에서 내려앉은 일본인. 그와 반대로 간신히 주권을 회복하고 조국을 되찾은 서울과 조선인들이 묘한 대조(對照)로서 그 분지의 거리에 존재하고 있었다. 일본인들은 분명히 공포를 느꼈다.}

소설 자체는 빈 손으로 일어선 수완가 오구리 기하치의, 사회적인 혼란기를 틈탄 이른바 활극 같은 내용이다. 하지만 문장 사이사이에 이런 묘사가 삽입되어 있는 것이다.

그렇지만 중학 2학년으로 일본인 거주지에서 살던 저자는, 패전 직후 '조선 민중'의 움직임은 실제로는 거의 경험하지 못했다. 경험적으로는 앞서 인용한 저자와 닮은 소년이 등장하는 〈성욕이 있는 풍경〉 쪽이다.

따라서 소설 〈암선〉의 8·15는 나중에 나카야스 요사쿠 씨의 수기를 비롯하여 다른 귀환자들의 체험을 빌린 것이다. 그런 탓인지 문학적으로는 어딘지 빗나간 묘사로 실감이 우러나지 않는다. 그리고 앞서 지적했듯이 '아무것도 몰랐던 소년'이었기 때문에 그것이 속죄의식이 되어 반영되어 있다.

〈암선〉에서는 "… 일본인들은 분명히 공포를 느꼈다"는 구절 다음에 일부러 3·1독립운동과 연관된 일본 당국의 탄압의 역사를 소개해놓은 뒤 이렇게 적었다.

[학대 받아온 조선 민중은 독립의 기쁨에 들떴다. 그리고 그 35년의 증오를 지위가 전락한 일본인들에게 쏟아 붓지 않을까. 그것은 누구나 예상한 일이었다.}

가지야마 도시유키의 소설 속의 8·15는 그러니까 소설로서는 설명적이며, 잘 소화되어 있지 않다. 자신이 아닌 사람들(어른들?)의 경험을 빌려서 썼기 때문이 아닐까.

〈암선〉의 주인공이 조난당하는 것도 그렇지만, 일본 패전을 기화로 한 한국인들의 '변모'는 많은 일본인이 경험했다. 나카야스 요사쿠는 근무처인 〈경성일보〉 본사에서의 이야기로 '딸을 조선인에게 시집보내려고까지 한 간부'의 이 같은 말을 적어놓았다.

{가장 일본인과 친했고, 교육도 도쿄에서 받은 저 XX가 다른 사람의 선두에 서서 악귀처럼 목총을 들이대고 오는 모습에는 그저 아연실색할 수밖에 없었다. 설마 저 사내가….}

해방 후의 한국인들의 변모, 아니 표변에 관해 일본인들 사이에서는 "이 사내야말로 그럴 리 없을 것이라고…"라거나 "그토록 아껴주었음에도…" 하는 유의 이야기를 종종 들었다고 한다. 그렇지만 수기에는 이런 기록도 있다.

{그들은 결코 배신한 것이 아니다. 앞날의 스스로를 지키기 위해 마음을 독하게 먹고 다른 조선인들에게 본심에서 나온 친일파가 아니었음을 보여주려고 한 것에 지나지 않는다. 나는 오히려 그들의 다급했던 처지를 안쓰럽게 생각했다.}

8월 16일에는 미군기가 날아와 삐라를 뿌렸다. 하지만 거리에는 '미군 환영'의 목소리는 전혀 들리지 않았고, '소련군 환영' 일색이었다. '건준'의 결성을 위시하여 소련 및 공산주의 세력의 착실한 준비, 재빠른 대응이 두드러졌던 데 비하여 미군 진주는 9월 6일에야 겨우 선발대가 경성에 도착했다. 본대는 8일에 인천과 부산에 상륙했다.

이튿날인 9월 9일, 총독부에서 미 제24군 사령관 하지 중장과 아베 노부유키 총독 사이에 항복문서 서명이 행해졌다. 총독부에 게양되어 있던 일장기가 내려지고, 대신 성조기가 펄럭였다. 일본 지배가 정식으로 끝난 것이다.

진주 미군은 이날, 인천에서 경성으로 '입성(入城)'하여 시가행진을 벌였다. 해방 이튿날 똑같은 경성에서 전개되었던 바로 그 '소련군 환영' 소동과는 전혀 달리 조용하기만 했다.

미군이 앞에 있어도 한국인 가운데 '만세'를 외치는 사람은 없었다. 성조기는 어디에서도 보이지 않았고, 미군의 행진은 '구두 소리밖에 들리지 않는 쓸쓸한 조문(弔問) 행렬'과 같았다고 한다.

경성에 주둔한 하지 중장의 부대는 원래 일본 본토 진주를 위해 오키나와에 있었다. 그게 갑자기 남한 점령으로 돌려졌던 것이다. 그들은 한국에 관해서는 아무 것도 모르는 채 파견되었다. 이런 진주 미군의 준비 부족이 해방 후 한국의 정치, 사회를 좌우 대립 등 혼란에 빠트리는 커다란 요인이 되었다. 북에 진주한 소련군의 용의주도함과는 대조적이었다.

미군은 9월 20일, 군정청을 발족시켜 질서 유지에 나섰다. 그동안 서울의 행정기관과 일본기업은 건국준비위원회의 이름으로 한국인에 의해 잇달아 접수되었다. 경찰서와 파출소가 습격당하고, 각지에서 신사나 공공시설이 불태워지거나 파괴되었다. 일본인은 모든 재산을 압수당한 뒤, 소지금 1000엔과 등에 지고 손에 들 수 있는 짐만 갖고 귀환해야 했다.

이상은 경성에서의 일본 패전 기록의 한 자락이다. 여기서 다른 한쪽인 북한에서의 상황도 소개해두고자 한다.

느닷없이 북에서
밀고 내려온 전쟁

이미 썼듯이 북한에서는 8월 9일에 한 걸음 먼저 소련군의 침공을 받아 전투까지 벌어졌다. 그리고 소련군 진주, 일본인 억류, 탈출과 남하, 수많은 희생자…. 거류 일본인의 고난과 비극은 남한에 비할 바가 아니었다. 그 결말에 관해서는 여러 체험기가 남아 있다. 이 자리에서는 그 일부를 소개한다.

"머나먼 남쪽의 섬에서 일어난 전쟁이 별안간 북에서 덮쳐왔다." 1945년 8월 9일 새벽, 소련과 만주와의 국경에서 가까운 한반도 북단 함경북도 회령의 회령상고 3학년이었던 아카오 사토루(赤尾覺) 소년(14)은 근로동원으로 가 있던 동해안의 일본방직 청진공장에서 소련기에 의한 공습에 조우했다(아카오 사토루 지음, 〈북선유랑(北鮮流浪)〉에서).

회령은 만주와의 국경에서 가까운 북부의 내륙 도시였다. 전시 하에서 그는 공업도시인 청진의 공장에서 근로 동원으로 장기 체류하고 있었다. 공장 기숙사에서 불침번을 서고 있던 오전 4시반경 갑자기 공습경보 사이렌이 울리고, 건물 바깥에서는 고사포와 폭탄이 터지는 소리가 울려 퍼졌다.

방공호로 뛰어 들어간 순간 폭발음으로 방공호가 흔들렸다. 호에서 나와 바깥을 보니 서치라이트가 이리저리 상공을 비추었고, 교착(交錯)하는 서치라이트 사이를 시커먼 기영(機影)이 날아다녔다. 폭격을 당한 청진항과 일본제철 부근이 화염으로 벌겋게 빛나고 있었다. 공습은 1시간쯤 이어졌는데, 아카오 소년은 공습이 미군기에 의한 것이라고 여겼다고 한다.

그 후 소련군이 속속 상륙하여 얼마 되지 않는 병력의 일본군을 압도한 다음, 각지에 주둔했다. 일본인들은 소련군에 쫓기듯이 남쪽으로 피난하기 시작했다. 일본 지배를 대신한 진주 소련군에 우선 조선의 민중이 어떤 식으로 반응했을까.

피난 도중 청진 남쪽의 길주(吉州)역에서 소련군 부대의 '입성'을 목격한 가네모토 아쓰오(兼元淳夫) 〈아사히신문(朝日新聞)〉 청진 지국장의 수기 〈북선(北鮮) 최후의 날〉에는 이렇게 적혀 있다(前揭書 〈비록 대동아전사/조선 편〉 수록).

{역전에 정렬한 소련 전차부대의 병사들을 향해 군중 속에서 순백의 치마저고리 차림의 노파가 달려 나갔다. 노파는 지휘관에게 무어라고 이야기하더니 별안간 '우라! 우라!'라며 두 손을 치켜들고 절규하면서 미쳐 날뛰었다. … 다른 노부(老婦)가 조그만 조선 항아리를 가져오더니 장교에게 바쳤다. 아마도 술이 가득 들어 있으리라. 사람들은 점점 더 불어났고, 여기저기서 '우라! 우라!'라고 외쳤다. (철도의) 홈에 선 일동(일본 피난민)은 그저 멍하니 지켜보고 있었다.}

{날이 새면서 세상이 바뀌었다. 거리에서 일본풍의 전투모와 몸뻬 차림

이 사라지고, 지금까지 기뻐해야 할지 슬퍼해야 할지 판단이 서지 않아 망설이던 조선인은 우리에서 풀려난 맹수처럼 몰려서 미쳐 날뛰었다. 이제 일본인 따위야 조금도 두렵지 않았다. 꼴좋게 되었군! 전쟁에서 졌잖아. 흥분한 군중은 날이 새기를 기다리지 못하고 (일본인 피난민 수용소가 있는) 학교 앞으로 몰려와 적기를 휘두르며 '우라! 우라!'라며 함성을 질렀다.}

조금 전에 소개한 아카오 사토루 씨는 1997년 〈산케이신문〉의 기획 연재 '20세기 특파원'을 취재하면서 도쿄 다마시(多摩市) 자택으로 찾아가 이야기를 들었다.

그가 쓴 수기 〈북선 유랑〉은 패전에서 50년이 지난 1995년에 출간되었다. 귀환자의 북한 탈출기로서는 가장 새로운 것이었다. 아카오 씨는 그때까지 스스로 출판사 '보쿄(望郷)출판'을 세워 계간 잡지 〈보쿄〉를 발행하면서 북한 귀환의 기록을 남기고 있었다. 방문했을 때 북한 관계 사진을 모은 두터운 사진집 〈모정(慕情) 북한〉을 선물 받았으나 이 역시 자비 출판이었다. 정말이지 집념의 인물이었다.

아카오 씨의 증언에 의하면 1934년, 세 살 때 조선으로 건너갔다. 아버지는 패전 당시 회령(會寧)에 있던 아사히(朝日)국민학교 교장이었다. 부모와 자녀 6명은 소련군 침공 후 즉시 남쪽으로의 피난을 시작했다.

당초는 "장고봉(張鼓峰)사건(1938년에 소련과 만주 국경지대에서 벌어진 일본과 소련의 군사 충돌) 때처럼 금방 정전이 되리라"고 생각했으나, 15일의 일본 항복을 거쳐 '제2의 고향 회령'에는 두 번 다시 돌아갈 수 없는 고난의 피난이 되었다.

일가(一家)는 우선 산간부인 무산(茂山)과 백암(白巖) 사이의 철도인 백무선을 따라 남하하여, 성진(城津)으로 나와 청진보다 훨씬 남쪽 항구인 함흥(咸興)에 닿았다. '고향'인 회령을 탈출하고부터 한 달이 더 걸렸다.

도중의 성진국민학교에는 약 3000명의 일본인 피난민이 수용되어 있었다. 밤이 되면 소련군 병사들에 의한 약탈과 부녀자 겁탈이 이어졌다. 심야의 소련군 침입에는 다들 냄비, 솥, 물통 등 모든 것을 두들기며 환성을 올려 저항했다. 젊은 여성은 머리를 빡빡 깎고 얼굴에 냄비에 묻은 검댕을 발라 남장(男裝)을 하여 위기를 모면하고자 했다.

성진을 향해 걸어가던 도중 한 명의 소련군 병사와 마주쳤다. 그가 아버지의 짐 속에 있던 하얀 천으로 싼 것을 "풀어보라!"고 명령했다. 약탈을 하려는 것이다. 지금까지 수시로 검문했던 조선인 보안대는 본 척도 하지 않았던 것인데, 보자기를 푸니까 일장기로 싼 조부모의 위패가 나왔다.

소련군 병사는 고개를 갸웃하더니 짐 위로 휙 집어던졌다. 일장기만 들고는 아버지에게 손짓으로 찢으라고 명했다. 아버지는 고개를 가로저었다. 그러자 소련군 병사가 화를 내며 일장기를 찢어서 군화로 밟은 다음 근처의 강으로 던져버렸다. 그러고는 이들 가족을 향해 총으로 쏘는 흉내를 내면서 사라졌다고 한다.

나중에 동행하던 일본인으로부터 "일본이 졌다는데 왜 일장기를 지니고 있었어요? 로스케(露助, 러시아·소련인에 대한 蔑稱)가 화를 내는 것도 무리가 아닙니다"고 힐책을 당했다고 한다. 이미 일본인으로서의 긍지를 운운할 계제가 아니었던 것이다.

저주 받은 민족,
그 사멸(死滅)의 지옥도(地獄圖)

아카오 씨의 수기인 〈북선 유랑〉에 따르면 공업도시인 함흥에는 피난민이 쇄도하고 있었다. 10월까지 북한 최북단인 함경북도 거주 일본인 7만 4000명 가운데 2만3000명이 함흥으로 쏟아졌다. 북한은 석탄과 철광 등 광물자원이 풍부하여 청진과 함흥을 비롯한 동해안을 중심으로 공업지대가 형성되어 공장 관계자들이 많이 거주했다.

피난민 등 억류 일본인은 식량이 궁하여 보잘 것 없는 소지품마저 팔아서 먹을거리를 구했다. 또는 수확이 끝난 논밭에서 이삭이나 감자를 주워 먹었다. 그리고 조선인 농가를 찾아가 구걸도 했고, 소련군 숙소의 쓰레기 통까지 뒤지면서 혹한의 겨울을 견뎌냈다.

어느 날 함흥역 앞에서 대낮에 소련군 병사가 일본인 피난민 여성의 몸뻬를 칼로 자르며 폭행하는 사건마저 일어났다. 12월에는 시내의 절에 한밤중 젊은 여성들뿐인 12구의 시신이 던져졌다. "소련군은 조선인의 안내를 받고 온다. 낮에 조선인이 살피러 와서 젊은 여성이 있는 곳을 확인한 뒤 밤에 소련군을 데리고 온다. 그러니 젊은 딸이 있는 가족은 어두워지거든 장소를 옮기는 편이 낫다"는 소문이 떠돌기도 했다.

피난민들 사이에서는 일본 여성을 지키느라 유곽(遊廓) 출신 여성들에 의한 소련군 병사 상대의 '위안소'가 생겨났다. 거기에는 일요일이 되면 소련군 병사들이 장사진을 쳤다고 한다.

남녀 혼숙이었던 아카오 씨의 방도 밤에 현관 유리문을 발로 차서 깨트린 뒤 소련군 병사가 침입해온 적이 있었다. 어머니는 당시 앞 이빨이 2개 빠져 있어서 노인으로 보였는지 화를 당하지 않았다. 빼앗아갈 만한 값나가는 물건은 이미 아무 것도 없었던지라 소련군 병사는 혀를 차면서 돌아갔다. 아카오 소년은 그걸 처음부터 끝까지 뒤집어쓴 이불 틈새로 목격했다고 한다.

소련군 병사에 의한 폭행, 약탈에 어찌할 방도가 없었던 일본 남성들은 "패전국 국민은 고통스럽군…" 하고 고개를 숙인 채 중얼거릴 뿐이었다. 아카오 소년 또한 현지의 조선인 국민학교 집단에게 '4등 국민!'이라고 놀림을 당하고 얻어맞았다. 당시 일본인 청년은 조선인으로부터 "아무 이유 없이 두들겨 맞았다"고 한다.

아카오 소년의 경우 어느 날, 지나가던 국민학교 3, 4학년쯤 되어 보이는 너덧 명의 아이들이 불러 세우더니 무릎을 꿇리고 때리거나 발로 찼다. 아카오 소년은 중학생이었지만 평소 주변 어른들로부터 저항하지 말고 참으라는 주의를 종종 듣곤 했다.

아이들은 때리면서 '욘도고쿠민'이라고 야유했던지라 처음에는 그것이 조선어 욕설의 하나로 여겼다. 그런데 나중에 그것이 '4등 국민'이라는 일본어라는 걸 알아차리고 "나도 모르게 눈물이 쏟아졌다"고 한다. 그 눈물을 보고 아이들은 두드려 맞아서 우는 것으로 여긴 모양이었다. 이윽고 조선인 어른이 와서 아이들을 쫓아버렸지만, 다들 의기양양한 모습이었다고 한다.

함흥에서의 아카오 씨 일가는 일본인 민가의 다다미 넉 장 반짜리 방에서 다른 사람을 포함하여 9명이 들어찬 피난민 생활을 보냈다. 12월이 되자 아버지와 여동생이 고열을 내다가 죽었다. 이듬해 5월, 남하하기 위해 함흥을 출발하기 전 공동묘지로 찾아갔을 때, 거기에는 일본인 사망자 약 6200명이 묻혀 있었다.

가장 비참했던 것은 함흥 남쪽의 부평(富坪)수용소였다. 피난민 3280명 가운데 1431명이 굶주림과 추위, 전염병 등으로 죽었다. 실제 조사를 한 현지 검찰 당국은 그 참상을 "저주 받은 민족의 완결된 사멸(死滅)의 지옥도(地獄圖)이자 (생략) 기아의 마을, 사멸의 마을"이라고 표현할 정도 였다고 한다(〈조선 종전의 기록〉에서).

북한에서의 일본인 희생자에 관한 정확한 숫자는 없다. 하지만 아카오 씨의 저서에는 '3만4000의 영(靈)'이라고 적혀 있다.

가족 4인이 된 아카오 일가는 그 후 원산(元山)까지 열차를 타고 남하한 다음, 도보로 산속을 걸었다. 열흘이 걸려 38도선을 넘고 임진강을 건너 문산(汶山)을 경유하여, 미군 주둔 하의 남한으로 탈출했다. 1946년 6월 4일인가 5일이었다고 한다. 북한의 회령을 탈출한 지 10개월 가까이 지났다.

38도선을 무사히 넘었을 때, 여성들은 일제히 통곡하고, 남성들은 얼굴을 숙인 채 눈물을 삼켰다. 아카오 씨의 수기는 그 광경을 이렇게 적었다.

[갑자기 한 명의 여성이 비명에 가까운 소리를 내는가 싶더니 큰소리로 울음을 터트렸다. 그 여성의 비명은 죽은 자식에 대한 통절한 외침이었다. 38도선을 손을 잡고 함께 돌파하지 못한 슬픔이 솟구치고 있었다. 그것은 즉시 주위의 여자와 아이들에게 전염되었다. 여인들은 서로 잘 모르는

사이임에도 손을 맞잡고 통곡했다. 그것은 노호(怒號) 같기도 했고, 광희(狂喜)의 소리와도 닮아 있었다. 그 격정의 소용돌이 속에서 남자들은 얼굴을 숙이고 눈물을 참고 있었다.}

아카오 소년의 어머니 역시 눈물을 쏟으면서 땅바닥을 두드려가며 '바보, 바보' 하고 외치고 있었다고 한다.

아카오 씨 일가도 다른 피난민들과 마찬가지로 남으로 내려오는 도중 수시로 현지 주민의 사기와 노상강도를 당했다. 그런 한편으로는 농가의 처마 끝에서 차와 음식을 접대해준 친절한 이들과도 여러 차례 마주쳤다. 더러워지고 지친 나머지 문자 그대로 누더기 차림이 된 일본인 피난민에 대해, 특히 시골 여인들이 베풀어준 동정과 친절은 다른 여러 수기에도 등장한다.

반드시 일본은
다시 일어난다!

일본인 귀환자에 관해서는 나 또한 별도의 광경을 떠올린다. 다음은 최근 들은 이야기이지만, 평소 취재로 종종 만났던 한국 외사(外事) 경찰 지인의 회고담이다. 그는 북한 출신으로 나보다 너덧 살 나이가 많다.

해방 후 소련군 진주에 의한 북한의 공산화와, 그 후의 6·25전쟁 과정에서 북한이 싫어져 남쪽, 한국으로 탈출해온 사람들을 한국에서는 '실향민'이라고 부른다. 그들은 당연히 반공 의식이 강하여 한국에서는 군이나 경찰에서 활약하는 사람들이 많았다.

내 지인도 6·25전쟁 때 가족과 '월남'해온 사람의 하나로, 오랫동안 경찰에 봉직했다. 그런데 일본 패전으로 한국(조선)이 해방된 당시에는 소학교 3학년이었다.

그의 고향은 북한의 북서해안인 평안북도 정주(定州)로, 아버지는 일본 통치시대의 철도원으로 정주역에서 근무했다. 그로 인해 그 역시 어릴 무렵에는 정주역 철도 관사에서 살고 있었다. 패전 무렵에는 화차에 실려 남하하는 일본인 피난민들을 정주역에서 목격하기도 했다.

정주는 만주와의 국경인 신의주에서 가깝다. 그래서 피난민 일행이 만주로부터의 귀환자로 보였다. 그들이 한동안 정주역 주변에서 머물렀던지라 역전 광장에서는 종종 식량 배급 장면이 있었다. 그럴 때 지저분한 누더기를 걸친 '망령(亡靈)'과 같은 피난민들이 질서정연하게 열을 지어 조용히 차례를 기다리는 장면을 보고 놀랐다는 것이다.

더구나 줄지어 선 사람들 가운데에는 책을 읽고 있던 남자도 있었다고 한다. 먹느냐 굶느냐의 고난의 피난길에서 기아(飢餓)도 경험해왔을 그런 상황 아래에서, 앞다투지 않고 조용히 책을 읽으면서 식량 배급을 기다리는 누더기를 걸친 일본인의 모습에 놀라 감동을 받았다는 것이다.

실은 그 자신도 그 후 이번에는 6·25전쟁 과정에서 피난민이 되어 가족과 함께 남쪽으로 도망쳤다. 당시 자신들이 다른 피난민들과 무리를 지어 경험한 것을 돌이킬 때, 바로 그 정주역에서의 일본인들 모습이 그로서는 더욱 잊을 수 없는 광경이 되었다.

"제아무리 궁핍해도, 제아무리 누더기를 걸치고 있어도, 일본인은 대단하다!" 지인으로서는 지금도 여전히 변하지 않는 확고부동의 일본인관(觀)이다.

아카오 씨 일가는 1946년 6월 23일, 경성 근교 인천항에서 배를 타고 귀국하여 하카타(博多)에 도착했다. 회령 탈출로부터 10개월 하고도 열흘이 흘렀다. 가족은 당초 6명에서 4명으로 줄었다. 부두에서는 나미키 미치코(並木路子)의 '사과의 노래'와 다바타 요시카(田端義夫)의 '귀환선'이 스피커에서 흘러나왔다.

다른 북한 귀환자가 쓴 수기에는 이런 내용이 적혀 있었다.

{… 전쟁이 없었더라면 패전의 비운도 없다. 나는 북한으로부터의 탈출

을 통해 첫째, 전쟁은 절대로 벌여서는 안 된다는 것을 배웠다. 그리고 다음으로 벌어진 전쟁에서는 절대로 져서는 안 된다는 것을 배웠다.}(鎭南浦會 편 〈되살아나는 진남포〉에서).

서두에 소개한 〈조선 종전의 기록〉의 저자 모리타 요시오 씨는 패전 이 듬해인 1946년 3월 말, 경성 철수에 즈음하여 "친구인 한(韓) 군이 송별연을 열어주었고, 그런 뒤 경성 거리를 걸었다"고 한다. 다음은 모리타 씨가 〈비록 대동아전사/조선 편〉에 기고한 수기 〈애타게 기다리는 마음〉으로부터의 인용이다.

{생각건대 내 아버지는 메이지 28년 청일전쟁 개전 후, 신흥 메이지의 패기(覇氣)를 배경으로 이 조선으로 건너왔다. 그로부터 50여 년, 일본인 도래자는 늘어났고, 한국은 보호국이 되어 합병되고, 일본은 여기를 거점으로 대륙을 제압했다. 그러나 역사는 일전(一轉), 이제 다음 전쟁에서 어이없이 패퇴하려고 한다. 일본 민족의 총 퇴각이다. 내일은 나 역시 그 한 사람으로서 경성에 안녕을 고한다.}

친구인 한 군은 두 사람의 앞을 걸어가는 초라한 행색의 북한 피난민의 모습을 보면서 이렇게 말했다. "일본인은 패전을 하여 정말 안 됐습니다. 하지만 조선은 둘로 나뉘어져 어쩔 도리가 없습니다. 이제 10년만 지나면 반드시 일본 쪽은 다시 일어나서, 그리고 또 조선을 침략하러 오겠지요."
여기에 대해 모리타 씨는 이렇게 말해준 뒤 악수를 하고 헤어졌다고 한다.

{나 역시 몇 해 앞은 알 수 없으나, 다시 일본인이 조선으로 올 때가 반

드시 있다고 생각합니다. 그러나 그때는 여태까지와 같은 지배자로서의 일본인이 아니라, 진정으로 평화를 찾아 협화(協和)하는 민족으로서 올 겁니다.)

모리타 씨는 이 수기의 마지막에서 "일본 민족의 조선 철수는 세 번 있었다"고 그 역사를 설명한다.

첫 번째는 고대 한반도에서 백제가 멸망했을 때, 일본이 백제 지원군을 보내 나당(羅唐)연합군에 대패한 '백촌강의 전투'이며, 두 번째는 중세에 도요토미 히데요시가 전국(戰國) 통일의 여세를 몰아 명(明) 정복을 꿈꾸며 한반도를 침공하여 조선과 명나라 군대의 반격을 당하여 퇴각하지 않을 수 없었던 역사, 그리고 "대동아전쟁 패퇴에 따른 이번의 철수가 세 번째 철수이다"고 했다.

그런 다음 "… 새로운 일본의 출발 기점은 조선과의 관련에 있다. … 과거 세 차례의 어이없는 진출과 패퇴의 역사를 되돌아보면서, 이제부터 일본 민족의 의지를 여하히 동아시아에 그려야 할까, 이 과제를 우리는 귀환사(歸還史) 가운데에서 헤아리지 않으면 안 된다고 믿는다"고 썼다.

모리타 씨는 기이하게도 한국합병의 1910년에 태어나, 패전 때는 35세였다. 이것은 한반도에 반생을 바친 모리타 요시오 씨의 일본, 일본인에게 주는 유언과 같은 것이다.

10

그 아침의 경복궁은
은세계(銀世界)였다

⋮

잔류를 지시 받은 일본인

고고학자
아리미쓰 교이치(有光教一)의 회상

일본 패전 후 한반도로부터의 일본인 귀환은 미군이 진주한 남한(한국)에서는 전체적으로 보자면 큰 혼란은 없었다.

이것은 귀환자로 나중에 다시 한국으로 돌아가 한국인 남성과 결혼한 어느 일본인 여성에게서 들은 이야기다. 패전 전 부산에서 살고 있던 그녀는 부산항에서 배를 타고 일본으로 귀환할 때, 부두로 전송 나온 한국인(조선인) 지인들과 "잘 지내요, 다시 돌아올 테니까!" "빨리 돌아와요, 기다리고 있을 테니까!"라고 서로 인사를 나누며 헤어졌다고 한다.

그녀의 기억에 의하면 가재도구 역시 아는 이웃 한국인에게 '잠시 맡기는' 분위기로 부산을 떠났다는 것이다. 그런 귀환 일본인도 있었던 셈이다.

그렇다면 대량 아사, 병사, 동사를 내는 등 소련군 진주 하의 북한에서의 고난은 그 원인이 무엇이었을까.

죄수(罪囚) 부대를 포함한 아주 질이 나쁜 '굶주린 늑대'와 같았던 소련군 병사에 의한 폭행, 약탈 따위의 참상은 전승(戰勝) 기분에 취하여 패전 이민족에 가한 횡포와 무질서였다. 세계의 전쟁사에서 이따금 목격되는 일반적인 민족적 학대라고도 할 수 있다. 1945년 한반도의 경우, 역시 공산주의 소련의 문제가 있었다.

소련군은 진주에 즈음하여 일본군 무장 해제와 일본군 귀환(추방)을 우선시키고, 동시에 북한 사회의 공산화 작업에 먼저 전력(全力)을 기울였다. 소련으로서는 북한을 한시 빨리 공산주의 국가로 조직화하기 위해서는 일본지배에서 해방된 조선인을 공산주의로 엮어 놓는 것이 급선무였고, 패자인 일본 피난민의 처우는 그 다음 문제였다.

게다가 연합국 측에서도, 미군은 남한에서의 일본인 귀환만 해도 벅찬 실정이어서 북한의 내정(內情)에까지 배려할 여유가 없었다는 점을 들 수 있다.

그래도 북한으로부터의 집단 귀환은 패전 이듬해인 1946년 10월 중순에 끝났다. 남한에서는 '경성 일본인 세와카이(世話會)'가 그해 12월에 귀환 업무를 마치고 일본으로 철수했다.

그러나 공업지대가 몰려 있던 북한에서는 소련군 당국에 의해 많은 일본인 기술자들이 잔류 명령을 받았다. 공산주의 국가 건설을 목표로 하여, 일본이 남긴 공업시설을 활용하기 위해 일본인 기술자가 필요했던 것이다. 한편으로 소련은 또 일본 통치시대의 여러 첨단적인 공업시설을 '전리품'으로 챙겨 본국으로 가져갔다.

북한에서는 일본인 귀환이 종료된 1946년 10월에는 '북한 공업기술 총연맹 일본인부(部)'까지 결성되었다. 잔류 기술자의 숫자는 그해 11월로 약 900명, 이듬해인 1947년 5월로 약 400명으로 나온다(《조선 종전의 기록》에서).

훗날 나는 북한이 보이는 북·중 국경지대를 중국 쪽에서 몇 차례 여행한 적이 있다. 서울에서 한국인 단체 관광객과 함께 떠났는데, 그 중 한번은 단둥(丹東)에서 북·중 국경을 따라 흐르는 압록강 강변을 거슬러 올라가 백두산에 이르는 코스가 있었다. 그 중간 어림에 '광개토대왕비' 등 한국인으로서는 민족적인 뿌리로서 높은 관심을 가진 고구려 사적이 있는지라 크게 인기를 끄는 코스였다.

여행의 스타트는 하구(河口)인 단둥(일본 지배시대에는 安東이라고 불렀다)이었다. 압록강을 끼고 멀리 대안(對岸)에는 신의주가 보였다. 그 신의주 쪽에 굴뚝이 높이 솟은 커다란 공장이 있었다. 여행 가이드(조선족)인 청년이 "저건 일본시대의 오시(王子)제지회사입니다. 지금도 가동하고 있습니다. 역시 일본제는 훌륭합니다"고 스스럼없이 설명했다.

압록강을 거슬러 올라가 '광개토대왕비'가 있는 지안(集安)에서도 강 건너의 만포(滿浦)에 큰 공장이 보였다. 가이드는 "저것 역시 일본시대에 생긴 구리(銅) 정련(精鍊)공장인데, 지금도 돌아갑니다"고 말했다. 이런 설명은 일본인인 나에게만 해준 것이 아니다. 한국인 중심의 단체 여행객 전체에게 들려준 풍경 가이드였다.

일본 통치시대의 한반도는 '남쪽은 농업, 북쪽은 공업'이라는 개발 정책 아래, 북한에서는 중화학공업화가 이루어져 많은 공장이 들어섰다. 일본 패전 뒤 북한을 지배한 소련은 사회주의 경제의 기초가 될 공업력 유지를 위해 일본 통치의 '유산(遺産)'을 활용하려고 일본인 기술자를 한동안 '억류'했던 것이다.

사실 미군정 하의 남한에서도 숫자는 적었으나 잔류를 지시받은 일본인들이 있었다. 그 중 한 사람이 조선총독부 박물관 주임이었던 아리미쓰 교이치 씨(1907~2011년)였다.

그는 1946년 5월까지 남아서 한국 국립박물관의 기초를 다지는 데 진력했다. 그리고 신생 한국 고고학사(考古學史)의 첫 페이지가 된 고도(古都) 경주(慶州)에서의 한국인에 의한 사상 첫 고분 발굴을 지도했다. 그

아리미쓰 교이치 씨(오른쪽)와 김재원 씨(1946년).

는 패전 당시 38세였다. 일본 패망의 소용돌이 속에서 그가 쓴 잔류기는 민족의 울타리를 넘은 한 편의 감동 드라마이다.

아리미쓰 씨는 1931년, 교토대학 문학부 사학과 대학원생 시절 조선으로 건너가 조선총독부 고적 조사사업의 촉탁이 되었다. 조선총독부 박물관 경주분관 조수(助手)로 고분 발굴과 조사에 매달렸다. 말하자면 그는 고고학적 발굴의 프로였다. 1941년부터는 총독부 박물관의 주임으로 승진했고, 경성제국대학에서도 고고학을 가르쳤다. 총독부 박물관에는 관장이 없었던지라 실질적으로는 아리미쓰 씨가 관장이었다.

현역에서 물러나 교토대학 명예교수로 교토 교외에서 살고 계시던 아리미쓰 씨를 자택으로 찾아간 것이 1997년이니까, 그의 나이 만 90세였다. 고고학자라도 문헌 중심이 아니라, 땅바닥에 엎드려 일을 하는 현장주의 발굴 작업으로 다져진 때문인지 기력이 정정하셨다. 옛날 기억도 완벽하여 당시의 일을 활달하게 들려주었다.

아리미쓰 씨의 '8·15' 기억은 도쿄를 비롯한 일본 본토가 날마다 미군의 격렬한 공습으로 파괴되는 가운데, 한반도 경성에 가해질 만일의 공습에 대비하여 박물관 진열품과 소장품을 지방으로 소개(疏開)하는 작업으로부터 시작되었다.

총독부 박물관은 총독부 청사 뒤쪽의 경복궁 내에 있는 석조(石造) 2층 건물이었다. 이것이 본관으로, 현재 한국 국보인 금동 미륵보살반가사유상(新羅佛) 등이 전시되어 있었다. 이 반가사유상은 일본 교토 고류지(廣隆寺)에 있는 목조 미륵보살반가사유상(일본 국보)의 원형으로 일컬어진다.

이 외에도 경복궁의 각 궁전 회랑 등이 소장고로 사용되었다. 오타니 고스이(大谷光瑞)를 위시한 서역(실크로드)탐험대가 불교 유적에서 가져온 서역 벽화 등의 유물인 '오타니 컬렉션'은 궁전에 전시되었다.

말이 나온 김에 '오타니 컬렉션'을 잠깐 짚어둔다.

정토진종(淨土眞宗) 니시혼간지(西本願寺)의 법주(法主)였던 오타니 고스이(1876~1948년) 일행이 1902년부터 14년에 걸쳐 중앙아시아의 불교 유적 조사에서 수집한 막대한 유물로, 국제적으로도 잘 알려져 있다.

그러나 나중에 여기저기로 흩어져 일본 이외에는 옛 만주로 흘러들어간 것이 현재 중국 여순(旅順)박물관에 소장되어 있다. 일부는 조선의 총독부 박물관에도 있었다. 세 나라에 3분의 1씩 분산된 것으로 알려지는데, 조선(한국)으로 건너간 경위가 흥미롭다.

자료에 따르면 조선총독부 박물관에 있었던 것은 나중에 히타치(日立)와 닛산(日産)의 뿌리가 되는 '구하라(久原) 재벌'의 창업자로, 실업가 겸 정치가로 알려진 구하라 후사노스케(久原房之助, 1869~1965년)가 매수하여 소유하고 있었다. 그는 야마구치현 출신, 그러니까 조슈 출신이었으므로 같은 조슈 출신이라는 인연으로 초대 조선총독이 된 데라우치 마사타케에게 선물한 것이라고 한다. 여기서도 '조슈'가 나온다.

현재는 한국 국립중앙박물관의 중요한 소장품이 되어 있고, 일부는 상설 전시한다. 그래서 몇 해 전, 그룹 산하에 우에노(上野)의 모리(森)미술관과 '조코쿠노모리(彫刻의 숲) 미술관'을 소유하는 등 미술에 깊은 관심을 가진 산케이신문사가 한·중·일에 분산되어 있는 '오타니 컬렉션'을 한 곳에 모아 전시회를 열자고 구상한 적이 있었다. 한국 측과의 교섭에서 나도 다소 도움을 주었으나 결과적으로는 실현되지 않았다. 중국 측이 응하지 않았던 것으로 기억한다.

박물관 사수(死守),
그리고 성조기

이야기는 1945년의 경성으로 돌아간다.

총독부 박물관의 아리미쓰 주임은 전시의 소장품 보관 장소로 대형 방공호를 건설하자고 총독부 당국에 요청했다. 하지만 "이런 비상시국에 뭐라고? 전황이 불리한 지금 그런 허튼 소리는 집어치워라"고 한마디로 거절당했다. 뿐만 아니라 이참에 박물관을 폐쇄한 뒤, 건물을 필요로 하는 다른 부서에 넘기라고 강요했다.

그래서 짜낸 것이 '소개(疏開) 작전'이었다. 소장품을 경성에서 멀리 떨어진 경주분관과, 백제의 고도 부여에 있던 부여분관으로 옮기기로 한 것이다. 특히 경주분관에는 유명한 금관총 출토품을 전시한 철근 콘크리트의 '금관고(金冠庫)'가 있어서 소개 보존에는 최적이었다.

총독부 박물관의 직원은 수위와 용원(傭員)을 포함하여 약 20명. 대부분 한국인이었는데, 모두가 분담하여 기차로 경주와 부여를 오가면서 중요한 유물만 약 1000점을 5월에서 7월에 걸쳐 옮겼다. 문제의 미륵보살반

가사유상은 높이 약 80센티미터여서 직원이 '내 자식'처럼 업고 경주로 옮겼다고 한다.

이렇게 해서 소장품 소개는 끝났다. 그리고 8월 15일을 맞았는데, 아리미쓰 씨가 목격한 그날의 경성은 다른 증언자의 이야기와 마찬가지로 조용했다고 한다.

'조용한 8·15'라는 의미에서는 앞서 히로시마에서 원폭사한 왕족 이우 전하 항목에서 소개한 전하의 장례식도 그랬다. 히로시마로부터 군 특별기로 경성으로 옮겨진 다음, 장례는 15일 오후 1시부터 아베 노부유키 총독 이하 각계 요인들이 참석하여 동대문운동장에서 육군장으로 엄숙하게 거행되었다.

불과 1시간 전에 '일본 망국'이 만천하에 드러났음에도 불구하고, 마치 아무 일도 없었다는 듯이….

일본인 거리인 혼마치도오리(本町通, 현재의 명동과 충무로 부근)는 언제나처럼 행인들로 붐볐다. 아리미쓰 씨는 여기서 일본군 장교가 몇 명의 중학생을 앞에 세워두고 "오늘 방송을 들었나? 그것 몽땅 거짓말이다. 믿어서는 안 돼!"라고 외치는 것을 목격했다고 한다.

그런데 이튿날은 아침부터 "이상한 울림이 파도소리처럼 되풀이해서 들려왔다." 오후 늦게 총독부 앞에서 한국인 거리인 종로를 거쳐 귀갓길에 올랐는데, 전차와 트럭에 젊은이들이 주렁주렁 매달려 '만세, 만세!'를 외치고 있었다. 그것은 해가 저물고 나서도 밤하늘을 흔들고 있었다. 앞서 이미 쓴 대로 이 모습은 많은 사람들이 증언하고 있다.

8월 17일, 박물관으로 출근하니까 총독부 뜰에서 서류를 태우는 연기가 몇 줄기 솟구치고 있었다. 그때 청사 뒤쪽에 있는 공터에서 총독부의 엄창섭(嚴昌燮) 학무국장이 엄숙한 표정으로 젊은 직원 두 명과 함께 천황 폐하의 사진인 '고신에이(御眞影)'를 태우고 있는 장면을 목격했다. '고

국립중앙박물관장 시절의 김재원 씨.

신에이'인지라 총독부 간부라도 일본인은 자신의 손으로 태울 수 없는 노릇이었다. 그래서 조선인이었던 학무국장에게 소각을 맡긴 모양이었다.

이 장면을 엿본 아리미쓰 씨는 일순 봐서는 안 될 것을 보고 만 듯한 기분이 들어 그 자리를 서둘러 떠났던 것으로 기억한다.

그 후 9월 9일 월요일 아침, 출근하자 총독부 청사에는 일장기 대신 성조기가 펄럭이고 있었다. 미군과의 사이에 항복 문서 조인식이 있었던 다음 날이었다. 청사 정문 앞에는 미군이 양팔을 뒤로 하고 두 다리를 벌린 자세로 서 있었다. 동쪽 광장에 있던 일본군 탱크는 자취를 감추었고, 그 대신 무수한 군용 텐트가 들어선 가운데 미군들이 황급히 오가고 있었다.

아리미쓰 씨의 직장이었던 총독부 박물관은 "당시의 불안한 정세로 보자면 가장 평온한 곳이었다"고 한다. 나중에 초대 국립박물관장으로 취임하여 아리미쓰 씨와는 평생지기(平生知己)가 되는 김재원(金載元,

1909~90년)이 아리미쓰 씨 앞에 나타난 것은 8월 17일이었다.

그는 혼자서 찾아와 "조선건국준비위원회의 위촉을 받고 왔다"고 밝혔다. '접수'하러 온 것이었다. 그렇지만 거만한 구석이 없고 말투도 침착하여 아주 신사적이었다. 서로 격의 없이 박물관의 장래에 관해 흉금을 터놓고 대화를 나누었다. 김재원은 당시 36세. 독일 유학 경험이 있는 미술고고학(미술사)의 전문가였다.

아리미쓰 씨는 "같은 분야의 연구자끼리라는 동료 의식에서 국적이나 민족을 넘어선 연대감을 느꼈다"고 한다.

김재원은 아리미쓰 씨보다 두 살 아래로, 둘 다 30대였다. 원래는 함경북도 함흥 출신으로, 친척 중 독일 유학으로 음악가가 되어 독일 여성과 결혼하여 돌아온 청년이 있어서 자신도 "일본이 아닌 독일로 가고 싶다"고 작정했다는 것이다. 1929년, 스무 살에 시베리아를 경유하여 독일로 향했다(자서전 〈박물관과 한 평생〉, 탐구사 발간).

도중에 일시 귀국했으나 1940년까지 11년 동안 독일과 네덜란드에서 철학과 미술사(미술고고학)를 공부했다. 일본 통치시대였으므로 여권은 일본 국민으로서 일본 여권이었다. 하지만 이름은 소위 창씨개명을 하지 않은 채 끝까지 '김재원'이었다.

귀국 후에는 학교에서 독일어를 가르쳤다. 1945년의 해방과 미군 진주로 영어가 가능한 인재들이 중용되는 가운데 "나로서는 대학에서 고고학을 가르치거나, 박물관 일이라도 할 수 있다면 좋겠다고 생각했다"고 한다.

그의 자서전에 의하면 아리미쓰 씨와의 만남은 약간 애매하지만 '건준' 휘하에 있던 '학술원'으로 갔을 때 백남운(白南雲) 위원장으로부터 "여비를 받아 경주박물관으로 가게 되었다"고 하여, 출발 전에 "서울박물관에 들러 최영희(崔泳禧)와 일본인 아리미쓰 교이치와 상의했다"고만 적혀 있다. 날짜도 쓰여 있지 않다.

'서울박물관'이라는 것은 정확하게는 '총독부 박물관'으로, 경주박물관은 그 경주분관이었다. 그런데 현장 사정을 잘 몰랐던 탓인지 애매하게 되어 있으며, 나아가 아리미쓰 씨와의 최초의 만남에 관해서도 자세하게 밝혀져 있지 않다.

그러나 앞서 소개한 것처럼 아리미쓰 씨의 기억은 대단히 상세했다. 처음 만남으로부터 "그는 실로 훌륭했다"고 한다. 그것은 해방 직후의 좌익 민족주의가 드센 가운데, 좌익 주도의 '건준' 지배 하 '조선학술원' 지시에는 따르지 않았다. 아리미쓰 씨가 실질적으로 관장을 맡고 있던 총독부 박물관에 대해 '접수'라는 형식을 취하지 않고, 박물관의 장래에 관해 아리미쓰 씨 등 그때까지의 전문가 의견을 존중해주었기 때문이다.

그는 아리미쓰 씨에게 가르침을 받으면서 새로운 박물관 만들기를 해나갔다. 미술사가 전공이었으므로 문외한으로서 박물관 운영이나 발굴 사업 등에 관해서는 아리미쓰 씨에게 물어볼 수밖에 없었다.

그 혼란기에 한국인 스태프들도 '박물관 사수'의 책임감에 불타올랐다고 한다. 아리미쓰 씨는 "그들은 제대로 지켜주었습니다. 자신들의 재산을 알고 있었던 거지요. 우리에게는 국적이나 민족을 뛰어넘는 박물관 인간으로서의 사명감이 있었답니다"고 회상한다.

신생 국립박물관은
눈이 쌓인 가운데 오픈했다

미 군정청이 스타트함으로써 1945년 9월 21일, 총독부 직원 전원의 파면이 발표되었다. 1915년에 개관한 총독부 박물관은 이날 30년 역사를 마감했다. 그 대신 김재원이 국립박물관장으로 임명되었다. 그의 회고록 〈경복궁 야화(夜話)〉에는 9월 27일에 임명된 것으로 나와 있다.

미 군정청은 일본인 전원의 귀환을 명령했으나 아리미쓰 씨에게만은 'as long as possible(가능한 한 오래)' 잔류 지시를 내렸다. 박물관을 정리하여 새롭게 개관할 때까지 남아 있으라는 명령이었다.

미 군정청은 문화재에 대한 이해가 있었다. 박물관 업무를 존경했다. 서둘러 방공호를 파거나 밭을 만들거나 하여 황폐할 대로 황폐해진 박물관 주변을 정비하도록 했다. 이어서 경주와 부여로 소개시켰던 소장품을 미군 담당관인 미셜 중위 등과 함께 군용 트레일러와 지프에 실어 회수하러 돌아다녔다.

박물관 업무를 잘 아는 사람은 아리미쓰 씨와, 그 밑에서 오래 서무를 담당해온 최영희 두 사람뿐이었다. 아리미쓰 씨는 자신의 지식을 몽땅 살려서 새로운 국립박물관 개관을 향해 마음먹은 대로 소장품을 진열했다. 전시품 설명은 이제까지의 일본어에서 새롭게 한글로 바꾸었고, 일부는 영어로 만들었다.

아리미쓰 씨는 당시를 되돌아보면서 "그것은 내 생애에서 가장 흡족한 나날이었다"고 했다.

1945년 12월 3일, 옛 총독부 박물관은 한국의 국립박물관으로 재탄생했다. 해방과 혼란의 '8·15'로부터 채 넉 달이 되지 않았던 시점이다. 대한민국 정부(1948년 수립)는 아직 존재하지 않았다.

국립박물관을 개관하는 날 아침, 경복궁에는 전날 밤부터 내린 눈으로 온통 은세계였다. 아리미쓰 씨는 기분 좋은 만족감으로 "경복궁의 눈경치가 이토록 아름답게 느껴진 적은 없었다"고 한다.

개관식은 김재원 초대 관장과 아놀드 미 군정장관 등이 참석한 가운데 박물관 중앙 홀에서 개최되었는데, 아리미쓰 씨는 참석하지 않았다. 하나의 배려였다.

"경사스러운 개관식에 일본인이 얼굴을 내밀면 한국인들이 유쾌하지 않으리라"는 기분이 들었기 때문이다. 일본인다운 마음 씀씀이라고 할까, 혹은 고고학자와 박물관 인간으로서의 '장인 기질'이라고 할까, 스스로의 만족감만으로 그 이상을 바라지 않는다. 아리미쓰 씨의 미의식(?) 또한 상큼하고 감동적이다.

그러나 국립박물관 개관이라는 경사스러운 장면에 관해 초대 관장이 된 김재원은 어찌 된 영문인지 자서전에 뚜렷한 언급을 하지 않았다. 개관식 날짜도 적어놓지 않았으며, 초대 관장으로서의 감회도 쓰지 않았다. 미술고고학이라는 문헌과 책상 위의 연구에만 매달려 박물관에는 백면서생 같았던지라 별다른 감격이 없었기 때문일까.

오히려 자서전에서 감격적 장면으로 그려져 있는 것은, 개관하기에 앞서 경주와 부여로 소개되어 있던 소장품을 미군 차량에 실어 회수하느라 돌아다닐 때의 지방 풍경이었다.

{우리가 지나치는 길가의 사람들은 아직 해방군인 미군을 본 적이 없었기 때문에 가는 곳마다 환호성을 질렀다. 학교에 가는 어린이들은 손을 들고 '만세'를 불렀다. 일행 가운데의 미군은 물론이고, 아리미쓰도 한동안 자신의 국적을 잊은 것처럼 두 손을 올리며 만세를 불렀다. 모두 잊지 못할 감격이었다.}

개관식 직전, 미셜 중위가 아리미쓰 씨를 찾아와 노고를 위로하며 굳게 악수를 나누었다. 아리미쓰 씨는 "누구보다도 내가 가장 개관이 기쁘다"는 자부심이 생겼다고 한다. 그리고 "이제 일본으로 돌아가자"고 마음먹었다.

아리미쓰 씨는 귀환을 위해 경성 일본인 세와카이의 수배로 12월 19일 부산행 귀환 열차를 예약했다. 12월 15일은 김재원 관장의 집에서 송별회도 열어주었다. 출발 예정 하루 전인 18일, 미 군정청에서 수당을 받으러 출근했다. 인사를 하러 간 박물관 사무소에서 한숨 돌리고 있자니, 처음 보는 쿠네츠비치 대위라는 미군 장교가 다가와 아리미쓰 씨를 새롭게 "군정청 고문으로 채용한다"고 하는 게 아닌가.

'막다른 고비에서의 뒤집기'라는 기분이 들었다고 한다. 일본인 세와카이에서는 "그냥 부산으로 피하세요"라고 권했으나, 패전국 국민으로서는 거역할 수 없었다. 다시 채용한 이유는 한국 측에 박물관 운영과 유적 발굴의 경험자가 없으므로 "좀 더 남아서 지도해주었으면 한다"는 것이었다.

한국에서 보내져온
따뜻한 조의(弔意)

　조선(한국)에서의 대부분의 근대적인 학문은 일본의 진출, 지배에 의해 전해졌다. 고고학 역시 그 하나였다. 일본의 근대 고고학은 1877년 도쿄 대학 이학부의 '고용 외국인'이었던 미국인 에드워드 S. 모스 박사에 의한 오모리 패총(大森貝塚) 발굴에서 시작된 것으로 알려진다.

　일본의 전후 역사 교육은 전전의 소위 건국 신화를 부정하는 의미에서 석기시대 등 고고학적인 기술(記述)로부터 시작되었다. 내가 소학생이었을 때에도 그랬다. 일본 역사의 시작 언저리에서 우선 오모리 패총 이야기가 등장했던 것을 지금도 기억한다.

　조선에서의 근대적 고고학은 1909년 무렵, 도쿄대학 공학부의 건축사학자였던 세키노 다다시(關野貞) 교수에 의해 처음으로 전해진 것으로 되어 있다. 그 후 고분 발굴을 비롯하여 교토대학 사학과 계열이 중심이 되어 그것을 이어받았다.

　아리미쓰 씨로부터 들은 이야기지만, 조선에서는 일본 연호로 다이쇼

(大正)시대(1912~26년)에 들어와 교토대학 사학과의 고고학자를 중심으로 본격적인 유적 조사와 발굴이 시작되었다. 경주의 금관총과 금령총(金鈴塚) 등 화려한 출토품으로 유명한 유적이 속속 발견되었다. 교토대학 사학과 출신인 아리미쓰 씨도 그 대물림 가운데 있었던 셈이다.

아리미쓰 씨는 이런 에피소드도 소개해주었다. 어느 날 김재원 관장으로부터 "왜 고고학을 조선인과 함께 하지 않았는가?" 하는 질문을 받았다. 그때의 대답은 "일본에서도 고고학으로는 밥벌이가 되지 않아 하는 사람이 별로 없는데, 땅바닥에 엎드려 묵묵히 발굴이나 해야 하는 학문을 조선인들에게 시키고 싶지 않았다"는 것이었다.

조선(한국)에는 김재원 관장과 같은 미술사학자나 고문헌을 연구하는 학자는 있었지만, 현장에서 흙투성이가 되어 유적을 발굴하는 '발굴 고고학자'는 단 한 명도 없었다고 한다.

해방되고 그 이듬해에 걸쳐 서울은 좌우 양쪽의 충돌로 발포 사건과 요인 암살, 과격 데모 등이 꼬리를 물어 정치적 혼란이 확대되었다. 영락없는 정치의 계절이었다. 그런 사회적 분위기 아래 해방 후 처음으로 한국인에 의한 학술 발굴이 국민적인 관심 속에 1946년 5월, 경주에서 진행되었다.

아리미쓰 씨가 잔류 명령을 받은 이유의 하나가 이 고분 발굴 지도였다. 그때 발굴한 호간총(壺杅塚)에서는 '을묘년국강상광개토지호태왕호우십(乙卯年國岡上廣開土地好太王壺杅十)'이라는 고대 고구려왕의 이름이 새겨진 구리주발(銅椀)이 출토되어 큰 소동이 벌어졌다. 아리미쓰 씨는 현장에서 이 구리주발의 명문(銘文)을 확인했을 때 "온몸으로 전기가 흐르고 무릎이 벌벌 떨렸다"고 한다.

'을묘년'은 고구려 광개토대왕의 사후 2년에 해당하는 서기 415년을 가리킨다. 그런 시대의 유물이 발굴된 것이다. 발굴 고고학자로서는 황홀한 순간이었다.

한국으로서도 역사적인 사건이었던 이 발굴은 5월 25일에 끝나고, 아리미쓰 씨는 그대로 김재원 관장 등과 더불어 미군 지프로 경주를 떠나 부산으로 갔다. 그리고 부산항에서 일본으로 가는 귀환선에 올랐다.

김재원 관장은 부산에서의 이별 장면을 "부두에는 만주와 북한에서 온 야위고 초라한 일본인 귀환자들이 긴 행렬을 이루고 있었다. 우리는 홀로 포로처럼 붙잡혀 일본으로 돌아가지 못한 채 있던 어제까지의 우리 발굴 대원의 한 사람, 아리미쓰를 배웅하면서 쓸쓸함을 금할 수 없었다. 떠나가는 아리미쓰도 눈물을 흘리며 내 얼굴을 쳐다보지 못했다"(《주간한국》 1970년 3월 1일호에서)라고 썼다.

자서전에서는 그렇게 헤어진 날 그는 "그날 하루 종일 가슴이 메어지는 기분이었다"고 적어놓았다.

그로부터 20년이 흐른 1967년 11월, 김재원 전 관장 등 한국의 고고학자들이 아리미쓰 씨를 한국으로 초대하여 '환갑잔치'를 열었다. 그보다 앞서 국교정상화 이전이던 1963년에는 김재원 전 관장이 아리미쓰 씨를 귀국 후 처음으로 한국으로 초청하여 한 달 동안 자택에서 함께 지냈다. 그 뒤 큰딸인 김리나(金理那) 씨가 교토의 아리미쓰 씨 집으로 한 달 간 초대받아 가는 등 두 사람의 우정과 교류는 가족까지 포함하여 오래 이어졌다. 김재원은 1970년까지 25년 동안 관장으로 재직했다.

아리미쓰 씨는 2011년 5월 11일 이 세상을 떴다. 103세였다. 김재원은 그보다 먼저 1990년에 81세로 타계했다. 아리미쓰 씨는 연하인 김재원보다 훨씬 장수한 셈인데, 야외에서 '땅바닥을 기는 듯한' 유적 발굴로 단련된 튼튼한 몸 덕택이었을까.

나는 서울에서 아리미쓰 씨의 부음을 듣고 순간적으로 떠올린 것이 한국과의 인연이고, 김재원과의 사연이었다.

마침 당시 한국 국립 중앙박물관 관장으로 김재원의 셋째 딸 김영나(金英那) 씨가 취임하고 있었다. 영나 씨는 해방 후 태생이니까 1945년 전후의 아리미쓰 씨는 몰랐지만, 그 뒤 가족끼리의 교류로 접촉은 있었다. 그녀는 서양 미술사를 전공하고 대학교수로 있다가 박물관장에 임명되었다. 여성 관장이라는 사실로 해서 한국 매스컴에서 화제가 되었다.

나는 서둘러 국립중앙박물관으로 전화를 걸어 김영나 관장과 통화했다. 아리미쓰 씨의 부음은 알고 있었다. "생전에 몇 번이나 만나 뵈었다"고 했다. 전화를 걸었을 때는 교토에서 장례가 있던 날이었던지라 "한국의 박물관에서 무언가 조의를 표했는가?"고 물었더니 국립중앙박물관으로서 공식적으로 간부를 파견하여 조문하고, 조화를 보냈다고 했다.

그리고 가족으로서는 큰딸 리나 씨가 직접 장례에 참석했다. 1945년 당시 리나 씨는 만 세 살로, 아리미쓰 씨가 자택으로 초대받았을 때 종종 무릎 위에서 재롱을 떨었다고 한다. 그녀는 그 후 한국 미술사를 전공하여 대학교수로 오래 근무했다. 여동생인 영나 관장은 "아리미쓰 선생님과는 언니가 가장 깊은 추억이 있을 것"이라고 전해주었다.

나는 아리미쓰 씨의 타계에 즈음한 이 '한국으로부터의 마음 훈훈한 조의'를 〈산케이신문〉에 기사로 썼다. 1945년 8월 15일부터 시작된 아리미쓰 씨와 한국 박물관의 사연은 영락없는 '한일 미담(美談)'이다.

일본인 아버지에게 버림받은
한일 혼혈아

'중국 잔류 고아'라는 말이 있다. 일본이 패전하여 옛 만주로부터 고난
의 일본인 귀환자가 피난 도중에 어쩔 수 없이 그 땅에 남겨두고 온 아이
들을 가리킨다. 대다수는 그 땅의 사람들에 의해 키워졌고, 훗날 어른이
되어 일본으로의 귀국 문제가 생겨남으로써 알려졌다. 일본인 귀환사(史)
의 '비극'의 하나로 역사에 새겨져 있다.

앞서 소개한 대로 만주로부터의 일본인 피난민 가운데 일부는 북·중
국경을 넘어 북한으로 내려갔다. 그리고 북한 거주 일본인과 더불어 남하
하면서 북한 내에서 많은 고초를 겪었다. 따라서 북한에서도 '일본인 잔류
고아'가 생겼을 가능성이 있는 것으로 추측되지만, 그 실태는 밝혀지지
않았다.

한편 남쪽인 한국에서는 미 군정청 주도 아래 일본인 귀환자는 상대적
으로 안정을 되찾았다. 일본인에 대한 한때의 '보복' 같던 사건도 그 후
진정되었다. 한국 사회의 관심은 패자인 일본인보다 격렬한 좌우 대립 등

국내 정치에 쏠려 있었다.

그 결과 한국에서는 아리미쓰 씨의 예에서 보듯이 미 군정청의 명령으로 일부 단기적인 잔류 일본인이 나오긴 했지만, 중국에서처럼 이른바 '잔류 고아'의 비극은 거의 없었다고 해도 무방하다.

그래도 잔류 일본인은 있었다. 그 사연을 소개해둔다.

앞에서 한국 작가 한운사 씨 이야기를 하면서 텔레비전 드라마 〈파도여 말하라〉에 언급했는데, 이 드라마의 주인공은 한국판 '일본인 잔류 고아'라는 설정으로 되어 있었다. 한국인에 의해 길러진 그 일본인을 통해 한일의 우정과 화해를 그린 작품이었다. 그러나 실제로 그런 잔류 고아가 존재했는지 어떤지는 명확하지 않다.

상상으로 말하자면 그건 드라마에서의 존재였지 않을까. 나 역시 실제로 그 같은 '일본인 잔류 고아'의 존재를 여태 들은 적이 없다.

단지 다음과 같은 예는 가까이에 있다.

벌써 몇 해 전부터이지만, 추석이나 설이 되면 나에게 어김없이 선물을 보내오는 한국인이 있다. 과일이나 떡이 부쳐져 오는 것이다. 그의 이름은 임순(林淳), 한일 혼혈이며 1939년생이니까 나이는 이미 70대 후반이다.

그가 어떻게 일본인 기자인 나와 알게 되었느냐고 하면, 일본 패전 전의 어릴 무렵 한국인 어머니를 두고 떠난 일본인 아버지의 소식을 알고 싶어 이른바 '뿌리 찾기'를 위해 나를 찾아온 것이었다. 나는 그의 인생담을 듣는 역할을 맡았다.

그는 한국인 어머니가 최근까지 살아 있었으므로 잔류 고아가 아니며, 패전의 혼란기와도 관계가 없다. 다만 "일본인 아버지에게 버림받았다"고 하는 아쉬움이 어딘가 있었다. 일본인의 피를 이어받고, 특히 장남으로서 "아버지는 어떤 사람이었을까?" 하는 '핏줄'에 대한 집착이 강했다. 하다 못해 아버지의 고향을 찾아가 성묘라도 하고 싶다는 바람을 가져왔다.

그가 자신의 어머니로부터 전해들은 이야기에 따르면 그의 아버지는 돗토리현(鳥取縣) 출신으로, 서울 근교에서 철도원으로 일하다 같은 직장 동료인 어머니와 사귀게 되었다. 1939년에 그가 태어난 뒤 아버지는 모자를 남겨두고 만주로 건너가 거기서 만난 일본인 여성과 다시 결혼하여 아들을 두었다. 어머니는 만주의 아버지와 편지를 주고받으며 소식을 들었다고 한다. 그러는 사이에 아버지는 소집에 응하여 군대로 갔고, 패전 후 소식이 끊어졌다.

아버지의 이름과 태어난 해, 일본에서의 본적을 알고 있었던지라 4년쯤 전에 아버지의 고향을 알아내어 난생 처음 그곳을 찾아갔다. 그런데 아버지는 1974년 이미 이 세상을 떠났다. 고향에 남아 있던 친척들은 그가 찾아온 것을 못마땅해 하는 눈치였다고 한다.

결과적으로는 거의 상대조차 해주지 않았다. 간신히 아버지 묘를 참배한 것만으로 크게 실망하여 돌아왔다. 그래도 여태 "아버지 고향의 친척들에게 나라는 존재를 어떻게 해서든 인정받고 싶다"고 미련을 버리지 못하고 있다.

그의 이름 '순(淳)'은 아버지의 이름에 '향(享)'이 들어가 있어서 그렇게 지은 것이라고 한다. 아버지도 아버지의 고향도 그에게 쌀쌀맞았던 셈이지만, 그래도 '일본인의 핏줄'에 대한 집착에서 조상을 모시는 설과 추석의 계절이 오면 일본인인 나를 떠올려 선물을 보내오는 것이다.

게다가 해방 전 한국인 남성과 결혼하여 한국에서 살다가 일본 패전을 계기로 이혼하거나 이혼 당한 뒤 홀몸이 된 잔류 일본인 처(妻)들도 있다. 그들의 존재는 1980년대에 가미사카 후유코(上坂冬子)가 펴낸 책 〈경주 나자레원(園), 잊혀진 일본인 아내들〉(1982년, 中央公論社 발간)에 상세하게 소개되었다.

이 아내들 가운데 희망자에 대해서는 일본 귀국을 위한 절차가 진행되었다. 그렇지만 그냥 그대로 한국에 남은 사람은 지금도 복지 시설 '경주 나자레원'에서 지낸다. 그 후 일본 쪽에서의 지원이 이어지고 있다.

이들 일본인 아내들의 경우는 역시 1945년의 일본 패전, 한국 해방이라는 역사가 크게 영향을 끼쳤다. 패전과 해방이라는 공간 속에서 모든 사람들이 그랬던 것은 아니지만, 일본인이라는 이유로 한국 사회와 한국인 남편으로부터 버림받았던 것이다.

한국인 남편의 대다수는 한국 사회에서 살아가느라 그렇게 할 수밖에 도리가 없었다. 한국인 남편으로서는 일본인 아내가 있으면 사회적으로 불이익을 당하는 세상으로 바뀌었던 것이다. 임순 씨의 일본인 아버지는 한국인 어머니를 버렸지만, 나자레원 사람들은 거꾸로 한국인 남편이 일본인 아내를 버렸다.

북한군과 한국군을 경험한
잔류 일본인

1945년 이후의 '잔류 일본인'에는 다음과 같은 기구한 운명의 케이스도 있다. 여기에는 일본 패전의 역사도 영향을 끼쳤지만, 그 후 한반도에서 일어난 6·25전쟁과 더 큰 관련이 있다. 그래서 이제부터 소개할 이야기는 1992년 6월, 6·25전쟁 기념일 하루 전인 24일자 〈산케이신문〉에 쓴 적이 있다.

그 경위는 이렇다.

당시 일본 요코스카(橫須賀)에서 살고 있던 어느 독자로부터 "패전 후 한국에서 기구한 운명을 체험한 지인이 있다"는 연락이 왔다. 그래서 급히 서울에서 요코스카로 달려가 본인을 만나 이야기를 들었다. 본인은 어떤 사정이 있어서 실명을 밝히기 곤란하다고 하여 신문보도에서는 가명으로 '후지이 히데토(藤井秀人)'라고 했다. 이 자리에서도 마찬가지다. 한반도에서 그의 기구한 인생은 이런 내용이었다.

후지이 씨가 1945년 8월 15일, 일본의 패전을 맞은 것은 강원도 춘천사

범학교에 다니던 15세 때였다. 춘천은 일본에서 한류 드라마 〈겨울연가〉에 등장하는 풍광이 뛰어난 도시로 알려져 있다.

일본 통치시대에 커진 도시로, 후지이 씨의 아버지는 댐 건설 기사였다. 당시 강원도 산간부에서는 댐 건설이 많아 가족이 함께 춘천에서 살았다. 그러나 아버지가 소집으로 군대로 가버려 패전 당시에는 어머니와 자녀 3명이 남아 있었다.

후지이 씨 일가는 패전이 되자 이내 춘천을 떠나 일본 귀환을 위해 경성으로 옮겼다. 그렇지만 귀환 기회를 놓치고 그냥 그대로 주저앉았다. 아버지가 없었으므로 후지이 씨가 일가의 중심이 되어 '일본에서 돌아온 재일 조선인 소년'으로 위장하여 창고회사 아르바이트 등을 하면서 가족의 생계를 유지했다.

5년 뒤인 1950년 6월 25일 일요일, 느닷없이 북한군이 침공해 와 전쟁이 벌어졌다(6·25전쟁). 서울(경성)은 사흘 만에 함락되어 북한 인민군의 지배 아래 놓였다.

한때 시가전도 벌어졌으나 인민군이 단숨에 남하하여 전선이 남쪽으로 옮겨짐에 따라 서울은 비교적 조용해졌다. 8월 초순경이었다. 후지이 씨는 아는 한국인 집으로 식량을 얻으러 가느라 시내를 달리던 일본 통치시대로부터의 노면전차(路面電車)를 탔다.

중심가인 종로 화신백화점 앞에 도달할 즈음 갑자기 인민군 병사 몇 명이 전차를 세우더니 검문을 하러 올라탔다. 병사들은 총을 들이대면서 승객들을 체크했고, 후지이 씨 등 젊은 남자만 골라 다짜고짜 전차에서 내리게 했다.

그런 다음 가까운 소학교 교정으로 끌려갔는데, 거기에는 수백 명의 젊은이들이 모여 있었다. 나중에 알게 된 일이지만 점령지의 젊은이를 인민군 병사로 만들어 전선으로 보내기 위한 '남자 사냥'이었다.

이튿날 아침 일동은 팔을 뒤로 하여 철사로 손이 묶인 채 걸어서 미아리고개를 넘어 북쪽으로 향했다. 북한은 서울을 점령하면서 각계 명사를 위시하여 수많은 한국인을 북으로 끌고 갔다. 나중의 유명한 대중가요 '단장(斷腸)의 미아리고개'의 가사 '당신은 철사 줄로 두 손 꽁꽁 묶인 채로 뒤돌아보고 또 돌아보고, 맨발로 절며 절며 끌려가신 이 고개여, 한 많은 미아리고개' 그대로 북으로 연행되었던 것이다.

도중에 북한군 소탕을 위한 미군기의 기총소사에 쫓기면서 도보(徒步)와 열차로 일단 평양으로 갔다. 거기서 다시 평안남도 원리(院里)에 있던 '조선인민군 제5야영훈련소'에 수용되었다. 공포감으로 '일본인'이라고 밝힐 수 있는 분위기가 전혀 아니었다고 한다.

수용 사흘째에 개별 조사가 행해져 "이름은?" 하고 물었다. 재빨리 입에서 나온 대답이 '박염인(朴念仁)'이었다. 이것이 후지이 씨로서는 그 후 남북에 걸친 군대생활에서의 자신의 이름이 되었다.

서울의 창고회사에서 자동차를 본 적이 있어서 훈련소에서는 '조선 인민군 수송 제4대대'에 들어가 수송병이 되었다. 최초의 임무는 소련제 대형 트럭으로 고사포와 포탄을 서울로 수송하는 일이었다. 도중에 통과한 평양 등지에서 소련군 군사 고문단과 방공부대가 꽤 눈에 띄었다고 한다.

서울은 인민군이 지배하고 있었는데, 오랜만에 가족을 만나 식량 등을 전해주었다. 그러나 인민군 복장이었던 탓으로 후지이 씨를 바라보는 길거리 사람들의 시선이 차가왔다.

그 후 후지이 씨는 인민군 제19사단 정찰부대로 옮겨져 남북 경계선이었던 북위 38도선 부근을 흐르는 임진강 주변의 지형 등을 정찰했다. 하지만 9월 15일, 한국을 지원하는 유엔군(미군)이 인천에 상륙하여 반격에 나서 서울을 탈환했던지라 전황(戰況)이 역전되었다. 후지이 씨의 부대는 38도선 부근에서 북상해오는 유엔군을 맞아 싸우게 되었다.

참호를 파서 진지를 구축하고 있던 10월 14일, 미군을 중심으로 한 유엔군의 맹렬한 포격으로 전투가 시작되었다. 거기서 목격한 '적'은 영국부대였다. 후지이 씨 등 수송병은 단(短)기관총과 수류탄을 지니고 있었으나 써먹을 기회는 전혀 없었다.

내몰려 퇴각하다가 포탄이 터져 왼쪽 대퇴부에 상처를 입고 의식을 잃었다. 사체 확인을 하러 온 영국군 병사가 총검으로 엉덩이를 찌르는 바람에 의식을 회복했으나, 영국군 병사는 그대로 사라져버렸다. 부대에서 낙오한 채 다리를 질질 끌면서 뒤를 쫓아갔다. 이윽고 유엔군 지배 지역에서 한국 측 반공치안대와 조우하여 무장 해제된 뒤 포로로 미군에 넘겨졌다.

인민군 포로들은 10월 말 부산으로 보내진 다음, 대규모 포로수용소가 있던 거제도로 옮겨졌다. 후지이 씨는 부산에서 미군의 포로 조사관으로부터 심문을 받을 때 자신이 일본인임을 호소했으나 "국적은 상관없다. 전투 상황에서의 포로인지 아닌지만이 문제다"는 이야기를 들었다.

거제도 포로수용소는 나중에 가서 인민군과 중국군 포로 약 10만 명을 수용하는 대규모가 되었다. 북한으로부터의 정치 공작으로 포로들이 수용소 내에서 폭동을 일으키는 등 국제적으로도 유명해졌다. 후지이 씨의 목격에 의하면 포로 가운데에는 옛 관동군의 일본병사로 패전 후 중국 공산군에 들어가 이 전쟁에 투입된 자가 있는가 하면, 일본에서 한국군에 가담하여 인민군 포로가 되면서 인민군으로 편입된 뒤 이번에는 유엔군 포로로 잡힌 재일 한국인 청년도 있었다고 한다.

휴전 한 달 전인 1953년 6월, 한국의 이승만(李承晩) 대통령이 휴전 교섭에 대한 불만으로 '반공포로'를 일방적으로 석방함에 따라 후지이 씨도 수용소를 나올 수 있었다. 3년 가까운 포로생활이었다.

부산에서 한동안 생활비를 번 다음, 가족이 있는 서울로 가려고 부산역으로 향했는데, 이번에는 역에서 한국 당국의 병역 기피자 단속에 걸려 붙들리고 말았다.

그는 그 길로 '한국 육군 제2보충대'로 보내졌다. 여기서도 자신은 일본 인이라면서 경위를 설명했으나 "거짓말하지 말라!"면서 아예 상대조차 해 주지 않았다. 전쟁은 끝났으나 이번에는 '한국 육군 일등병 박염인, 군번 9724020'의 한국군 병사가 되고 말았다.

이듬해인 1954년 11월, 한국군 내에서 '애국반공청년지원병'에 대한 특 별 휴가가 있을 때 서울로 가서 4년 만에 가족과 재회했다. 가족에게는 사전에 편지로 연락을 했지만, "그것은 마치 기적과 같은 재회였다"고 한 다. 이때의 휴가를 이용하여 서울의 한국 외무부를 찾아가 일본으로의 귀국을 신청했다.

그로부터 약 1년 뒤인 1955년 10월, 한국정부의 귀국 허가 통지서가 가 족을 경유하여 부대로 부쳐져 왔다. 이 서류를 들고 사단장에게 제대 신 청을 내자 군말 없이 제대가 인정되었다.

후지이 씨가 한국을 떠난 것은 1956년 2월 3일이었다. 가족과 함께 부 산에서 화물선을 타고 일본으로 향해 이틀 뒤인 2월 5일 오사카항에 도 착했다. 일본 패전으로부터 10년이 더 지난 시점이었다. 후지이 씨 일가는 일본 도착 당시 신문기사로 실렸는데, 오려둔 그 낡은 신문을 보여주었다.

이상이 한 명의 한국 잔류 일본인이 겪은 기구한 운명의 잔류기(殘留記) 이다. 사실 후지이 씨에게는 그 다음의 비밀이 있었다. 상세하게는 밝히지 않았으나, 실명을 쓰면 곤란한 것 역시 그 비밀과 관계가 있는 듯했다.

비밀이라는 것은 당시의 한반도 정세와 관계된 것이었다. 후지이 씨는 한반도의 남북 양쪽 군대를 경험했다. 한국어도 유창했으므로 미군 관계 자의 눈에 들어 미군의 비공식 요원으로 한반도를 비밀리에 왕래하고(북 한도?) 정보활동과 같은 일을 했던 모양이다.

한국은 유엔군(미군)의 지원으로 소련과 공산화된 중국이 뒤를 밀던 북한의 침공을 간신히 막아냈다. 그런데 그 이후로도 소위 냉전시대의 최전선에서 '북의 위협'에 계속 시달렸다. 말하자면 '반공 방파제'로서의 한국 방위는 일본의 안전보장에 있어서도 필요불가결했다.

후지이 씨는 귀국했지만, 그 독특한 체험으로 인해 그 같은 새로운 '정세'에 말려들었던 셈이다.

그는 '비밀스러운 일'을 그만두면서 미군 관계자로부터 "일에 관해서는 절대로 입 밖에 내서는 안 된다"고 엄하게 함구령이 내려졌다고 한다. 그래서인지 "떠들면 목숨이 위태로워지니까…" 하면서 끝까지 입을 다물고 자세한 이야기를 피했다.

일본이 패전으로 한반도에서 철수한 뒤, 그 땅은 즉시 새로운 국제정치의 각축장이 되어 격렬하게 흔들리고 있었다.

11

6·25전쟁이 시작되었다

마쓰모토 세이초(松本淸張)가 저지른 죄

패전 후의 일본에서도 있었던
보복 피해

대동아전쟁이랄까, 훗날 말하는 태평양전쟁이 시작된 것은 1941년 12월이었다. 나는 같은 해 10월 오사카에서 태어났다. 중국 대륙에서의 전쟁은 벌써 확대되고 있었으나, 국가 총력전으로서의 총동원 체제는 이때부터였다.

본격적인 전쟁 체제에 돌입하여 일본 본토는 미군의 공습을 당하게 되었던지라 나는 부모의 고향인 가고시마로 어머니와 함께 피난을 갔다. 아버지는 전쟁터로 출정해 있었다. 가고시마로 떠난 시기는 기억하지 못하는데, 패전 전후에는 본가가 있던 가고시마의 산간부 마을에서 지냈다.

따라서 '전쟁'의 기억으로는 시골의 높다란 상공을 미군의 B29 폭격기였는지, 하얗고 긴 비행기구름을 끌면서 날아가는 것을 목격한 정도였다. 공습이나 배고픔 따위의 전시(戰時) 체험은 기억에 없다.

패전 후 아버지가 돌아온 다음에도 가족은 가고시마에서 살았고, 나는 시골 절에서 운영하는 유치원에 다녔다. 아버지가 사는 오사카로 돌아간 것은 1948년의 소학교 1학년 때였다. 아버지는 오사카 철도우편국의 하급 공무원이었다. 오사카항에서 가까운 공장 지대가 불탄 자리에 목조 단층의 부영(府營)주택에서 살았다. 아마도 패전 직후 폐허가 된 오사카에는 가족이 살 만한 집이 없어 부영주택으로 입주할 수 있을 때까지 가고시마에 머물렀던 것 같다.

철이 들 때까지는 가고시마의 외딴 시골에서 지낸 셈인데, 오사카로 돌아온 직후의 기억으로 지금도 두 가지 일을 인상 깊게 기억한다. 시골 아이들이 처음으로 도시로 왔을 때의 '놀라운 도시 경험'이다.

그 하나는 오사카역 앞에 있던 한큐(阪急)백화점 7층 창문에서 내려다볼 때의 자동차의 흐름이었다. 그것은 별세계와 같이 실로 불가사의한 풍경이었다. 눈 아래에 장난감처럼 움직이는 조그만 자동차와 인파를 내려다보는 것이니까 흡사 걸리버가 된 기분이라고 할까.

그때 꼬리를 문 자동차의 왕래는 시골에서 올라온 어린이에게는 "이게 도시인가!" 하는 놀라움이었고, 신선한 감동이었다. 오사카 중심가는 이미 그만큼 교통량이 많았던 셈이다. 패전 후의 부흥이 착착 진행되고 있었다?

나는 백화점 꼭대기 층의 유리창 앞에 쪼그리고 앉아 꽤 오랫동안 눈 아래에서 펼쳐지는 풍경을 내려다보고 있었던 것으로 기억한다.

또 하나의 놀라움은 학교에서 급우들이 서로 이름이 아니라 성을 부른다는 사실이었다. 특히 여학생이 '구로다 군(君)!' 하며 '군'을 붙여서 부를라치면 "도회지에 왔다!"면서 감동했다. 시골에서는 다들 성이 아니라 '가쓰히로!'라고 이름으로 불렸던 것이다. 서로 이름으로 부르는 전통적인 '시골 공동체'로부터의 탈출을 실감한 순간이었다.

내가 다니던 소학교는 오사카시 서쪽의 외진 곳인 고노하나구(比花區)의 시칸지마(四貫島)소학교였다. 집은 이웃 마을인 가스가데(春日出)에 있었고, 시내 전차로 두 정거장이었으나 다들 걸어서 통학했다. 당시는 아직 패전에서 그리 시간이 지나지 않았던지라 가는 곳마다 공습으로 불탄 흔적이 남아 있었다. 통학로에는 콘크리트 따위의 건물 잔해가 무수히 널려 있기도 했다.

특히 거주지 일대는 원래 스미토모(住友) 계열 회사를 중심으로 한 공장 지대였으므로 불에 타 허물어진 공장의 벽돌이 가는 곳마다 발길에 차였고, 잡초가 무성했다. 하굣길의 어린이들로서는 멋진 놀이터였다. 패전으로 불탄 자리에서 놀았다는 의미에서는 나 역시 소위 '불탄 자리 세대'의 끝자락이 될지 몰랐다.

패전 후 한반도에서 전쟁이 일어난 것은 1950년 6월로, 당시 나는 소학교 3학년이었다. 이 6·25전쟁은 패전 후의 일본인들에게 다시금 '조선'을 떠올리게 해주었다. 뉴스에 '조선'이 수시로 등장했기 때문이다. 6·25전쟁 상황을 전하는 일본 신문이나 라디오 방송(텔레비전은 아직 없었다)의 현지 발(發) 뉴스는 몽땅 아직 일본 통치시대 그대로인 '경성' 발이었다.

다만 일본 국내에서는 사실 패전 후에도 '조선'을 떠올리게 하는 일이 있었다. 일본인들로서는 돌이키기 싫은 일이었지만, 재일 조선인들의 '횡포'가 그것이다.

그런데 일본에서 '조선' 또는 '조선인'이라는 표현을 대신하여 '한국' '한국인'이 일반화되는 것은 훨씬 나중의 일이다. 1965년의 한일 국교정상화 이후에 늘어나, 실질적으로 정착한 것은 1970년대 이후가 아니었을까.

여기에는 '조선'이라고 부르던 일본지배 시절의 기억이 남아 있었다는 사실과, 패전 후 한동안 위세를 떨치고 사회주의 환상이 강했던 일본 사회에 좋은 인상을 던지던 '조선민주주의인민공화국'과 '조선'이나 '조선인'이라는 표현이 어딘가 들어맞는다.

이야기를 되돌리자면 일본 패전 후, 전시 하의 징용 등 노동력 동원으로 일본에 와 있던 많은 조선인들은 이내 귀환했다. 그러나 고향인 한반도로 돌아가지 못하고 일본에 남은 조선인들도 있어서 그 일부가 패전으로 주눅 들어 무력화(無力化)한 일본 사회에서 '전승국 기분'이 되어 으스대고 횡포를 부렸다. 횡포란 일본인을 바보 취급하고, 일본인에게 폭행을 휘두르며, 일본 사회의 법과 질서를 무시하는 행위를 저지르는 것을 뜻한다.

다시 말해 앞서 소개한 것처럼 한반도로부터 귀환한 일본인이 경험했던 보복적인 피해의 축소판이 패전 후의 일본에도 존재했던 것이다. 그러므로 일본 국내에서도 '조선'의 흔적이 남아 있었던 셈이다.

그런데 당시 재일 조선인들은 통칭 '제3국인'으로 불렸다. 이제는 이미 '사어(死語)'가 되었으나, 그 말은 차별적인 말로 기피하기도 했다. 그로 인해 예전에 이시하라 신타로(石原愼太郎) 도쿄도 지사(당시)가 외국인 거주자를 가리켜 어딘가에서 이 말을 써 '차별적 발언'으로 문제가 된 적이 있었다.

단지 이 말 자체에는 역사적이자 공식적(?)인 배경이 있는데, 본래는 반드시 차별적인 의미를 띤 게 아니었다. 게다가 '제3국인'은 결코 일본인이 먼저 쓰지 않았다. 그 유래는 이렇다.

즉 일본지배로부터 해방된 조선(한국)은 잘 알다시피 일본에 대한 전승국은 아니었다. 따라서 미국, 소련, 중국 등 전승국이었던 연합국 입장에서 보자면 전승국도 패전국도 아닌 '제3국'이었다. 전쟁의 당사자가 아닌 '제3자'라는 뜻으로 연합국이 '제3국'이라고 표현했던 것이다.

이것은 한국인(조선인)으로서는 화가 치미는 일이다. 일본의 지배로부터 자력(自力)으로 벗어나지 못했다는, 그들로서는 결정적인 '역사의 한'을 상징하는 듣기 거북한 말이었으리라.

패전 직후의 일본인은 그 '제3국인의 횡포'가 인상에 남았다. 패전 후 일본 사회에서 생겨난 한국·조선에 대한 차별적인 악감정에는 몇 가지 배경이 있는데, 그 하나가 바로 이것이었다. 지배로부터 해방된 조선인들의 감정으로는 당연(?)했을지 모르나, 일본인들로서는 '손바닥을 뒤집는 것처럼…'이라는 기분이 들었다.

말이 난 김에 한 가지 더, 패전 후 일본인의 대(對) 한국(조선) 감정을 자극한 것 중에 '이승만 라인'이 있다. 이승만 정권 아래에서 한국정부가 1952년, 어업자원 보호라고 칭하며 주변에 일방적으로 설정한 일종의 영해선(領海線)으로, 한국은 라인을 넘은 일본어선 다수를 나포하고 선원을 장기간 억류했다.

나포와 억류 뉴스는 빈번하게 일본 사회에 전해져 일본인의 감정을 자극했다.

1965년의 국교정상화까지 나포된 일본 어선은 325척, 억류 선원은 약 4000명에 달했고, 사망자도 나왔다. 일본인은 '한국의 횡포'에 분개했다. 훗날 한일 간의 불씨가 되는 독도 역시 이 이승만 라인에 의해 한국 측에 포함되고 지배되어 오늘에 이른다.

6·25전쟁의
'쇠 금(金)' '실 사(絲)' 붐

아마도 그것은 6·25전쟁 개전으로부터 시간이 흐르고, 소학교 고학년이 된 이후의 일이었던 것으로 여겨지는데, 전쟁은 어린이들에게 의외의 은혜를 베풀어주었다. 한반도에서의 전쟁이 길어지고, 일본은 미군(유엔군)의 후방 기지로서 군수물자 '특수(特需)'로 경제가 활성화되었다. 그런데 우리 어린이들도 덩달아 즐거운 일이 생겼다. 어린이들에게까지 '전쟁 특수'가 돌아온 것이다.

6·25전쟁을 개괄하자면, 그 전쟁은 똑같은 공산권인 중국과 소련의 승인과 지원을 받은 북한이 한국을 합병하여 공산화하기 위해 불을 지핀 '공산주의 통일 전쟁'이었다. 제2차 세계대전 후 국제정치에서의 공산주의에 의한 세력 확장 전쟁이었던 셈이다. 동구(東歐)를 지배한 소련 공산권이 북한의 등을 떠밀어 동아시아에서도 밀어닥쳤던 것이다.

북한군은 기습에 의해 남한(한국)을 순식간에 압도했다. 수도 서울을 점령당한 한국정부는 한때 부산까지 밀려났다.

북한은 유엔에 의해 '침략국'으로 낙인 찍혔고, 미군 주도의 유엔군이 구성되어 한국을 지원하느라 파견되었다. 1945년 10월에 결성된 유엔으로서는 이것이 사상 첫 국제분쟁에 대한 다국적 유엔군에 의한 무력 행사였다.

유엔군의 참전, 반격으로 북한군은 밀려났다. 그 후 북한 측에 중국군이 가세하여 전쟁은 '미중(美中) 전쟁'의 양상을 띠었다. 쌍방이 밀고 당기기를 되풀이하면서 현재의 남북 경계선에서 휴전이 이루어졌다(1953년 7월).

그러나 결과적으로는 한국이 북한의 무력 침략을 격퇴하고 나라를 지킬 수 있었다. 그것이 가능했던 것은 유엔군의 지원이 있었기 때문이지만, 그 유엔군을 후방에서 뒷받침한 것은 일본이었다. 유엔군에 대량의 군수물자를 제공할 수 있는 후방 병참기지로서 일본(의 산업)이 존재했기에 한국은 나라를 지킬 수 있었던 것이다.

이런 전쟁의 경위로 인해 한국인은 너나 할 것 없이 "일본이 한국의 희생으로 떼돈을 벌었다"고 비난하듯이 이야기한다. 확실히 이에 앞선 패전으로 경제적으로 피폐했던 일본은 당시의 '전쟁 특수'로 크게 한숨 돌릴 수 있었다. 6·25전쟁이 일본 경제의 전후 부흥에 커다란 계기가 된 것은 틀림이 없다. 그러니 '떼돈을 벌었다'는 것이 거짓말은 아니다.

하지만 그렇다고 해서 일본이 비난 받을 이유는 없다.

그 전쟁은 일본이 (돈을 벌려고) 벌인 것이 아니다. 결과로서 돈을 번 것에 지나지 않는다. 한국인들은 일본이 돈을 벌었다고 비난하기보다는, 전쟁을 걸어오고 전쟁을 질질 끈 북한과 중국을 먼저 확실하게 비난했으면 싶다.

"일본의 협력, 일본의 산업력이 존재했기에 유엔군도 한국군도 버텼고, 북한과 중국의 무력 침략을 물리치고 한국을 지킬 수 있었다." 이것이 역사의 진실이리라. 역사로서의 일본 경제의 부흥에 신경이 쓰인다면, 한국도 살아나고 일본도 살아났으니까 그것은 한일 쌍방에 플러스가 된 '윈윈의 역사'로서 세계에 자랑할 만한 일이라고 생각하면 그만인 것이다.

6·25전쟁에 의한 일본에서의 전쟁 특수효과는, 가령 경제계에서는 '쇠금 붐' '실 사 붐'으로 일컬어진 현상으로 나타났다. 이 말은 일본 경제사의 1950년대 초 언저리에 분명히 기록되어 있다.

'쇠 금'이란 한자로 '금(金)'이 붙는 글자라는 뜻으로 금속을 뜻했다. '실 사'는 '사(絲)'가 붙는 글자로 섬유를 의미한다. 다시 말해 6·25전쟁용의 수요가 늘어난 덕으로 일본 경제는 철강 등의 금속 관련이나 방직과 의류 등의 섬유 관련 업종이 호경기를 맞아 붐이 일어났다는 것이다.

특히 전쟁이라면 무기나 전함을 비롯하여 군 장비용으로 금속의 수요가 늘어난다. 그 결과 각종 금속 가격이 급등한다. 금속 원료의 수요 증가로 당연히 고철과 쇠 부스러기 등의 가격도 올라간다. 이야기가 먼 곳으로 빙 돌았으나, 실은 그 은혜를 입은 것이 나를 포함한 당시의 오사카 어린이들이었다.

'쇠 금' 붐을 타고 어린이들에게 무슨 일이 일어났느냐고 하면, 놀이터로 삼고 있던 불탄 흔적에 남겨진 쓰레기더미에서 쇠 부스러기를 찾아내어 그것을 모아 고물상으로 들고 가 돈으로 바꾸는 놀이(?)가 생겨났던 것이다. 즉 불탄 흔적에서 고철을 긁어모아 용돈 마련을 했던 셈이다.

고철 중에는 철근 콘크리트에 사용된 녹슨 철봉을 찾는 게 가장 손쉬웠다. 여하튼 공습으로 파괴된 건물의 콘크리트 더미가 가는 곳마다 쌓여 있었다. 쇠망치로 콘크리트를 쾅쾅 두들겨 시멘트 부분을 벗겨낸 뒤 철봉을 빼내는 것을 아마도 '케렌, 케렌'이라고 했던 것 같다. 어원은 알 수가 없다.

고철 가운데에서도 철사나 볼트, 너트는 크기가 너무 작았다. 철근이나 레일처럼 무게가 나가는 쇳덩어리가 값도 비쌌다. 이런 걸 찾아내면 단숨에 기분이 들떴다.

그러나 보다 비싸게 팔린 것은 구리와 납, 놋쇠 등 비철(非鐵)금속이었다. 다들 이것을 찾느라 혈안이 되었다. 구리는 주로 땅에 묻힌 낡은 전선(電線), 납은 주로 수도관이었던 것으로 기억한다. 특히 구리는 '아카'라고 부르며 인기가 있었다. 놋쇠는 어디서 나왔던가?

그렇지만 훨씬 편하게 돈을 벌 수 있었던 방법은 어른들이 모아둔 고철을 슬쩍 가져가는 것이었다. 고철은 무겁다. 긁어 모은 것을 모조리 짊어지고 가기는 어렵다. 어른들은 찾아낸 곳에 일단 모아 두었다가 나중에 가지러 온다. 그 틈을 타서 아이들이 일부를 훔쳐가는 것이다.

고철을 들고 가는 고물상을 '요세야(寄世屋?)'라고 불렀다. 제대로 된 가게를 차린 것이 아니라 허술한 판잣집 같은 곳에 아저씨 혼자 있으면서 양이 얼마가 되었든 인수해주었다. 어린이들이니까 양도 변변찮아 그리 많은 돈이 되지도 않았다. 집으로 돌아가면서 사탕이나 주스 등 가벼운 간식을 사 먹는 정도였다.

그런데 훗날 알게 되었는데, 고철을 사준 '요세야의 아저씨'가 사실은 거의 재일 한국인이었다. 저명한 문화인 강상중(姜尙中) 씨를 비롯한 재일 조선·한국인들의 인생기(人生記)에 따르면, 그들(이나 그 부모)의 가정은 몹시 어려운 생활환경 속에서의 생업으로서 많은 이들이 폐품 수집업을 했다고 적혀 있다.

'요세야'의 아저씨들은 항상 묘한 (마늘) 냄새가 풍겼다. 고달픈 인생으로 인해 술을 너무 마신 탓인지 한결같이 목덜미에 붉은 반점이 있는 거무튀튀한 얼굴을 하고 있었던 것으로 기억한다. 그것은 알코올 과다에 의한 간 기능 이상 탓이었는지 모른다.

이런 풍경을 살짝 비틀어서 이야기하자면, 재일 조선·한국인들 역시 조국에서 일어난 전쟁 덕으로 다소 윤택(?)해졌다. 아니, 그보다 그들도 일본이라는 후방 전선에서 "조국 방위를 위해 열심히 전쟁 물자를 조달했다"고 말해야 하지 않을까.

전쟁 특수로 활약한
'소년 아파치'

오사카 출신의 작가 가이코 다케시(開高健, 1930~89년)가 초기에 발표한 인기 작품에 〈일본 삼문(三文) 오페라〉라는 소설이 있다. 1959년에 발표된 소설로, 패전 후의 오사카에서 불탄 흔적을 무대로 한 난잡하고 통쾌하며 울고 웃는 인간 드라마다. 주인공인 '후쿠스케'를 위시한 등장인물은 오사카성 근처에 있던 옛 일본 육군의 거대 군수공장이었던 포병공창(工廠) 터에서 조직적으로 고철을 훔쳐내어 생활하는 도둑들이다.

소설은 그들을 '아파치'라고 칭했는데, 당시 그 주변에는 실제로 그런 도둑인 '아파치'가 존재한 모양이었다.

장소는 달랐으나 똑같은 오사카에서 불탄 흔적을 파서 뒤지던 나와 같은 어린이들도 필경 '소년 아파치'라고 해야 할까. 이 은어(隱語)는 패전 후 일본으로 한꺼번에 쏟아진 미국 영화의 서부극에서 힌트를 얻은 것이리라.

단지 소설 속의 그들은 당국의 규칙을 무시한 완전한 도둑이었던 것에 비해, 우리 쪽은 누구로부터도 욕을 먹지 않는 합법적인 것이어서 애교가 있었다. 이따금 어른들이 모아둔 것을 슬쩍 하긴 했지만….

소설 〈일본 삼문 오페라〉에는 다음과 같은 부분이 있다. 당시 소위 '쇠금' 붐으로 고철이 얼마나 값나가는 물건이었는지를 실화 풍으로 이렇게 적어 놓았다.

[(폐허는 국유 재산으로 재무국의 관리 하에 있었으나) 얼마나 풍부한 쇳덩어리가 있는지는 연간 고작 30만 엔의 인부 품삯으로 2000만 엔이라는 거액의 고철을 회수한 해가 있었다는 사실을 드는 것만으로 충분하리라. 6·25전쟁이 시작되자 고철은 1톤에 3만 엔에서 때로는 10만 엔으로 뛴 적도 있으며, 전국 도시의 그럴싸한 강에는 '가타로(川太郎)'라고 불리는 생계가 막막한 이들이 허리까지 진흙탕에 빠져 쇳덩어리를 찾아 돌아다녔다.]

소설에는 '아파치'의 두목 격인 '김'을 위시하여 재일 조선인이 꽤 등장하는데, 6·25전쟁 이야기는 이 대목 외에는 눈에 띄지 않는다. 소설이 집필된 무렵에는 이미 6·25전쟁으로부터 제법 세월이 흘렀기 때문인지 모른다.

이상이 내 개인적인 조그만 '6·25전쟁 체험'이다. 또 하나가 있었다.

멀리 돌아가는 이야기일 텐데, 내가 남녀의 키스를 처음으로 목격한 것은 소학교 고학년 무렵이었던 것 같다. 그 기억을 떠올릴 때마다 이것이 어쩌면 6·25전쟁과 관련이 있는 듯했다.

역시 오사카에서의 소년 시절 기억이다. 어느 날 국철(國鐵, 현재의 JR) 오사카역에서의 일이다. 플랫폼에서 열차를 기다리고 있었다. 나 혼자였는지 가족이나 친구 등 누군가가 함께 있었는지는 기억나지 않는다. 이쪽 홈에서 건너편 쪽의 홈이 바라보였는데, 거기에는 거의 사람이 없고 외국인 남녀만 시야에 들어왔다.

별 생각 없이 바라보려니까 두 사람이 끌어안고 키스를 하기 시작한 것이다. 그리고 떨어진 뒤 남자는 여자를 뒤돌아보면서 일단 홈 계단을 내려갔는데, 이내 되돌아와서 다시 끌어안고 키스를 했다.

이쪽 홈에 있던 사람들은 그저 어안이 벙벙해진 느낌으로 그것을 쳐다보고 있었다. 아주 짧은 순간의 일이었으나, 지금도 뚜렷하게 기억한다. 소년으로서는 "저게 키스라는 것인가…" 하며 가슴이 두근거렸다.

나중에 그 장면을 떠올리며 "그건 6·25전쟁의 전선으로 향하는 미군 병사가 연인, 혹은 아내와 헤어짐을 아쉬워한 풍경이 아니었을까" 하고 상상했던 것이다.

오사카역 플랫폼의 그는 일본 주둔 미군에 소속된 출전 병사로, 열차를 타고 서쪽으로 가서 한반도로 건너가기 위한 미군기지가 있던 이와쿠니(岩國) 또는 이타즈케(板付), 사세보(佐世保)…로 갔을지 모른다고. 지금도 6·25전쟁이라는 말이 나오면 그 키스신을 떠올리게 된다.

한반도에서
벗어나지 못하는 일본

　당시 한국 구원을 위한 미군(유엔군)의 지휘본부는 일본에 있었다. 전쟁이 시작되었을 때는 아직 일본이 연합국의 점령을 받던 시절이었고, 도쿄에 존재한 연합국군총사령부(GHQ) 아래에서 미군이 6·25전쟁을 지휘하고 있었다. 전쟁 기간 중, 미군의 항공기나 함선 등의 장비와 장병은 수리나 휴가를 포함하여 한국과 일본 사이를 뻔질나게 오갔다.

　내가 학생 시절에 애독한 작가 이노우에 미쓰하루(井上光晴, 1926~92년)는 미군 기지가 있는 사세보에서의 생활이 길었다. 그의 초기작에는 〈황폐한 여름〉이나 〈타국의 죽음〉을 비롯하여 '일본에서의 6·25전쟁'을 테마로 한 것이 많았다. 좌익 작가로서 스타트하여, 이들 작품에는 반미적인 내용이 두드러졌다. 그 중에서 지금도 기억에 남는 이야기가 있다.

　6·25전쟁에서 전사한 미군 유해가 일본으로 보내져 온다. 이것을 본국으로 송환하여 유족에게 인계하기 전에 마구 찢겨진 시신을 봉합하는 등소위 '주검의 화장(化粧)'을 하는 작업에 투입된 일본인의 이야기다. 마쓰

모토 세이초(松本淸張)의 작품 〈검정 바탕의 그림〉과도 닮은 이야기가 등장한다. 일본은 한반도에서 일어난 전쟁의 온갖 후방 처리를 맡아서 하고 있었던 것이다.

여하튼 일본은 6·25전쟁의 후방 기지로서 그 전쟁에 깊숙이 개입했다. 아니, 끌려 들어갔다고 하는 편이 맞을지 모른다. 일본은 1945년의 패전으로 한반도에서 철수하지 않을 수 없었다. 그 후 미군 점령 하에서 주권을 상실하여 이 지역에서의 국제관계에는 아무 발언권이 없었다.

그러나 패전 후의 일본으로서 6·25전쟁, 아니 한반도와의 연관은 실로 불가피하며, 또한 일본을 위해서 필요하기도 했다. 그것을 상징하는 것이 제4장에서 언급한 '부산 적기론'이다.

이 말은 6·25전쟁을 계기로 생겨난 것으로 본다. 전후 세계는 미국과 소련의 대립으로 이른바 동서 냉전시대가 이어지는 가운데, 일본에서 보수파를 중심으로 종종 사용되었다. "그냥 이대로 가다가는 부산에 적기가 나부낀다" "부산에 적기가 펄럭여도 괜찮은가?" 하는 논쟁이었다.

적기는 공산주의 또는 공산당, 공산주의 국가의 상징이다. 한국에서는 지금도 좌익을 가리켜 '빨갱이'라고 부른다. 나이든 세대에게는 북한도 '빨갱이'다.

따라서 부산에 적기가 펄럭인다는 것은 한국이 공산주의 국가가 되어 한반도 전체가 공산권으로 들어감을 의미했다. 공산주의인 북한의 침공을 받은 6·25전쟁에서는 한국의 수도 서울이 북한군에 점령되어 적기가 올라갔지만, 간신히 버텨 부산에서는 적기가 펄럭이지 않았다.

한국이 공산화하여 "한반도 전체가 공산권으로 들어가면 다음은 일본이다"고 하는 것이 보수 정권 아래 있던 냉전시대 일본의 국제정세관(觀)이었다.

여기에는 까닭이 있다. 당시 소련은 물론, 공산주의 국가가 된 중국

(1949년 건국)을 포함한 공산주의 세력은 당연히 일본의 공산화를 노려 일본에 대한 정치 공작을 추진했다. 여기에 호응하는 당시의 사회당과 공산당 등 좌익, 혁신 세력을 정력적으로 지원했다.

그런 의미에서는 6·25전쟁은 전후 일본의 국제정세관에 커다란 전기(轉機)가 되었다. 공산주의 세력이 무력으로 한반도를 남하하여 남쪽 절반까지 석권한 뒤, 부산에 적기가 올라가기 직전까지 몰렸던 사실을 목격했기 때문이다.

그 결과 남하해 오는 공산주의의 침략과 위협에서 일본을 지키기 위해서는 우선 어떻게 해서든 "부산에 적기가 펄럭여서는 안 된다"고 생각했다. 나아가 중국과 소련의 지원을 받은 북한의 침략과 위협, 즉 '북의 위협'에서 한국을 지키기 위해서는 "한국을 지원해야만 한다"는 것이 일본 안전보장론의 기본이 되었던 것이다.

'부산 적기론'은 패전 후 일본 최초로 안보상의 위기감이 표출된 것이었다.

하지만 사실 이것은 일본에 예로부터 존재한 안전보장관(觀)인 '북으로부터의 위협'론으로의 회귀 또는 재확인이기도 했다.

왜냐하면 이미 지적한 것처럼 고대사에서 백제를 지원하느라 한반도로 파병하여 나당 연합군에 패배했다. 그 뒤 기타규슈(北九州)에 '사키모리'(防人=그 지역을 지키는 수비 병사. 옮긴이)를 배치하여 '북으로부터의 위협'에 대비한 것에서 시작된다. 또한 몽골인 '원(元)'이 고려를 정복하고 한반도 남단에서 원·고려 연합군을 이뤄 기타규슈로 침공해온 '원구(元寇)'도 그랬다.

그리고 앞에서 소개했듯이 마지막은 한반도로부터 고난과 비극의 철수가 되어 막을 내린 근·현대사에서의 한반도 진출과 지배 역시 그 배경에는 러일전쟁으로 이어진 막부 말기 이래의 러시아제국의 남하와 공산국가 소련의 탄생이라는 '북으로부터의 위협'이 동기였던 것이다.

일본이 '북으로부터의 위협'에 대비하기 위해서는 그 방파제로서 언제나 한반도가 제 자리를 굳게 지키지 않으면 안 된다는 논리다.

이런 식으로 보자면 패전 후의 일본으로서 한반도는 불과 5년 전에는 고난과 비극의 '통한의 무대'였다. 그런데 그 역사의 정리가 아직 충분히 이뤄지지 않은 사이에 또 다시 일본의 안전 보장을 좌우하는 불가피한 존재로서 재부상(再浮上)한 셈이 된다.

일본은 한반도의 바로 남쪽에 위치하여 영원히 여기를 옮겨가지 못한다. 이것을 지정학적 환경이라고 하는 것인가. 일본으로서 한반도의 존재는 일종의 '업(業)'과 같다. 한반도로서도 일본이라는 존재는 마찬가지이리라. 일본은 역시 한반도로부터 벗어나지 못한다?

일본은
제2의 전쟁터가 되었다

1950년대 6·25전쟁으로 돌아간다.

이 전쟁을 계기로 일본은 한국과 북한의 남북 대립, 미국과 소련의 동서 대립, 나아가서는 공산주의와 자유주의의 이데올로기 대립이 격렬하게 전개되는 현장이 되었다. 여야당 대립이나 좌우 대립 등 일본의 국내 정치나 사상 상황도 그 영향을 강하게 받았다.

역사적 경과로 말하자면, 군대를 포기한 전후(戰後) 일본에 새로운 군비(軍備)로서 자위대(당초는 경찰 예비대, 나중에 보안대)가 생겨난 것은 6·25전쟁의 결과이다. 뒤에 가서 다시 언급하겠지만, 훨씬 세월이 흘러 21세기에 현재진행형으로 계속되는 '북한에 의한 일본인 납치'에도 그 영향은 있다고 말해도 무방하다.

전후 일본에 그 같은 국제정세관의 전환이나 각종 대립을 안겨준 발단이 된 6·25전쟁은 당연히 일본 국내에서 다양한 파문을 불러일으켰다. 일본으로서는 '조선'을 다시 남의 일처럼 버려둘 수 없게 된 것이다.

직접적으로는 한반도에서의 전쟁에 관해 일본을 무대로 북(중국과 소련 =공산 세력)을 지지하는가, 남(미국과 한국=자유주의 세력)을 지지하는 가의 싸움이 전개되었다.

특히 일본은 미군(유엔군)의 중요한 후방기지가 되었으므로 북한이나 중국, 소련 등 공산세력으로서는 미군 지원 반대와 저지, 방해는 중요한 싸움의 목표였다. 여기에 대해서는 당연히 미국이나 일본정부(보수 정권) 는 대항 조치로서 그 같은 북한(공산 세력) 지지의 좌익, 야당 진영 등의 활동 규제를 강화했다. 규제 받는 측은 '정치적 탄압'이라면서 반정부 활동을 전개한다.

일본 역시 6·25전쟁의 후방에서 소위 '제2전선'으로서 그 전쟁의 싸움터가 되었던 것이다.

그 '싸움'은 일본의 전후사(戰後史) 가운데 많이 새겨져 있다. 예를 들어 금방 떠오르는 것은 6·25전쟁이 한창이던 1952년 5월 1일, 도쿄 황궁 앞 광장을 무대로 전개된 '피의 메이데이' 사건이 그것이다.

'노동자의 제전(祭典)'인 메이데이는 전시 중에는 금지되어 있었던지라 자유와 민주주의의 전후를 상징하는 이벤트였다. 이해 도쿄 시내에서 행해진 메이데이 행진(데모)은 도중에 "황궁으로 가자!"고 외치면서 사용 금지가 되어 있던 황궁 앞 광장으로 몰려들었다. 저지에 나선 경찰과 격렬하게 충돌하여 소란 상태로 돌변했다.

그 결과 경찰의 발포로 데모대 2명이 사망한 것 외에도, 부상자와 검거자 1000명 이상이 나왔다. 전후의 각종 정치적인 데모에서 경찰 발포로 사망자가 나온 것은 현재에 이르기까지 이 사건 이외에는 없었던 것으로 여겨진다.

당시의 치안당국은 소란의 배경에 6·25전쟁이 있다고 판단했다.

이 메이데이를 비롯하여 당시 일본의 좌익, 반체제 운동을 주도하던 일본공산당은 일본에서의 폭력 혁명(공산주의 혁명)을 목표로 한 이른바 무장투쟁 방침을 취하고 있었다. 메이데이 소란 역시 그 투쟁의 일환으로 보였다. 그것은 한반도에서의 공산주의 혁명 투쟁인 6·25전쟁에서 북한을 지원하는 일로 연결되는 것이었다.

일본 사회의 정치적, 사회적 혼란은 6·25전쟁의 후방기지 혼란과 착란으로 이어진다. 문자 그대로 '제2전선'에서의 북한 지원을 위한 싸움이었다.

나아가 보다 극단적인 사건으로서는 그해 6월, 오사카 스이타(吹田) 조차장(操車場)에서 열린 6·25전쟁 2주년 기념집회(데모)가 그랬다. 여기서도 데모가 폭도화하여 경찰과 격렬하게 충돌했다. '스이타 소요사건'으로 불렸는데, 철도 조차장이 무대가 된 것은 구체적인 목표로서 '6·25전쟁에의 미군 수송 저지'가 노림수였기 때문이다.

6·25전쟁을 둘러싼 일본에서의 '싸움'은 그 같은 정치적 사건도 그랬지만, 소위 지식 세계에서도 극심했다. 사상 대립 혹은 이데올로기 대립이라 말할 수 있으나, 그 결과는 지금 생각해도 의외였다. 북한(공산주의 세력) 지지파 또는 반미파가 압도적으로 우세했던 것이다.

저널리즘을 위시하여 전후 일본의 지식 세계를 지배한 것은 일본의 과거(군국주의 일본 등)를 지나치게 부정하는, 요즈음 표현으로는 자학사관(自虐史觀)이나 속죄사관이다. 과거에 대한 반동(反動)과 미래지향으로서 공산주의와 사회주의를 선망했던 것이다. 내가 대학생이 된 1960년 당시에도 아직 그런 분위기가 진하게 남아 있었다.

학생 시절 주위의 지적(知的) 분위기를 간단하게 말하자면 '속죄의식과 사회주의 환상, 혁명적 로맨티시즘'이었다. 이것을 '조선'에 관해서 말하면 북한 환상(혹은 김일성 환상)이다. 나 역시 그 같은 분위기 속에 있었다.

그 결과 문제의 6·25전쟁에 관해서는 당연히 북한 지지가 대세였다.

제국주의 사이드인 미국과 한국은 '악(惡)'이고, 사회주의 사이드인 북한과 중국은 '선(善)'이었던 것이다. 6·25전쟁 그 자체에 관해서도 그런 도식(圖式)이었다.

그 전쟁을 누가 일으켰는가 하는 기원(起源)을 놓고 일본에서는 오랫동안 "미국과 한국 측이 벌인 것으로, 북한은 그들의 침략에 반격했다"고 하는, 북한이 주장하는 허구의 '조국 방어 전쟁'론을 곧이곧대로 믿어왔다. 또는 교과서나 신문보도 등에서도 그저 "전쟁이 발발했다"는 투의 애매한 표현이 대다수였다.

'북한군의 침공'이라고 쓰지 않음으로써 북한(공산주의 세력) 측을 옹호하고, 그들의 주장에 가담했던 것이다. 6·25전쟁을 실증적이고 명확하게 북한이 일으킨 한국 침공전쟁이라고 쓴 연구자의 책은, 1966년에 시판된 가미야 후지(神谷不二) 게이오(慶應)대학 교수의 〈조선전쟁(朝鮮戰爭)〉(中公新書)이 처음이었다고 한다.

따라서 '싸움'이라는 의미에서는 6·25전쟁의 진상을 둘러싸고 북한(공산주의 세력) 측이 일본에 대해 펼친 모략과 정보 공작이 크게 주효하여 그들이 승리를 거두고 있었다.

다음은 그 배경이 된 일본에서의 6·25전쟁을 에워싼 '북한 환상'의 상징으로서, 작가 마쓰모토 세이초(松本淸張, 1909~92년)를 이 자리에 불러내기로 한다. 왜냐하면 나 역시 그런 그의 작품에 속은 사람의 한 명이었기 때문이다.

저명 작가
마쓰모토 세이초의 북한 환상

　잘 알다시피 그의 작품은 1950년대 이후 일본 독서 세계에는 여태 존재하지 않았던 새로운 사회파 추리소설로서 크게 주목받았다. 압도적인 인기를 얻은 그는 최고의 베스트셀러 작가가 되었다. 작품은 지금도 계속 읽히고 있으며, 팬이 숱하다.

　〈점(點)과 선(線)〉〈제로의 초점(焦點)〉〈검은 화집(黑い畵集)〉〈검은 복음(福音)〉〈안개의 깃발〉을 비롯한 수많은 작품으로 유명하다. 그런데 한편으로는 사회파 추리작가답게 전후의 일본 사회를 뒤흔든 여러 사회적, 정치적 사건을 소재로, 그 '수수께끼 풀기'에 매달린 작품도 적지 않다. 대표작이 논픽션 작품집 〈일본의 검은 안개〉이다.

　이 작품은 1960년에 월간 〈분게이슌주(文藝春秋)〉에 1년 동안 연재된 뒤 단행본으로 정리하여 1974년 출간했다(文春文庫). 그 후 2004년에는 개정판이 다시금 출판되었다.

　1960년은 내가 대학에 입학한 해이기도 하지만, 정치적으로는 미일 안보조약에 반대하는 학생운동을 중심으로 한 대규모 반정부 운동이 전개되었다. 이른바 '안보 투쟁'의 시절이었다. 어떤 의미에서는 좌익의 전성기였고, 나 역시 그 소용돌이 속에 놓여졌다.

그 같은 사회적 분위기 아래 집필한 〈일본의 검은 안개〉는 전후에 일어난 각종 사건의 배경에 미국의 의도가 작용하고 있었다는 '수수께끼 풀기'를 해보인 작품이었다. 2004년에 출간된 개정판의 띠지에는 '놀랄 만한 미국의 모략을 폭로한다 / 충격의 논픽션'이라고 선전해놓았다.

이 PR 문구에서도 드러나는 것처럼 〈일본의 검은 안개〉는 전편(全篇)이 반미 색깔이 아주 강한 내용이었다.

여기서 '수수께끼 풀기'의 대상으로 들먹여진 것은 12건이다. 목차를 살피면 국철 노동쟁의와 얽힌 '시모야마(下山) 국철 총재 모살론(謀殺論)', 공안 경찰의 막후(幕後)를 다룬 '백조(白鳥) 사건', 소련의 일본 스파이 '라스트뵈로프 사건', 좌익 세력에 대한 탄압으로 일컬어진 '추방과 레드 퍼지' 등이 나열되어 있다.

개중에는 전후 일본에서 최초의 항공기 추락사고가 된 '목성호 조난 사건'도 대상으로 올랐다. 1952년 4월, 한 해 전에 막 취항한 일본항공 제1호기 '목성호'가 이즈오시마(伊豆大島)의 미하라야마(三原山)에 추락한 사고인데, 그 배후에는 사실 미국의 음모가 있었다는 너무 대담한 추리를 전개한다.

그리고 12건의 마지막에 등장하는 것이 '모략 6·25전쟁'이다.

다시 말해 6·25전쟁은 북한이 아니라 미국의 모략에 의해 일어났다는 것이 마쓰모토 세이초의 '수수께끼 풀기'였다. 이 글을 쓴 것은 1960년이지만, 그런 주장이 반세기가 더 지난 지금까지도 그대로 저명 작가의 작품으로 유통되고 있다.

그 후 소련 공산권의 붕괴에 의해 공개된 옛 소련의 내부 자료와, 개방과 개혁에 나선 중국에서의 증언, 나아가서는 미국 국립 공문서관에서 공개된 6·25전쟁 당시 미군이 북한 측으로부터 압수한 비밀문서 등에 의해 전쟁의 기원을 둘러싼 '미국과 한국의 북진설'이나 '미국 모략설'은 이미 완전히 부정되었다. 이제 와서는 북한의 주장을 지지하는 것은 북한밖에 없는 게 현실이다.

마쓰모토 세이초도 당시 저서에다 이런 변명을 적어 놓았다.

{이런 자료로 볼 때 남한 측이 38도선에서 먼저 전쟁을 걸었다는 강한 인상을 피하지 못한다. 그러나 다시 한 번 되풀이하지만, 남한 측에 비해 북한 측의 자료는 대단히 빈약하다. 비중은 남한 측이 훨씬 무겁다. 따라서 이 자료로는 한국이나 미국 측이 손해를 보는 결론을 이끌어내게 되었다. 만약 같은 분량의 자료가 북한 측에서 발표되었더라면 이 비교는 보다 명확해지고 공평해지리라.}

그렇지만 아무리 그래도 단정을 내리는 투가 심하다. 그 배경에는 분명히 북한 환상이 있다. '모략 6·25전쟁'에서는 전후의 한반도 정세가 시종 북한 칭찬 일변도이며, 한국과 미국은 '악'으로 그려진다.

이것은 자료의 문제가 아니다. 작가의 이데올로기 문제다. 왜냐하면 마쓰모토 세이초는 전후의 국제정세에 관해 '모략'은 오로지 미국과 한국(즉 제국주의) 측에만 있고, 북한이나 소련(공산 세력) 측에는 있을 리 없다는 식으로 써내려간다. 이래서야 진상은 파악되지 않으며, 수수께끼도 풀리지 않는다. 아니, 결론은 처음부터 정해놓은 것이나 다를 바 없다.

〈일본의 검은 안개〉의 마지막 장(章)인 '모략 6·25전쟁'에서 그릇된 수수께끼 풀기의 배경에 있는 한반도 정세를 보는 이데올로기적인 비틀림을 인용하자면 이런 느낌이 든다.

가령 전쟁 전의 남한(한국)의 혼란스러운 정치 정세를 소상히 소개하고, 그 결과 이승만 정권은 정치적 위기에 빠져 있었다면서 이렇게 적었다.

{(남한의) 이승만 독재에 의한 그 정권의 위기는 결정적인 운명에 직면했다. 얼마 지나지 않아 38도선에서 전쟁이 일어났다. "그들은 전쟁 도발로 연명(延命)을 꾀했던 것이다"(〈조선의 역사〉, 박경식·강재언 지음). 이 남한 측의 기록(인용자 注 / 정치적 혼란이나 좌우충돌을 말함)에 대해 북한 측은 김일성의 지도로 착착 기초를 다졌고, 공업 생산력의 건설에 이르렀다. 이것은 북한 기록에는 좀 더 찬미적인 수사(修辭)로 적혀 있지만, 공평하게 여겨져 그다지 틀리지 않아 보인다. 걸핏하면 남한처럼 스트라이크나 폭동, 암살 따위가 일어나지 않기 때문이다. (생략) 남한 측과 같은 암흑적인 인상은 북한 측에서는 받지 않았던 것이다.}

{6·25전쟁이 발발하기 직전의 이승만 정부는 벽(壁)에 부딪쳐 있었고, 무언가 기적적인 활로를 찾지 않으면 안 될 상태였음은 부인할 수 없다.}

그러니까 전쟁은 이승만이 일으켰다는 것이다. 덧붙이자면 여기서 인용하고 있는 참고 문헌 〈조선의 역사〉를 쓴 저자들은 당시 북한의 지지를 분명히 밝히고 있던 재일 한국인 학자들이다.

지금 말할 수 있는 것은 마쓰모토 세이초가 소개하는 당시 남한(한국)의 정치적 혼란의 배경에는 오히려 북한에 의한 '모략'과 정치 공작이 있었다. 또한 김일성의 성공 미담 또한 북한에 의한 대외 정보 공작, 즉 '모략'의 결과였다는 것이 역사의 진상이다.

그리고 '암흑의 남한과 발전하는 북한', 이것은 전후 일본 사회(특히 그 지식 세계)를 오래토록 지배한 북한 환상의 전형이다. 그런 의미에서 그 전쟁은 마쓰모토 세이초의 수수께끼 풀기와는 거꾸로, 실은 북한에 의한 '모략 6·25전쟁'이었다는 것이 과녁을 꿰뚫고 있다.

저서에서 또 하나, 북한 환상에 상당하는 부분을 소개한다.

{병사들은 민가로 뛰어 들어가 거기서 군복을 벗고 흰옷으로 갈아입는다. 그렇게 하면 부근의 주민들과 전혀 달라 보이지 않는다. 그리고 그들은 흰옷을 입은 채 산과 들판을 지나 북으로, 북으로 쉬지 않고 달려갔으리라. 어쨌거나 이런 일은 그 지방 주민의 북한군에 대한 호의가 없었다면 불가능했다. 호의란 즉 북한군 병사가 신념으로 가졌던 혁명에 대한 공감이며, 동정이다. 10만의 병사가 별다른 손해를 입지도 않고 무사히 북한을 향하여 '집합'했던 것은, 첫째로 남한 주민의 지지가 있었기 때문이다. 그것은 이승만 정권에 대한 반감이라기보다 동포를 죽이러 온 미군에 대한 증오에서 나온 것임이 분명하다.}

이건 흡사 북한 당국의 '어용 작가'가 쓴 종군기나 다름없다.

일본이 전쟁을 할 때 종군기자가 전선에서의 패퇴를 '전전(戰轉)'이라는 따위로 표현한 것보다 더하다. 자료 부족에 의한 일방적인 기술(記述) 정도가 아니다. '인민의 동지, 인민의 사랑을 받는 북한'과 '반미'라는 이데올로기, 거기에 덧붙인 예의 '혁명적 로맨티시즘'에 의거한 '북한 환상'의 산물이다. 또한 '…이리라' '… 틀림이 없다'로 쓰여진 작문, 선전문이다.

이 작품에서 마쓰모토 세이초는 끊임없이 북한 측의 자료 부족을 안타까워한다. 말미(末尾) 부분에도 "만약 북한 측으로부터의 자료가 좀 더 윤택하게 나왔더라면, 6·25전쟁 자체에 대한 분석과 평가는 더 정밀해졌으리라"고 적어놓았다.

그런 다음 북한 측에 "의문도 남는다"면서, 북한에서 김일성에 이어 권력 넘버 2였던 박헌영(朴憲永)이 6·25전쟁 후에 "미국의 스파이였다"고 하여 처단되었다는 보도에 관심을 드러내었다.

마쓰모토 세이초는 '모략 6·25전쟁'을 포함한 〈일본의 검은 안개〉를 쓴 2년 뒤인 1962년 1월부터 이듬해 3월에 걸쳐, 이번에는 월간 〈주오코론(中央公論)〉에 북한과 관련된 소설 〈북의 시인〉을 연재했다. 그 단행본은 같은 회사에서 1964년에 출판되었는데, 이것은 '모략 6·25전쟁'을 소설화한 속편과 같은 것이었다.

소설의 테마는 "의문이 남는다"고 쓴 '미국 스파이'로서 처형된 박헌영의 수수께끼 풀기였다. 단지 소설의 주인공은 박헌영이 아니라 박헌영 등과 함께 똑같은 용의로 처형당한 전(前) 문화상(文化相)이자 시인으로 알려진 임화(林和)였다. 그러므로 타이틀이 〈북의 시인〉이라고 문학적(?)으로 붙여졌다.

그러나 이 소설은 '북한 측 자료'를 그대로 이용한 것이어서 이제까지와 같이 내용에 관해 자료 부족을 탓할 수도 없었다. 그 자료란 북한 당국이 발표한 재판 기록이다. 소설은 그 재판 기록에 전면적으로 의거하여 집필했다.

그렇다면 북한이 충분한 자료를 내놓았더라면 박헌영이나 임화의 처형이라는 북한의 '수수께끼'가 올바르게 풀렸을까?

김일성을 옹호한 소설
〈북의 시인〉

　그보다 먼저 박헌영과 임화의 간단한 인물상을 소개해두자.

　앞에서 1945년 8월 15일 전후의 조선의 상황에서도 소개한 것처럼, 일본 패전 후의 한반도는 소련군이 진주하여 지배한 북쪽은 말할 것도 없고, 남쪽(한국)에서도 또한 좌익 세력(공산주의자)의 움직임이 활발했다. 일본 지배로부터의 해방으로 그때까지 탄압받고 지하에 숨어 있던 그들이 일제히 바깥으로 등장했기 때문이다. 특히 해방 후 남한(한국)의 정치 상황은 그들에 의해 엄청나게 흔들렸다.

　두 사람은 일본 통치시대로부터 좌익·공산주의자로서 알려졌다. 박헌영(1900~55년)은 1925년의 조선공산당 창설 멤버로, 모스크바와 상하이에서의 활동이 있었다. 일본 당국에 몇 차례나 체포된 적이 있는 조선 공산주의 운동의 선구자였다.

　임화(1908~53년)는 일본 통치시대에 시인으로 명성이 높았다. 1934년에 결성된 '조선 프롤레타리아 문학 예술동맹'(통칭 카프)의 지도자였고,

검거되었던 전력(前歷)도 있었으나 결핵을 앓아 병약했다.

두 사람 다 일본 통치시대 말기에는 두드러진 활동을 하지 못하여 지하에 잠복해 있다가, 해방 후 즉시 공산주의 운동의 재건에 매달렸다. 임화는 창작을 재개했다. 둘 다 남한 출신(임화는 서울 태생)으로, 활동 거점은 서울을 중심으로 한 남한(한국)이었다. 그렇지만 이승만 정권 아래 활동이 곤란해져 나중에는 북한으로 올라가 김일성(1912~94년) 등과 합류한다.

북한에서는 소련의 지지를 얻은 김일성 일파가 권력을 쥐었다. 두 사람은 공산주의자로서는 김일성보다 선배인 고참으로, 남조선로동당(남로당)을 중심으로 한 남한 출신자의 세력을 배경으로 나름대로 힘을 갖고 있었다.

박헌영은 권력 넘버 2였다. 지적(知的)인 수완가로 알려졌으며, 경력도 풍부하고 인망은 김일성보다 훨씬 높았다. 나중에 김일성 정권 아래에서 그는 부수상 겸 외상(外相)이 되었고, 임화는 문화상에 취임했다. 그러나 권력 내부에서는 김일성의 소련파와 중국 공산당 계열의 연안파(延安派) 등과 더불어 유력 파벌이었던 남로당 계열의 중심인물로, 김일성의 라이벌 세력이었다.

북한의 역사는 처음부터 격렬한 권력 투쟁과 반대파에 대한 '피의 숙청'으로 얼룩져 있다.

그 전통(?)은 주지하다시피 세습 3대째인 현재의 김정은(金正恩) 체제에도 확실하게 이어지고 있다. 권력 넘버 2였던 장성택(張成澤)은 부정부패, 반혁명 음모를 이유로 무자비하게 처형되었다. 그 후로도 권력 내부의 유력자에 대한 총살 등 숙청설이 수시로 전해진다. 이복형인 김정남(金正男) 독살 또한 그런 역사에 더하여도 무방하리라.

6·25전쟁 이후의 박헌영과 임화 처형은 북한 내부의 권력투쟁의 결과였다. 6·25전쟁의 '실패'로 위기를 느낀 김일성 일파에 의한 라이벌 남로

당의 숙청, 추방이었다. 처형된 것은 두 사람뿐만이 아니다. 그들 외에도 9명이 있었다. 김일성은 6·25전쟁 실패의 원인과 책임을 남로당에 덮어씌웠다. 이것이 두 사람의 숙청에 관한 진상으로 이제는 정설이 되었다.

재판 기록에 따르면 그들의 죄상(罪狀)은 (1)미 제국주의를 위해 감행한 스파이 행위 (2)남(南)의 민주 역량을 파괴, 약화, 음모, 테러, 학살 행위 (3)공화국 정권 전복을 위한 무력 폭동 행위 등으로 나와 있다(日本評論社 발간 〈조선한국근대사 사전〉에서).

이 숙청 재판의 판결은 임화 등에게는 1953년에, 거물이었기 때문에 분리 재판을 받은 박헌영에게는 별도로 1955년에 내려져 처형되었다. 임화를 주인공으로 한 소설 〈북의 시인〉 권말에는 기소장과 판결문 등 재판 기록이 그대로 실려 있다. 마쓰모토 세이초는 이 재판 기록에 따라 임화를 북한 주장대로 "미국의 스파이였다"고 하면서, 그 인생을 소설로 그렸던 것이다.

소설에는 일본 통치시대로부터 해방 후의 미 군정청 시절을 포함하여 그가 일본 당국에 얼마나 회유를 당하고 타협했고, 나아가 그 뒤에는 미군 당국에 얼마나 '스파이'로서 대접을 받았는지가 마쓰모토 세이초 득의의 추리소설 풍 이야기로 꾸며져 자세하게 그려진다. 다시 말해 마쓰모토 세이초는 김일성에 의한 권력 투쟁으로서의 남로당 숙청을 소설로 지지하고 정당화했던 것이다.

그로서는 자료가 모자라니까 수수께끼가 남았고, 진상을 몰랐던 것이 아니다. 자료 이전에 북한 환상과 반미라고 하는 이데올로기가 있었기 때문에 그 이데올로기에 따라 사용하고 싶은 자료만 이용한 것에 지나지 않는다.

아무리 그렇더라도 〈북의 시인〉은 심했다. 모조리 실명(實名)으로 실존했던 인물을 등장시켜, 더구나 마지막에는 재판기록까지 수록해놓았으니

까 논픽션에 가깝다. 따라서 〈일본의 검은 안개〉의 연장선상의 작품인 것
이다.

사실 이 작품이 출판되었을 당시, 임화와 연관된 스토리는 완전히 거짓
말이라고 신랄하게 비판한 평론가가 있었다. 월간 잡지 〈자유(自由)〉(1967
년 12월호)에 게재된 '작가 임영수(林英樹)'의 〈북의 시인〉의 진실'이라는
제목의 평론이었다.

벌써 50년 전의 잡지 기사이지만, 색깔이 거무튀튀하게 변하여 거의 찢
어질 것 같은 그 기사를 나는 지금도 갖고 있다. 언젠가는 인용할 기회가
올지 모른다고 여겼기 때문이다. 여기서 그것을 소개한다.

집필한 '임영수'는 재일 한국인으로, 북한론과 자전(自傳)을 포함하여
여러 저서가 있는 박갑동(朴甲東) 씨이다. 그는 전후 일본으로 '망명'했는
데, 해방 직후의 남한(한국)에서 남로당 활동가였다. 좌익 신문의 일도 했
고, 당시 남로당의 인맥이나 내부 사정에 정통했다.

본인에 의하면 남로당에서는 정책과 선전을 담당했고, 지하 활동의 '총
책임자'였다. 평양으로 간 다음에는 '문화선전성 유럽 부장'으로 근무했다
고 한다.

그는 일본 패전 전에 와세다대학을 졸업했고, 거침없는 담론(談論)으로
나 역시 그의 체험담에 상당히 신세를 지기도 했다. 저서에는 〈증언 김일
성과의 투쟁기〉 등이 있으며, 한때는 스스로 주도한 '반(反) 김일성 망명
정권'론을 종종 들려주었다.

그가 지적하는 '마쓰모토 세이초의 거짓'에서 몇몇 발췌해본다.

먼저 소설에서는 임화가 미국 스파이가 된 배경으로 일본 통치시대에
일본 당국의 압력과 협박에 못 이겨 운동에서 몸을 빼고 사상적으로 전
향했다는 '비밀', 즉 약점을 미국 측이 간파했기 때문이라고 되어 있다. 그
러나 임화의 전향은 잘 알려진 사실로, 전혀 비밀이 아니었다고 한다.

그 전제가 무너지면 임화의 스파이설은 성립하지 않는다. 보다 흥미로운 것은 실존한 등장인물들의 인물사에 대한 거짓이다.

죄다 숙청의 대상이 된 주변 인물들이지만, 예를 들어 우선 작가 김남천(金南天)에 관해 소설에서는 "역시 출생은 어쩌지 못하지요. 그 사내는 경상남도인가 북도의 양반 집안에서 태어났습니다"고 밝히고 있다. 하지만 그는 북한에서 태어나 서울에서 자랐다. 그럼에도 "이름이 남천이니까 마쓰모토 씨는 남한 태생으로 지레짐작했던 모양"이라고 했다.

나아가 소설은 "조일명(趙一鳴)은 살이 찌고 혈색이 좋은 사내였다"고 했는데, 사실은 "조일명은 폐병으로 안색이 검었고, 몸은 뚱뚱하기는커녕 해골처럼 야위었다"고 한다.

임화나 조일명과 마찬가지로 사형된 설정식(薛貞植)에 관해서도 "머리카락을 잘 빗질하여 옅은 갈색 안경을 쓰고, 통통하고 혈색이 좋다"고 묘사하고 있다. 그러나 실제는 "약간 곱슬곱슬하고 덥수룩한 머리에 안경 따위는 끼지 않았으며, 날씬한 몸매였다"고 한다.

박헌영과 어깨를 나란히 한 남로당의 거물로, 역시 처형된 이승엽(李承燁)도 '살찐 한쪽 뺨이…'라고 묘사되어 있으나, 그는 전혀 살이 찌지 않았고 "당원들로부터 면도칼이라는 말을 들을 만큼 머리가 좋았을 뿐 아니라 얼굴도 갸름했다"고 한다.

다시 말해 마쓰모토 세이초로서는 미국의 스파이가 되어 인민을 배신한 나쁜 놈들은 반드시 "살찌고 헤어스타일이 반듯하며 안경을 걸치고 있다"는 부르주아 풍이 아니면 안 되었던 것이다. 그런 자들은 사형되어 마땅하다는 식이었다.

이런 진부함은 북한의 어용 혁명문학조차 한 수 접어주어야 하지 않을까. 하기야 북한의 문학작품은 거의 읽은 적이 없으니까 어디까지나 상상이지만….

마쓰모토 세이초의 북한과 연관된 작품에는 지금도 여전히 '마쓰모토 팬'이 많이 존재하는 만큼 그 죄가 깊다고 생각한다.

작품의 근저에 있는 그의 북한 환상과 반미는, 전후 일본 사회에서의 한반도 정세를 바라보는 시각과 북한에 대한 이해를 크게 왜곡했다고 믿는다. 약간 비약하지만, 북한의 (권력) 실태와 진상이 보이지 않는, 아니 보려고도 하지 않았다. 그랬기에 나아가서는 그 후 북한에 의한 일본인 납치사건도 일어난 것이다. 여기에 대해서는 나중에 상세하게 다루기로 한다.

12

'在日 한국인 조국 귀환'의 비극

⋮

북한 환상이 안겨준 것

소년 시절 추억의
재일 한국인

내가 소년 시절을 보낸 오사카를 비롯한 간사이(關西) 지역은 재일 한국인(조선인) 거주자가 지금도 일본에서 가장 많은 곳이다. 따라서 오사카 시절의 내 주변에도 당연히 그들이 존재했다.

그것은 이미 소개한 것처럼 가이코 다케시의 소설 〈일본 삼문 오페라〉에 등장하는 '아파치'의 미니판(版)과 같은 고철 수집업을 하던 재일 한국인 아저씨들 외에, 소·중학교 시절의 동급생 가운데에도 그들이 있었다.

당시에는 그들의 존재를 유별나게 의식한 적이 없었으며, 소위 차별적인 현상 따위도 내가 기억하는 한 전혀 없었다. 그러나 훗날 '코리아'에 뜻을 두게 된 이래 그들이 어쩐지 까닭 없이 그리워졌다.

벌써 60년도 더 전의 일이고, 아이들로서는 그저 동급생일 뿐이어서 평소 그들의 출신이나 존재에 관심을 가진 적이 거의 없었다. 그랬으니 그들에 관한 기억이 그리 많지도 않다. 그것도 극히 일상적이자 단편적인 것들이다. 그 기억의 단편(斷片)을 꿰맞추어 보자면 이런 느낌이다.

기억에 남는 재일 조선인(당시는 '한국인'이라는 표현이 아직 일반화되어 있지 않았다) 동급생 3명이 있었다. 이름은 각각 '가네모토 마사요시(金本正義)' '교노 젠이치(敎野善一)' '하리모토(張本)'였다.

앞의 둘은 소학교에서 중학교 1학년까지 함께 다녀 이름도 기억하는데, 하리모토는 소학교 시절에만 접촉하여 성만 알고 이름은 외우지 못한다. 그는 중학교부터 조총련 계통의 조선학교로 가는 바람에 내 시야에서 사라졌다.

'가네모토'는 본래 '김정의'였으리라. 덩치가 크고 머리가 좋았으며, 달리기와 야구 등 운동도 잘 했다. 피부가 희고 부끄럼을 타는 구석이 있어 금방 얼굴이 빨개지는 타입이었다. 다만 내가 항상 "저 녀석에게는 못 당하겠는걸…" 하고 생각한 것이 습자(習字)였다. 그가 쓰는 습자의 한자(漢字)는 마지막 마무리할 때의 필치가 당당하여 어른스러웠다.

"어떻게 그리 잘 써?" 하고 물어본 적이 있는데, 대답은 "아버지가 가르쳐 주셔!"라는 것이었다. 나는 죽어라 하고 그의 흉내를 냈던 기억이 떠오른다. 그의 부탁을 받고 참고서를 빌려준 적도 있었다.

그와의 가장 또렷한 추억거리는 중학 1학년 때였으리라. 그가 동급생인 '좋아하는 여자 아이'를 털어놓으면서, 그런 사실을 그 아이에게 전해달라고 부탁했던 것이다. 그때 빨개진 그의 얼굴이 지금도 생생하게 떠오른다.

나는 다른 여자 아이를 몰래 좋아했던지라 다행이었다. 마침 내가 좋아하던 아이와 그가 좋아하던 아이가 서로 친한 사이여서 그 아이를 통해 넌지시 전해주었다. 단지 그때 내가 품었던 감상(感想)은 "가네모토가 상당히 조숙하군…" 하는 것이었다. 이제 와서 돌이켜보니 생각과 행동이 굼뜬 편이었던 나로서는 그가 어딘지 부럽고, 약간 질투가 나기도 했던 것 같다.

나는 중학 2학년 때 다른 지역으로 전학을 갔으나 그 후로도 그와는 연락을 주고받았다. 나중에 그가 명문 고교를 나와 오사카대학 의학부에 입학했다는 소식까지는 들었다. 아마 대학을 졸업한 뒤 의사가 되지 않았을까.

두 번째인 '교노'는 원래 '강선일(姜善一)'이었으리라. 이쪽도 나보다 키가 크고 성적은 그저 그랬지만 완력(腕力)이 두드러졌다. 소학교 시절 몇 번인가 맞붙은 기억이 나는데, 내가 졌다는 것밖에 떠오르지 않는다. 중학에서는 야구부에 들어가 우리 동급생끼리 "(교노는) '나미쇼(浪商)'로 가겠지?"라고 추측하기도 했다.

'나미쇼'는 당시 전국적으로 알려진 오사카의 야구 명문 '나니와(浪華) 상업고교'를 가리키며, 고시엔(甲子園=일본 전국 고교야구대회의 별칭, 옮긴이)에 곧잘 출전했다. 덧붙이자면 우리와 같은 세대로, 프로야구계의 유명 인사인 '하리모토 이사오(張本勳, 한국명 장훈)'도 '나미쇼' 출신이다. 그는 히로시마에서 살던 재일 한국인 소년이었는데, 야구를 잘하여 오사카 '나미쇼'에 스카우트되었다. 그 뒤 고교 졸업과 동시에 프로로 진출하여 이름을 떨쳤다.

그러나 '교노'의 그 후 소식은 알지 못한다. 훨씬 오래 전에 동창생으로부터 전해들은 이야기로는 '나미쇼'에는 가지 않았고, 한때는 완력이 말해주는 세계에 발을 디뎠다는 소문이 들려왔다고 한다. 그런 소문을 떠올릴라 치면 도리어 한층 더 그리워지는 이름이다.

이상 두 사람에 견주자면 '하리모토'와는 소학교에서만 사귀어 떠올릴 만한 일이 변변찮다. 그는 몸집이 작고, 공부를 잘했던 것으로 기억한다. 그 외의 인상은 없는데, 다만 그에 관해서 두 가지를 꼭 밝혀두고 싶다.

어느 날 소학교 화장실에서 소변을 보고 있는데 갑자기 뒤에서 모르는 남자 아이가 주먹으로 내 머리를 쳤다. 뒤돌아보며 '뭐야?' 하고 쩨려 봤더니 "하리모토의 형이야. 너 내 동생을 때렸지?" 하더니 그냥 그대로 가

버렸다.

　나로서는 집히는 데가 도통 없었다. 언제 싸운 적이 있었는지조차 모른다. 단지 그때 순간적으로 생각한 것은 "어찌 된 영문인지는 알 수 없으나 그렇다고 형한데 일러바쳐 보복하다니…" 하는 것이었다.

　나에게도 형은 있었다. 다섯 살 위로, 당시 중학생이었는지 이미 고등학생이 되었는지 확실치 않다. 어쨌든 같은 학교에 있었더라도 형이 동생 일에 가세(?)하여 나서는 것은 우리 집에서는 상상할 수 없었다.

　학교에서 아이들끼리 생긴 트러블을 형이나 가족에게 일러바치는 것은 우선 부끄러워 결코 하지 못했다. 설령 형이 "내가 혼내주마!" 하고 나서더라도 필사적으로 "제발 그런 창피한 짓은 하지 말라!"고 애원했으리라.

　또한 소학교 졸업식과 관련하여 이런 기억이 난다.

　당시 졸업식에서는 졸업생 대표의 답사라는 것이 있어서 여기에 동급생 한 명이 뽑혔다. 이걸 어딘가에서 들은 어머니가 "네가 성적이 더 좋았을 텐데 그게 뭐야!" 하며 발끈하더니 "선생님에게 가서 따지겠다"고 했다. 나는 어머니를 붙잡고 "제발 그만 두시라!"고 매달렸던 일이 떠오른다.

　이것이 '하리모토' 이야기와 관계가 있나? 그렇지, 있다.

　이것은 내가 나중에 한국(조선)에 관심을 갖게 된 다음 생각한 것이지만, 당시 '하리모토' 형제의 경우는 "어쩌면 한국적인 현상이 아니었을까?"고 유추해보기에 이르렀다.

　한국인은 형제나 가족끼리의 유대와 서로 의지하는 게 일본인보다 훨씬 강하다는 사실을 알았기 때문이다. 특히 제3자에 대해서는 그렇다. 가족끼리는 무조건 서로 위하고 돕는다. 이런 '정(情)'이 말하자면 초(超)법규적이다. 때로는 '법률'이라는 제3자보다 위에 위치한다.

　한국에서는 1990년대까지 학생운동이 성행하여 일상적으로 반정부 데모가 벌어졌다. 그럴 때 위법 데모나 경찰과의 충돌로 학생이 종종 당국에 체포, 연행되었다. 그러면 체포 학생의 어머니가 "아들을 내놔라!"면서 경찰서로 달려가 현관에 주저앉는 풍경을 자주 목격했다. 일본에서도 1960년의 '안보 투쟁'과 그 뒤의 전공투(全共鬪) 운동에서 많은 학생이 체포되었지만, 일본에서는 그런 풍경이 전혀 없었다.

재일 한국인(조선인)의 경우, 일본 사회에서 '약자'로서 스스로를 지키느라 당연히 서로 의지한다. 특히 가족의 유대는 한층 강해진다. 이민족 사회에서 출신 국가의 배경이 약하거나 없거나 하면, 가족이야말로 자기 방어를 위한 마지막 방파제가 된다. 그 같은 가족의 강한 유대 속에서 당연히 아이들도 강한 형제애를 추구한다?

이것이 소학교 시절에 '하리모토'의 형이 어느 날 느닷없이 주먹으로 때려 나를 당황하게 만든 배경이 아니었을까 하고 훗날 떠올려본 가설(假說)이다.

'하리모토'와는 직접적으로는 그 외에 따로 기억나는 게 없다. 그는 소학교를 졸업한 뒤 중학은 조선학교를 다녔고, 그 후 재일 조선인(=이하 '조총련계 한국인'으로 표기, 옮긴이)의 '조국 귀환운동'으로 북한으로 건너 갔다는 소문을 들었다. 그게 마지막 소식이었다. 그러나 '하리모토'에 관해서는 또 한 가지, 바로 이 북한 귀환에서도 신경이 쓰였다.

'지상의 낙원'은
지옥이었다

조총련계 한국인의 조국 귀환운동이라는 것은, 일본과 북한 적십자사 간의 협정에 의해 일종의 '인도(人道)문제'로서 실현되었다. 맨 처음 귀환 선이 니가타(新潟)로부터 북한으로 향한 것은 1959년 12월이다. 당시 나는 고교 3학년이었으니까 '하리모토'도 고교생이었으리라.

덧붙이자면 '조국 귀환'이니 '북한 귀환'이라고 하지만 조총련계 한국인의 대다수는 현재의 한국, 즉 남한 출신자다. 따라서 고향이라고 해도 조국은 지리적으로는 한국이었던 것이다. 그런데 귀환운동이 북쪽의 '조선민주주의인민공화국'과 거기를 '조국'으로 여기는 조총련에 의해 진행되었던 탓으로 북한행이었음에도 불구하고 '조국 귀환'이라고 표현했다.

그들로서 '조국'은 '빈곤과 암흑의 남쪽(한국)'에 비해 '지상의 낙원'으로 선전한 북한밖에 없다고 믿었다. 아니, 믿도록 의식화되어 있었다.

한편 한국은 당연히 귀환운동에 강력하게 반대했다. 그래서 '귀환'이라고 하지 않고 '재일동포의 북송' 또는 '북송 동포'라고 했고, 지금도 그렇게 표현한다.

　귀환운동은 1967년까지 계속되다가 일단 중단했다. 이 기간에 전체 귀환자의 대다수에 해당하는 8만8611명이 북한으로 '귀국'했다. 초기 몇 년에 집중된 셈인데, 도중에서부터 북한의 '실태'에 관한 정보가 부분적이지만 비밀리에 전해져 귀환에 대한 의문이 생겨났기 때문이다.

　귀환은 1971년에 재개되어 1984년에 종료했다. 총 9만3340명이 북한으로 건너갔고, 그 중에는 일본인 처(妻) 약 1700명과 그 자녀 등 일본 국적 보유자 약 7000명이 포함되어 있었다.

　'하리모토'가 언제 어느 시점에서 북한으로 향했는지는 모른다. 필경 고교생 때이지 않았을까. 그렇지 않으면 대학 진학 시 '교육이 공짜인 낙원'이라는 선전에 마음이 움직여 북한에서의 대학 진학을 꿈꾸고 결단을 내렸는지도 모른다. 당연히 부모와 함께 갔을 텐데, 그 후의 소식은 알 수 없다.

　이미 썼듯이 나는 1964년 신문기자가 된 뒤 이듬해부터 히로시마에서 4년 동안 근무하고, 1969년 3월에 도쿄 본사로 돌아왔다. 도쿄에서는 '아무 것이나 닥치는 대로 맡는' 사회부 기자였다. 그 하나가 1971년 5월, 중단되어 있던 조총련계 한국인 귀환 사업이 4년 만에 재개되었을 때 그 첫 번째 출항을 니가타항에서 취재했다.

　당시 쓴 기사의 상세한 내용은 잊었다. 다만 출발 풍경을 스케치 풍으로 전하는 사회면 기사의 제목이 '인도(人道)의 배, 북으로'이었음을 지금도 선명하게 기억한다. 기사에는 '인도 항로'라는 표현도 썼던 것 같다.

　이런 것에서도 추측할 수 있듯이 기사 내용은 북한으로의 귀환을 칭찬하고, 북한으로 건너가는 사람들의 꿈과 희망에 가득찬 마음과 표정을 아주 긍정적으로 전하는 것이었다.

　기사 첫머리에 약간 들뜨고, 그리고 엑조틱(exotic)한 기분으로 니가타

현지에서 배운 조선어(한국어) 인사말 "안녕히 가십시오! 안녕히 계십시오!"를 인용했던 것이 지금은 쥐구멍에라도 숨고 싶을 정도로 창피하다. 이제 돌이키니 그 기사는 '통한(痛恨)의 극치'였다.

나중에 알게 된 사실이지만 실제의 북한은 '지상의 낙원'은커녕 '지옥'이었다. 귀환선은 '인도의 배'이기는커녕 '노예선'이었다. 니가타와 북한을 이어준 것은 실로 얼토당토않은 '비(非)인도 항로'였기 때문이다.

훗날 서울에서 기자 활동을 하는 가운데 이 '비인도의 배'를 타고 북한으로 건너간 조총련계 한국인 귀환자와, 그들을 부두에서 맞이한 북한 당국자의 증언을 생생하게 들은 적이 있다. 둘 다 북한에서 한국으로 '망명'해온 사람들인데, 조총련계 한국인 귀환자 가운데 한국으로 망명한 사람이 몇 명이나 있었다.

그 같은 증언을 접하고 북한 청진항에서 귀환선을 '타고 간 사람과 맞이한 사람'의 이야기가 절묘하게 일치하던 사실에 놀랐다. 쌍방이 들려준, 청진항에서 처음 서로를 목격했을 때의 풍경은 이랬다.

첫 귀환선이 청진항에 닿은 1959년 12월 15일은 엄청나게 추운 한겨울이었다. 그래도 배가 항구로 다가가자 귀환자들은 꿈에서까지 본 '지상의 낙원'을 어서 보자며 갑판으로 몰려나가 배가 접안하기만을 기다렸다. 그리고 니가타항을 출발할 때와 마찬가지로 부두를 향하여 '조국(조선민주주의인민공화국)'의 조그만 깃발을 흔들며 목이 터져라 '만세, 만세!'를 외쳤다.

여기에 대해 부두 쪽에서도 환영하느라 동원된 사람들이 다가오는 귀환선을 향하여 적기를 흔들며 도착을 기다렸다.

배가 가까워지면서 서로의 모습이 보였다. 그런데 부두의 '환영하는 사람'이나 배 위의 '환영받는 사람'의 모습이 서로 뚜렷해지자 양쪽 다 할 말을 잃고 침묵하고 말았다. 서로 상대의 모습이 상상한 것과는 너무나 동떨어져 있었기 때문이다.

귀환자들이 선상에서 본 부두의 환영 인파는 이제까지 본 적이 없는 '이상한 사람들'이었다. 다들 옷차림에 색깔이 없고, 한결같이 거무튀튀한 잿빛 솜옷 같은 것을 입고 있어 꾀죄죄했다. 안색은 검었고 바짝 야위었으며, 표정은 어두웠다. 겨울이었기 때문이기도 하겠지만, 부두 너머 거리의 풍경에도 색채가 없이 어둡게 가라앉아 있었다.

배 위의 사람들은 차츰 말이 없어지고 불안과 의문에 사로잡혔다. 사람들은 순간적으로 "무언가 잘못 되지 않았나?" "속은 게 아닌가?"고 생각했다.

부두의 환영 인파도 마찬가지였다. 그들에게는 배 위의 사람들이 이제까지 본 적이 없는 모습을 하고 있었다. 옷차림은 알록달록 색깔이 요란했고, 멋진 코트와 외투, 양복, 스커트, 점퍼, 목도리… 다양한 차림새를 하고 있었다. 그리고 얼굴 혈색이나 살집도 좋았다. 망명자의 말을 빌리자면 "하늘에서 내려온 사람들 같았다"고 한다. 문자 그대로 별세계의 인간처럼 보였던 것이다.

"이게 일본 사회에서 빈곤과 차별과 압박에 시달린 불쌍한 동포들인가?"… 부두의 사람들 역시 놀람과 의문에 어안이 벙벙해져 입을 다물고 말았다.

귀환자들은 상륙한 그날 밤, 숙소로 배정된 '초대소(招待所)' 방에서 다들 서로 끌어안고 울었다. 벌써부터 "다음 떠나는 배로 일본으로 돌아가게 해 달라!"고 외치는 사람도 있었다. 그러나 일주일 뒤에는 모두가 싫든 좋든 일방적으로 정해진 지방으로 보내졌다.

사회주의 환상과
속죄의식의 함정

조총련계 한국인의 소위 '조국 귀환'의 진실은 이 이야기만으로 충분하리라. 말하자면 소름 끼치는 뒤집힘, 반전(反轉)이었다.

그런데도 왜 나를 포함한 일본 미디어는 너나 할 것 없이 이것을 '인도의 배'라며 지지하고 칭찬하고 미화했던 것일까.

그 배경은 앞 장에서 소개했으나, 역시 전후 일본 사회에 진하게 존재한 '사회주의 환상'과 '역사적 속죄의식' 탓이다. 특히 저널리즘과 지식 세계에서는 그런 경향이 강했기 때문이다. 이것은 체험적으로 단언할 수 있다.

우선 '사회주의 환상'에 관해 이야기하자면, 국제정세로는 유럽에서 소련과 동구의 사회주의, 공산주의 사회로부터 자유를 찾아 서방으로 '탈출'하는 사람들 소식이 수시로 전해졌지만, 그 반대는 없었다.

그러므로 자유주의 세계로부터 공산권으로의 대량 탈출이라는 '북한 귀환'은 세계적으로도 이례적인 사건이었다. 그런 의미에서 북한으로의 대량 귀환이 역사적이고 획기적인 일이었음은 틀림이 없다.

예전에 본 영화 가운데 전후 유대인들의 이스라엘 건국사를 그린 〈영광의 탈출(엑소더스)〉이라는 것이 있다. 그 주제곡은 지금도 영화 음악의 명곡으로 꼽힌다. 당시 우리 기자 동료 중에서는 조총련계 한국인의 조국 귀환을 '아시아판 영광의 탈출'이라고 영웅적으로 미화하는 목소리조차 나왔다.

그 결과 북한 당국은 물론 일본의 사회당, 공산당 등 좌익 세력이나 진보적인 지식인과 그 영향을 세게 받고 있던 저널리즘에는 북한 귀환을 '사회주의의 승리'로 정의하는 견해마저 있었다. 특히 한국과의 비교라는 점에서….

본시 이 북한 귀환을 밀어붙인 북한 김일성이 노린 것도 거기에 있었다. 한국에 대한 침략전쟁(북한은 '조국해방전쟁'이라고 했다)에도 질리지 않고 남한(한국)을 타도하는 '체제전쟁'에 승리하기 위해서는 이 북한 귀환이 절호의 선전 재료였다.

어쩌면 김일성의 목적 중에는 6·25전쟁으로 인적 자원을 잃었던지라 북한에서의 '노동력 확보'도 있었음이 분명하다.

다만 한편으로 조총련계 한국인의 북한 귀환이 널리 일본 사회에서 지지받고 환영받은 것도 사실이다. 김일성의 정치적 계산이나 일본 미디어와 지식인의 사회주의 환상과는 별개로, 일반적으로는 '성가심 제거'로서의 환영론이 강했다. 귀환 운동은 '빈곤과 차별과 편견과 억압의 일본'에서 '꿈과 희망의 사회주의 낙원으로' 가는 것이므로 일본 사회 내의 '불만 집단'으로 간주된 그들의 일본 탈출에는 당연히 반대론이 없었다. 이 '성가심 제거'론은 보수계에 많았는데, 그것은 대중의 감정이기도 했다.

일단 중단되었던 귀환운동이 재개될 무렵에는, 이미 귀환자가 실제로는 '낙원'이 아니라 '지옥'의 고통을 맛보고 있다는 정보가 일본으로도 전해졌다. 그 가장 좋은 증거는 귀환 희망자 급감이었다. 귀환자들은 북한의 실태를 암호와 같은 편지로 일본의 가족에게 전했고, 한국 정보기관에서도 그런 정보를 입수하고 있었다.

하지만 그 '진상'은 우리 일본 미디어에서는 일시적인 악의의 역(逆) 선전정보로 취급하여 다루지 않았다. 이런 '태만'이 1971년의 귀환 재개에 있어서도 '인도의 배'가 되어 비극을 되풀이하기에 이른다. 여기에는 사회주의 환상에서 오는 '북한 미화(美化)'라는 동전의 양면으로서, 한국에 대한 편견에 가까운 부정적인 시각도 작용하고 있었다.

당시 우리들 젊은 기자들이랄까, 그 한 사람이었던 나를 사로잡았던 '조선'과 얽힌 심정의 배경에는 과거 역사로서 일본에 의한 식민지 지배와 통치에 대한 속죄의식과, 소련의 대두와 공산 중국의 탄생이라는 전후 정치상황을 배경으로, 사회주의 환상에서 오는 혁명적 로맨티시즘과 같은 것이 있었으리라 여긴다.

이 속죄의식에는 과거의 역사에 더하여 재일 한국인을 위시한 '조선' 또는 '조선인'과 연관된 일본 사회의 차별적인 상황을 미디어에서 크게 관심을 가졌던 것도 영향을 끼쳤다.

다시 말해 미디어의 분위기(공기?)에는 과거(戰前) 일본 비판의 연장선 상에서 일본 보수정권 하의 현상(現狀)에 대한 비판이라는 '반일적' 혹은 그 후의 표현을 빌리자면 '자학적'인 경향이 강했다. 이런 공기랄까 심정이 '조선'에 가탁(假託)되어, 특히 좌익과 진보파에게 '조선'은 일본 비판에 써먹을 절호의 재료가 되어 있었다.

여기서 똑같은 '조선'임에도 전후 일본에서 어째서 북한은 미화되고, 남쪽의 한국은 부정되었는지를 설명한다.

최대의 배경은, 거듭 지적해온 것처럼 사회주의 환상 때문이다. 이 전후 이데올로기로 보자면 한국은 '미 제국주의의 괴뢰 정권'이다. 더구나 초대 이승만 정권에는 안팎에서 '독재'의 비판이 드세어 부정의 대상이었다.

"그들(한반도 사람들)에게는 과거 잘못을 저질렀다. 그런 그들이 북에서는 사회주의 건설에 나서고 있다. 한국에 비해 북한이 잘하고 있다."

이것이 당시 일본 미디어가 가졌던 한반도관(觀)의 대세였다.

또 한 가지, 한국 부정에서 의외로 컸던 것이 일본을 무대로 한 남북 간의 '정보전쟁'에서 북한이 압도적으로 우위였다는 사실이다.

내 경험을 섞어서 이야기하자면, 1970년대 중반까지의 일본 미디어에는 조선(한국)에 대한 독자적인 인식이나 이해가 없었다고 해도 무방하다. 왜냐하면 한반도 정세에 관한 정보의 대부분은 재일 조선인(한국인)으로부터 제공되는 것이었기 때문이다. 즉 일본 미디어나 식자(識者)들은 재일 조선인(한국인)을 통해 북한이나 한국을 이해하고 있었던 셈이다.

그럴 때 그들의 중심은 조직력과 선전력, 그리고 자금력에서 압도적이었던 북한 계열(조총련)이었다. 여기에 한국에서 도망쳐 온 한국의 반정부파(처음은 반 이승만 정권파였고, 나중에는 반 박정희 정권파)가 가담했다.

북한 계열은 당연히 조국이 '낙원'이라고 선전함은 물론, 스스로의 체제적 우위를 과시하고 한국 타도를 선동하느라 한국 비난에 힘을 쏟았다. 한국 계열 반정부파 역시 자신들의 야당적인 정치적 입장을 정당화하느라 본국의 상황에 관해 '어둡고 추악한 한국'이라는 부정적 정보만을 일본 사회에 유통시켰다.

북한은 두말 할 나위가 없거니와, 한국의 반정부파도 그 정치적 목적을 달성하기 위해 일본 사회에 정열적으로 '정보 공작'을 전개했다. 일본 미디어는 거기에서 큰 영향을 받았다.

이렇게 해서 '밝은 북, 어두운 남'이라는 도식(圖式)이 일본 미디어를 지배한다. 그런 도식이 무너지는 것은 한국의 고도 경제성장이 확인된 1970년대 후반이며, 보다 단적으로 말하자면 1988년의 서울올림픽 개최까지 기다려야만 했다.

누가 그들을
'지옥'으로 보냈는가?

조총련계 한국인의 조국 귀환 이야기로 돌아간다.

북한 귀환운동은 앞서 밝힌 대로 일본에서는 보수계나 혁신계, 좌익이나 우익 모두 반대가 없었다. 그러나 북한을 '낙원'으로 속이고 조총련계 한국인을 '지옥'으로 보낸 원인의 하나로, 북한을 찬양한 좌익계 또는 진보파 지식인들을 새삼 지적하지 않을 수 없다.

실제로 서울에서 만난 한국 망명 조총련계 귀환자 가운데 한 명은 "일본 신문이나 일본인이 쓴 책을 읽고 북한을 믿었다. 귀환을 결심하는 데 크게 영향을 받았다"고 털어놓았다.

그때 예로 든 일본인의 책이 가령 데라오 고로(寺尾五郎)가 지은 〈38도선의 북〉(1959년, 新日本出版社 발간)이나 〈북한의 기록, 방조(訪朝) 기자단의 보고〉(1960년, 新讀書社 발간) 등으로, 후자는 우리의 선배 기자들이 쓴 책이다.

데라오 고로 씨는 당시 북한(조선로동당)과 우호 관계였던 일본 공산당의 유력 활동가였다. 데라오 씨와 마찬가지로 앞 장에서 상세하게 다룬 인기 작가 마쓰모토 세이초의 북한관(혹은 한국관) 역시 일본 사회에서의 북한 미화에 크게 기여했다.

한편 앞서 지적했듯이 북한의 '낙원'설이 거짓이었다는 실태에 관해서도 북한 귀환이 시작된 초기에 이미 전해져 있었다. 그 하나가 조총련계 한국인이 쓴 〈낙원의 꿈은 깨어지고〉(關貴星 지음, 1962년, 全貌社 발간)이다.

저자는 자신의 북한 방문 체험과, 귀환자로부터 부쳐져온 "이것을 보내 달라!" "저것을 보내 달라!"… 등 물자 부족을 호소하는 비통한 편지를 통해 실태를 밝히고 있다. 이 책에는 저자가 1960년 8월 북한을 방문했을 때, 방문단과 동행한 데라오 고로 씨가 현지에서 만난 귀환자 청년들에게 드센 항의를 받았다는 이야기가 나온다. 그들은 이렇게 따졌다고 한다.

{우리는 당신의 저서를 읽고 신용하여 여기로 왔다. 북한 사정은 당신이 쓴 것과 전연 반대가 아닌가. 속아서 평생 헛되이 살아갈 우리를 어떻게 해줄 텐가….}

하지만 이런 저서가 전해주는 진실 고백이 당시 일본에서는 이해를 받지 못하여 퍼져나가지 않았다. 왜 그랬던가?

이 책은 그 후 40년 가까이 세월이 흐른 1997년에 재출간되었다(亞紀書房 출간). 다시 나온 책에는 해설자인 하기와라 료(萩原遼) 씨가 왜 이 책이 무시당했는지에 관해 적어 놓았다.

하기와라 씨는 오사카외국어대학 조선어학과 졸업생으로, 좌익계의 '조선' 문제 전문가로 알려져 있다. 1970년대 초 일본 공산당 기관지 〈아카하타(赤旗)〉 평양 특파원으로 일하다가 북한에서 추방된 경험을 갖고 있다. 그 후 일본 공산당을 떠나 프리 저널리스트로 활약하고 있다. 그는 이렇게 설명했다.

{나는 (책이 출판된) 이듬해 1963년에 오사카외국어대학 조선어과에 입학했다. 학과 사무실에 이 책이 있었다. 집어 들고 대충 책장을 넘겼으나 젠보샤(全貌社)에서 나왔으니 어차피 엉터리 책이라고 여겨 덮어버렸다. 당시 좌익 학생이었던 나는 반공을 파는 젠보샤의 책 따위에는 눈길조차 던지지 않았다(괄호 안은 인용자에 의한 것임).}

그는 나보다 4년 위인데, 대학 시절은 거의 같은 시기이다. '조선'을 에워싼 당시 우리들 학생 사회의 분위기는 바로 그대로였다. 좌익 또는 진보파가 주류였던 대학이나 저널리즘 등, 말하자면 지식 세계는 온통 그런 느낌이었다.

하기와라 씨는 일하면서 야간 정규 고등학교를 다닌 고학생으로, 그 같은 인생 체험이 있었기에 고교 시절 공산당에 들어가 훗날 〈아카하타〉 기자가 되었다.

오사카에서의 고등학교가 우연히 나와 같은 덴노지(天王寺)고교 선배여서, 그가 나중에 북한 비판으로 변신한 다음에 서로 알고 지내게 되었다. 그는 미 국립 공문서관 소장의 방대한 정보 문서에서 6·25전쟁의 진상을 파헤친 노작(勞作) 〈조선전쟁, 김일성과 맥아더의 음모〉(文春文庫) 등 여러 저서를 냈다.

그의 저작 가운데 자전적인 〈북한으로 사라진 친구와 내 이야기〉(文藝春秋, 1998년 발간)라는 작품이 있다. 거기에는 오사카에서 야간 고등학교를 다닐 때의 동급생이던 조총련계 한국인 친구의 이야기가 나온다. 제주도 출신으로, 해방 후 일본으로 밀항해왔다는 그 친구는 1960년에 북한으로 '귀환'했다.

하기와라 씨는 그가 북으로 떠나기 전 자택에서 양쪽 가족이 다 모여 송별회를 가질 만큼 서로 친했다. 하기와라 씨가 '조선'에 관심을 갖게 된 데에는 그 친구의 존재가 커다란 영향을 끼쳤다고 한다.

그래서 하기와라 씨는 나중에 〈아카하타〉 기자로서 평양에 주재하던 1972년 당시, 12년 전에 헤어진 친구의 소식을 몰래 찾아보았다. 그러던 어느 날 별안간 전화가 걸려와 "친구를 찾아냈다. 만날 수 있다"는 인물이 나타났으나 결국 재회는 실현되지 않았다. 하기와라 기자가 조심하느라 지정된 장소로 나가지 않았기 때문이다.

저서에서 그는 이런 '미스터리'를 회고해 놓았다. 당시 일본 공산당과 조선노동당의 관계가 악화되어 있었다. 그래서 이 에피소드는 북한 당국이 〈아카하타〉 기자 추방을 노려 '스파이 행위'를 조작하기 위한 모략이 아니었을까 하는 것이 하기와라 씨의 분석이었다.

친구는 실제로 당시에는 이미 세상을 떠났고, 하기와라 기자를 끌어내기 위한 함정으로 살아 있는 것처럼 위장하여 모략에 이용했을지 모른다는 추측이 책에 나온다. 결국 친구의 소식은 영영 모른다고 했다.

하기와라 씨의 자전에는 앞 장에서 등장한 6·25전쟁 당시 오사카에서의 '스이타 사건'에 언급한 대목이 있다. 야간 고교 때의 은사에 관한 것인데, 그 은사는 당시 일본 공산당 활동가였다. 그는 화염병을 사용하는 '무력 투쟁'의 일환으로, 미군 수송 저지를 통한 북한 지원을 노린 '스이타 사건'에 가담하여 경찰과 격렬하게 충돌했다. 경찰의 발포로 데모대 쪽에 많은 중경상자가 나왔다. 도쿄에서의 '황궁 앞 메이데이 사건'과 비슷한 양상이었다.

게다가 은사가 들려준 이야기로 그 지역 공산당 간부가 훗날 "사건이 있던 날 만약 스이타 조차장에서 군용 화물열차를 폭파했더라면 스이타시 전체가 날아가 버렸으리라. 그만큼 대량의 폭약이 실려 있었다. 폭파하지 않아서 정말 다행이었다"고 술회하더라는 것이다.

그리고 북한으로 '귀환'한 제주도 출신 친구 역시 중학교 3학년이었음에
도, 학교 이과(理科) 실험실에서 화염병을 만들어 '스이타 사건'에 가담했
다고 한다.

즉 당시의 북한 지지 재일 한국인이나 일본 공산당 등 좌익 세력으로
볼 때, 일본은 확실히 '6·25전쟁의 제2전선'이었다. 그들의 사고방식이나
행동은 지금으로서야 약간 '희화적(戱畵的)'으로 여겨질지 모르나, 당시는
다들 본심이었고 진지했다. 패전 후의 일본에서 1950년대 이후로도 '조선'
의 그림자는 의외로 컸다.

영화 〈큐보라가 있는 거리〉의
시대적 한계

　조총련계 한국인 귀환문제와 얽힌 잊지 못할 영화가 있다. 1962년에 공
개된 요시나가 사유리(吉永小百合) 주연, 우라야마 기리오(浦山桐郎) 감독
의 〈큐보라가 있는 거리〉다. 당시 영화상을 수상하는 등 전후 영화의 명
작 가운데 하나로 꼽힌다.

　도쿄 근교인 사이타마(埼玉)의 가와구치시(川口市)에 위치한 '큐보라(溶
銑爐)'가 있는 주물공장 지대가 무대이다. 주물 장인 집안의 밝은 여자중
학 3년생(요시나가 사유리)을 주인공으로, 가난하면서도 열심히 살아가는
지역 사람들을 그린 사회파 드라마다. 나중에 대(大)스타가 되는 요시나
가 사유리의 상대역은 당연히 인기 있던 청춘스타 하마다 미쓰오(浜田光
夫)로, 영화 자체는 청춘물이었다. 그런데 실은 그 가운데 북한으로 '귀환'
하는 조총련계 한국인 일가가 등장하는 것이다.

　사유리 집안과는 이웃으로, 아버지가 재일 한국인이며 어머니는 일본
인. 딸인 요시에가 사유리의 친구이고, 아들인 산키치가 사유리 동생인

다카유키의 소꿉동무라는 설정이었다. 주정뱅이 주물 장인인 사유리의 아버지는 "조센징과 어울리지 말라"고 야단치지만, 사유리는 "차별은 나빠요!"라면서 아이들과 사이좋게 지낸다.

영화에는 기업 합리화나 노조 결성, 일하면서 공부하는 젊은이, 약한 사람들의 단결, 직장에서의 가성운동(歌聲運動=합창단의 공연을 중심으로 한 대중적인 사회운동, 옮긴이), 그리고 "차별은 나빠요!"… 등이 등장하는 식으로, 당시의 좌익적인 분위기가 짙게 배어 있다. 조총련계 한국인 귀환 역시 '빈곤과 차별이 넘치는 희망이 없는 일본'을 탈출하여 '꿈과 희망으로 가득찬 발전하는 북한'으로 건너간다는 이야기로 전해진다.

일가는 가와구치역에서 '김일성 장군의 노래'을 들으며 니가타행 열차에 오른다. 그러나 일본인 처인 스가이(管井)는 고민 끝에 '귀환'에 동참하지 않는다. 아들인 산키치도 니가타로 가는 도중 어머니가 그리워져 중간에서 차를 내려 일단 가와구치로 돌아오지만, 결국에는 뒤를 따른다.

영화에는 사유리 동생 다카유키가 기르던 비둘기를 떠나는 산키치에게 주면서 "도중에 놓아주라"고 부탁하는데, 그 비둘기가 되돌아오는 장면이 있다.

이 영화는 학생 시절에 처음 보았다. 그 때의 기억으로는 산키치 장면이 강하게 인상에 남아 있다. 나는 그 후 늘 "산키치는 북으로 가지 않았다"고 믿었다. 어머니와 산키치에서 기억의 혼동이 생겼던 것이다. 그로 인해 조총련계 한국인 귀환의 진상이 밝혀진 다음의 일이지만, 이 영화에 대해 나는 "조국 귀환의 실정을 은근히 예견한 장면이 있었다"고 오해하여 높게 평가했다.

그런데 영화에는 속편이 있었다. 3년 뒤인 1965년에 노무라 다카시(野村孝) 감독에 의해 〈속(續) 큐보라가 있는 거리 미성년(未成年)〉이 제작된 사실을 최근에 알았다. 보지는 않았으나 소개 자료에 의하면, 속편에서도 가족을 북으로 보내고 홀로 남은 일본인 처의 이야기가 나온다고 한다(《북한 귀환자의 생명과 인권을 지키는 모임 NEWS》 2009년 7월 13일호에서).

속편에서는 고고생이 된 요시나가 사유리를 격려하는 존재로서 조총련계 고교의 남학생이 등장한다. 그는 '귀환'을 단행하지 않으나, 사유리가 "가야만 한다!"면서 남겨진 일본인 처(妻)를 설득하여 북으로 보낸다. 북으로 혼자 떠나는 그날, 조총련계 한국인 귀국자들이 주위에서 '만세, 만세!' 하고 환성을 지르는 가운데 일본인 처는 불안한 표정으로 눈물을 머금으며 이렇게 이야기한다.

"사실은 지금 당장이라도 여기서 달아나고 싶다니까. 나는 아무리 가난하고 괴로워도 일본인이라고, 일본에서 살고 싶단 말이야." "나를 잊지 말아줘. 이런 여자가 일본에서 살았다는 사실을 이제 더 만나지 못하더라도 잊지 말아줘."

이 말에 사유리는 "반드시 또 만날 수 있을 거야!"라고 대답한다.

속편은 거의 화제가 되지 않았다고 여기지만, 우라야마 기리오 감독을 대신한 노무라 다카시 감독이 일본인 처의 대사(臺詞)를 통해 간신히 영화를 구한 셈이 된다.

속편이 공개된 1965년이라면 도쿄올림픽이 개최된 이듬해이다. 일본 사회의 고도 경제성장이 궤도에 올랐던 무렵이다. 시대의 흐름으로 말하자면 조총련계 한국인들도 가난을 이유로 '조국 귀환'할 필요가 이미 사라지고 있었다. 그들은 사회주의 환상과, '조선'을 이용한 일본 비판(반일)이라는 일본 사회의 전후적(戰後的) 분위기가 형성한 소위 '잔광(殘光)' 속에서 북한으로 보내졌던 것이다.

일본을 버리고 북으로 갔다는 의미에서는 1970년의 신좌익 과격파인 '적군파'에 의한 일본항공 여객기 '요도호' 하이재킹 사건도 그랬다. 일본에서의 혁명 환상에 사로잡힌 일부 정치적 학생들이 일본에서 쫓겨나 '망명처'로 북한을 선택한 것이다.

'조선'을 에워싼 속죄와 반일이라는 관념에 혁명적 환상이 더해져, 인민이 고통을 당하고 있다는 가혹한 독재 국가 북한의 진실이 보이지 않게된, 아니 보려고 하지 않았던 결과이다. 과격파 집단이라는 사상적 폐쇄공간에서는 북한 환상의 유통 기한이 오래 남아 있었던 셈일까. 북한을선망(?)하여 망명한 '요도호'의 일본인 청년들은 노경(老境)인 지금도 초(超)독재체제가 계속되는 북한에서 '붙들린 신세'인 채 산다.

조총련계 한국인의 북한 '귀환'이 일시 중단되었던 1960년대 후반, 일본에서 발표되어 화제가 된 북한 노래에 '임진강'이 있다.

남북 경계선을 북에서 남으로 흐르는 임진강을 제재(題材)로 삼은 것인데, 일본에서는 당시의 인기 그룹 '더 포크 크루세더즈(The Folk Crusaders)'가 1968년에 처음으로 불러 유명해졌다. 지금도 인기가 있다.

포크조(folk調)라기보다 가곡풍이며 정서적인 선율이 아름다운 곡인데, 원래는 1957년 북한에서 작사, 작곡되었다. 자료에 따르면 작곡 고종한(高宗漢), 작사 박세영(朴世永)으로 나온다.

노래의 무대가 된 임진강은 한국 쪽에서는 '판문점 관광'을 할 때 관광스폿으로 강변에 '임진강 휴게소'가 있다. 여기서 서쪽으로 향하면 임진강자체가 남북 경계선이 되어 있고, 강 건너로 북한이 보인다. 그 하류는 서울에서 흘러온 한강과 합류하여 그 합류 지점에도 관광 스폿인 '통일 전망대'가 있어서 북한을 바라볼 수 있다.

이 노래는 북한에서 제작된 것이라 판권이나 번역 가사의 문제 등으로'정치적 트러블'이 생겨 레코드회사로부터 발매 금지와 방송 자숙 등 우여곡절이 있어서 화제가 되었다. 그런저런 일로 해서 가요사(史) 속의 화제곡으로 지금도 종종 등장한다.

문제는 북녘 땅에서 남녘을 노래한 가사에 있다. 임진강도 북에서 남으로 흐르지만, 가사는 북에서 남으로 날아가는 새에 의탁하여 남에 대한 북의 '우위'를 은연중에 드러내는 것이다.

　예를 들어 가사에는 '(북에서 남으로) 날아가는 새여, 자유의 사자(使者)여'라고 나온다. 지금으로서야 상상조차 되지 않는 일이지만, 1960년대에는 '자유'가 북에서 남으로 전해졌던 것이다. 반대가 아니다. 거듭 지적한 북한을 둘러싼 '지상의 낙원' 신화의 연장선상에서 지어낸 북한 이미지이다.

　'자유의 사자여'라고 부드럽게 표현했으나, 북의 우위를 노래한다는 점에는 변화가 없다. 북한 미화라고 할까 북한 환상은, 이렇게 하여 일본 사회에서 길게 이어졌다.

환상으로부터의
탈출

끝으로 이 환상에서 언제 벗어나게 되었는지를 아주 간단하게 언급해 두고자 한다. 나 역시 전후 일본적인 분위기가 아직 남아 있던 1960년대 전반에 학생 시절을 보냈고, 나아가 저널리즘에 몸을 담게 되었다. 그 결과 사고방식이나 세상을 바라보는 눈이 좌익적(반일적?)이고, 더욱이 북한 환상에 젖어 있던 사람의 한 명이었다.

지금 돌이키면 그 탈출에는 두 가지 계기가 있었던 것 같다. 첫째는 1971년 여름의 한국 여행이며, 둘째는 거의 같은 무렵 취재로 캐치한 북한에서의 권력 세습 움직임이었다.

앞쪽은 현지로 직접 가본 뒤 북한을 경유한 한국 정보 또는 한국 이미지가 완전히 엉터리라는 사실을 실감했고, 뒤쪽은 북한 권력 상황에 대한 놀라움과 혐오를 안겨주었다. 특히 앞쪽의 영향은 아주 컸다.

한국은 당시 일주일 동안 머무르며 각지를 마음대로 여행했다. 1970년대 초의 한국은 고도 경제성장의 과실(果實)은 아직 사회 전반에 파급되어 있지 않았으나, 그래도 사람들은 활기가 넘쳤다. 사회적 분위기 또한 결코 어둡지 않았다. '어둡고 가난하고 침체된 한국'이라는, 일본에서의 그때까지의 한국 이미지를 뒤흔들기에 충분했다.

일본에서 유통되던 부정적인 한국 정보에 대한 의문은 결정적이었다. 그것은 동시에 북한에 대한 의문과 회의(懷疑)로 이어졌다.

후자(後者)는 1970년대 초부터 '북한의 감추어진 비밀'로서 내 관심을 끌었다. 김일성으로부터 김정일에로의 권력 세습 이야기인데, 이것은 김일성의 환갑(1972년)을 전후하여 후계자 문제로서 북한 내부에서 비밀리에 움직임이 생겨났다. 현재의 김정은 체제로 이어진 권력 세습의 스타트였다. 나는 당초부터 이 정보를 캐던 소수의 일본인 기자 가운데 한 명이었다.

그 결과, 제 자랑 같아서 다소 쑥스럽긴 하지만, 후계자 김정일의 사진을 세계에서 처음으로 입수하여 보도했다. 1975년 11월의 일이다. 조총련계 한국인 조국 방문단이 촬영한 것으로, 조총련계 친구가 몰래 넘겨주었다.

권력 세습은 사회주의 혹은 공산주의 국가로서는 있을 수 없는 일이었다. "어떻게 그런 일이!"라는 충격이 그때까지의 북한 환상을 깨부수는 결정타가 되었다. 이 '북한의 감추어진 실태'는 북한 귀환의 경우와 마찬가지였다.

니가타항에서 조총련계 한국인의 귀환선을 보내면서 '인도의 배'라고 쓴 것이 1971년 5월이고, 한국으로의 첫 여행은 같은 해 8월이었다. 그리고 북한에서 장남 김정일으로의 후계자 세습이 결정된 것은 1974년. 나의 북한 환상은 1970년대 중반경에는 완전히 사라졌다고 해도 무방하다.

그리고 한국에 관해서도 내 나름의 한국관을 갖자고 뜻을 굳혔다. 그것이 1978년의 서울 어학유학과 그 후의 한국 장기체류로 이어진다. 이같은 나 자신의 '이웃나라로의 발자취'에 관해서는 다시금 상세하게 쓸 작정이다.

13

흉악 살인범이
민족적 영웅이 되었다

극장형(劇場型) 범죄, 김희로(金嬉老) 사건의 전말

단순 살인사건인가,
한일 민족문제인가?

1968년 2월, 시즈오카현(靜岡縣) 스마타쿄(寸又峽)온천의 여관을 무대로 펼쳐진 인질 사건인 '스마타쿄 사건'은 나중에 일본 최초의 극장형 범죄로 일컬어졌다. 나아가 범인의 이름에서 딴 '김희로 사건'으로 역사에 남았다. 사건의 범인 이름이 사건명으로 후세에 전해지는 예는 드물다.

이 사건에서는 당시 만 39세였던 재일 한국인 김희로(1928~2010년)가 빚 다툼으로 인해 야쿠자를 상대로 살인사건을 저질렀다. 그런 다음 총과 다이너마이트로 무장한 채 도주, 온천 여관에서 88시간에 걸쳐 다수의 투숙객 등을 인질로 붙잡고 농성했다.

범인이 무장하고 많은 인질을 잡아 텔레비전에 '생방송 출연'한다는 사건 자체의 특이성도 그랬지만, 사건의 배경 역시 주목을 받았다. 재일 한국인으로서 일본 사회에서 경험해온 차별문제를 호소함으로써, 그것이 사건의 근본적 원인이라면서 범인을 동정하고 '옹호'하는 움직임이 일어났기 때문이다.

사건은 '재판(裁判) 투쟁'이 되어 화제가 퍼져나갔다. 하지만 재판을 포함한 그 전말은 여태까지 이 책에서 언급해온 패전 후 일본 사회의 한국·조선관(觀)과 깊이 얽혀 있다. 재판은 '단순한 살인사건인가, 그렇지 않으면 민족문제인가'가 쟁점이 되었다. 한국인에 대한 민족차별이 화제가 됨으로써 전후 한일 관계사에 각인되었다.

단적으로 말하자면, 사건은 전후 일본 사회에서 미디어나 식자층에 짙게 존재한 '한반도와의 과거 역사'와 연관된 '속죄의식'을 자극함으로써 사회적으로 관심을 끌었던 것이다. 그 결과 단순히 살인, 인질 사건의 흉악범이었던 인물이 한편에서는 '민족적 영웅'으로 사람들에게 기억되기에 이르렀다. 그런 의미에서 사건은 일본의 한반도 지배에 그 뿌리가 있고, 그것이 '부(負)의 유산'으로서 나중에 표면화했다고도 할 수 있다. 따라서 전후의 '일본과 한국'의 역사를 말하고자 할 때, 이것은 잊을 수 없는 일이되었다.

더구나 주인공은 만년에 가석방으로 한국으로 추방되어 '귀국'한 다음, 한국에서도 이번에는 여성과 얽힌 살인 미수 사건을 일으킨다. 마지막에는 '타락한 영웅'으로 새삼 화제가 되었다. 이 같은 역전 드라마(?)는 거꾸로 전후 일본 사회의 한국·조선관의 옳고 그름을 따지는 결과가 되었지 않나 싶기도 하다. 그런 관점에서 '김희로 사건'을 되짚어 보기로 한다.

사건이 일어난 1968년 당시, 나는 아직 20대의 초년병 기자로서 지방 근무를 하고 있었다. 이미 소개한 것처럼 근무지가 히로시마여서 사건을 직접 접하지는 않았다. 재판도 1972년의 1심 판결(무기징역)까지는 시즈오카 지방법원에서 행해져 취재할 수 없었다.

1969년 봄, 도쿄 본사로 돌아왔는데, 만약 사건 당시 도쿄에 있었더라면 필경 현장 취재를 위해 스마타쿄온천으로 파견되었으리라. 그런 유의 장기 인질사건 취재에는 '현장 잠입'이 필요하므로, 그 요원으로 여관을

われ生きたり
金嬉老

新潮社

김희로 자서전 〈나는 살아서〉.

둘러싼 취재진의 한 사람이 되었을 지 모른다.

'김희로 사건'은 인질이 풀려나기까지 88시간이 걸렸다. 이것은 당시 일본 범죄사에서의 최장 인질사건으로서도 화제를 불러왔다. 이 기록이 깨어진 것은 4년 뒤인 1972년의 과격파·연합 적군(赤軍)에 의한 '아사마산장(淺間山莊) 사건'의 인질사건으로, 이때는 해결되기까지 216시간이 걸렸다. 나는 이 '아사마산장 사건'에는 현장에 파견되어 눈 덮인 산장 앞에서 '잠입 취재'를 했다.

'김희로 사건'의 판결이 한국의 대법원 격인 최고재판소(도쿄)에서 무기징역으로 확정된 것은 1975년이었다. 사건 발생 7년 뒤였다. 이해는 프로야구에서 히로시마 카프가 첫 우승한 해이기도 하다.

이미 언급했듯 나는 1971년 처음으로 한국 여행을 갔다. 그러니 한국(조선)에 대한 관심을 가졌음직도 하건만, 발생 당시의 '김희로 사건'에 관해서는 그다지 기억이 없다.

다만 1960년대로부터 구독하고 있던 좌익계 문학잡지 〈신닛폰분가쿠(新日本文學)〉의 집필자 가운데 사건의 특별 변호인을 맡는 등 재판 지원자가 있었다. 그런 좌익계와 이른바 진보적 문화인의 글을 읽으며 지원 움직임을 알고 있었다.

덧붙이자면 이 잡지는 당초에는 일본 공산당 계열의 이른바 '구(舊) 좌익'계였다. 그러나 1960년대 들어 일본의 좌익 운동에 변화가 일어난다.

역사적으로는 '스탈린 비판'이라는 소련 공산주의 비판의 국제적인 조류와도 관련이 있는데, 관료주의적이며 폐쇄적인 통제가 엄격한 일본 공산당에 비판적인 '신(新) 좌익'이 등장했다. 특히 학생운동에 그 영향이 퍼져나갔다. 이른바 '반(反) 요요기(代代木) 계열'의 운동이다.

'반 요요기 계열'이라는 말은 이제 사어(死語)나 마찬가지다. 하지만 좌익 운동의 세계에서는 일본 공산당 본부가 있던 도쿄 요요기는 일본 공산당의 대명사였다. 좌익 세계의 은어와 같은 것이다. 그래서 일본 공산당을 비판하여 분열한 좌익계 지식인이나 학생운동 조직은 '반 요요기 계열'로, 종래의 일본 공산당 지지자는 '요요기 계열'로 불렸다.

그런 흐름 속에서 잡지 〈신닛폰분가쿠〉도 '반 요요기 계열'인 신 좌익계 집필자가 늘어났다.

그런데 이미 되풀이하여 지적한 것처럼, 전후의 일본 사회에는 사회주의 환상이 길게 꼬리를 물었다. 그런 가운데 일본 공산당의 영향력은 특히 대학이나 출판계 등 지식 세계에서 강했다. 그것은 저널리즘에도 미치고 있었다.

그들은 그런 이상주의에서 민족적 차별문제에는 민감했다. 그 중에서도 재일 조선인(한국인) 차별에는 역사와 얽힌 속죄의식도 있어서 드세게 반대하면서, 일본 사회의 현상(現狀)을 규탄하고 있었다. 좌익 세계에서는 '조선'은 일본의 현상 비판, 즉 '반일 사고(思考)'의 절묘한 재료였다.

그런데 '김희로 사건'에 대해 일본 공산당은 사건 자체에 비판적이어서 옹호나 지원을 하지 않았다. 민족차별이라는 배경은 이해하더라도 살인이나 인질이라는 범죄를 정당화할 수야 없다는 논리였다.

물론 일본 사회의 구성원 대다수도 무장한 범인이 미디어를 통해 현장에서 자기 주장을 편다는 텔레비전 시대의 극장형 범죄를 목격하면서, '터무니없는 사건'이라는 인상을 받았다. "이유야 어쨌든 살인은 안 된다"가

정론(正論)이고, 동정이나 옹호는 표면상으로 소수였다.

그 결과 지원운동이나 재판 투쟁은 신 좌익계와 이른바 '반 요요기 계열' 또는 '비 요요기 계열'의 진보적 문화인을 중심으로 이뤄졌다. 그것을 미디어가 차별반대라는 정의감에서 보도한다는 구도가 되었다.

그렇지만 민족차별을 호소하는 김희로에 대해 "어디까지나 범죄자이며 그 범죄를 정당화하는 주장은 인정할 수 없다"는 비판적 입장은, 한국계인 재일 한국거류민단이나 북한계인 조총련도 마찬가지여서 조직으로서 공식으로는 옹호하지 않았다.

그들로 보자면 일본 사회를 뒤흔든 대형 범죄사건의 주인공이 동포였다는 사실은, 민족감정에서 도리어 받아들이기 어려운 일이었다. 그렇지 않아도 차별적 상황이 존재하는 일본 사회에 새삼 "조선인(한국인)은…" 하는 부정적 이미지가 퍼지는 것을 두려워했던 것이다.

또한 많은 재일 한국인(조선인)들 역시 마찬가지 생각으로 사건에 당혹하고 얼굴을 찌푸렸다고 말할 수 있다. 대부분의 재일 한국인(조선인)이 차별이 있건 없건 일본 사회에서 성실하게 살면서 공존, 공생하고 있다. 그럼에도 이 사건으로 부정적 이미지가 퍼지는 것은 참을 수 없는 일이었던 것이다. 훗날 그런 이야기를 종종 들었다.

단지 그런 한편에서 개개의 재일 한국인(조선인) 사이에서 사적으로는 당연히 동정과 옹호의 목소리가 있었음은 두말 할 나위가 없다. 평소의 민족적인 울분이 그렇게 만들었던 것이다. 그들의 세계에서도 저류(底流)에는 소박한 민족감정으로서의 '영웅시(英雄視)'는 분명히 존재했다. 그리고 모국(?)인 한국에서는 당연히 동정의 목소리와 영웅시가 강했다.

항일 애국 테러리스트의
'귀국'

내가 '김희로 사건'에 직접 접했던 것은 사건 발생으로부터 31년이 지난 1999년 9월 7일의 일이었다. 무기징역형으로 일본에서 복역하던 김희로가 가석방되어 강제 추방으로 모국에 돌아온 것이다.

일본에서 태어나고 자란 그로서는 한국이 난생 처음이었다. 부모의 고향이 부산이었다고 해서 한국에서의 거주지가 부산으로 정해졌다. 김희로는 일본에서 비행기로 김해공항에 도착, 곧장 부산 시내 호텔로 가서 기자회견을 가졌다. 나는 거기서 처음으로 그의 모습을 보았다. 나이는 만 70세. 호리호리하고 머리카락이 거의 없었다. 평소 그걸 즐겼는지 기묘하게도 사건 당시와 마찬가지로 헌팅 모자를 쓰고 있었다. 언뜻 나이에 걸맞은 쇠잔한 풍모였으나 그 예리한 눈빛에는 놀랐다.

사람을 쏘아보는 듯한 눈초리는 정말이지 박력이 있었고, 시선을 마주치는 것이 망설여지는 인상이었다. 그리고 기자회견에서의 나이를 느끼지 못하게 만드는 다부지고 드센 말투와 웅변은 예상을 뛰어넘는 것이었다.

가석방된 수형자(受刑者)의 경우 보통은 상상할 수 있는 '조신함'이 전혀 없었다. 의연하고 의기양양하여 '옥중(獄中) 투사' 그대로였다.

당시의 메모를 보니 기자회견에서 먼저 이야기한 것은 "살인을 합리화하기 위한 변명으로서 민족 차별문제를 꺼냈다"는 기소장에 대한 맹렬한 반발이었다. 심지어는 당시 검찰관 이름까지 들먹였다. 게다가 "석방하면서 앞으로 일본정부를 비난하지 않는다는 등 세 항목의 서약서를 쓰게 했다"고 불만을 터트렸다. 다만 마지막에는 "누구에게도 사람을 죽일 권리는 없다. 일본인 모두가 미운 게 아니다. 차별하는 일본인이 미울 따름이다"고 말하는 등 멋진 변설(辨說)을 전개했다.

그는 한국에서 일본으로 건너가 일본에서 결혼한 한국인 부모 아래 1928년 일본에서 태어나 소학교도 중퇴했다. 사건 발생 후 30년이 넘는 옥중 생활에서 크게 학습(좌익적으로?)했고, 기자회견에서도 '국가 권력'이니 '민족문제'니 하는 단어가 수시로 튀어나왔다.

그리고 일본어밖에 몰랐을 텐데, 기자회견에서는 한국인 기자의 한국어 질문에 한국어로 대답할 만큼 숙달되어 있었다.

'김희로의 귀국'에 관한 한국 미디어의 사전 보도는 30년도 더 지난 사건의 회고로서, 그 역사적인 의미를 강조하는 것이 압도적이었다.

다시 말해 사건은 재일 한국인에 대한 차별에 항의하기 위한 것이었고, 주인공은 흉악 범인이 아니라 일본을 상대로 차별 규탄의 싸움을 전개한 '정의의 지사'로서, '영웅' 혹은 '위인'처럼 그려졌다. 흡사 일본 통치시대의 항일, 애국 테러리스트를 떠올리게 하는 대접이었다.

그 결과 사건의 직접적인 계기가 된 야쿠자와의 금전적 트러블이나 총과 다이너마이트로 무장했다는 사실, 나아가 그의 인생에서 저질러진 수많은 비행(非行) 이력 등 '영웅'에 어울리지 않는 사실은 거의 보도되지 않았다. 있었던 사실보다 '이래야 한다'는 당위론이 앞서는 한국 미디어의 평소 보도 태도이긴 했지만….

당시 내가 쓴 기사에는 '영웅 개선 / 짙은 환영 무드'라는 제목이 붙었다. 부산 도착 때 공항에서 환영 인파가 들고 나온 플래카드에는 '애국 동포' '의인(義人)' '열사(烈士)' 등의 문구가 눈길을 끌었다.

그러나 한국 미디어에서도 약간의 억제는 있었다. 가령 귀국 당일의 〈조선일보〉는 사설에서 영웅론을 경계하여 "그는 (항일과 민족운동의) 의사나 열사라기보다 민족차별의 희생자였다고 받아들이는 편이 낫다. 조용히 생활할 수 있도록 해주는 것이 최선의 배려다"고 썼다.

하지만 그의 한국에서의 생활은 결코 조용하지 않았다. '새로운 파란만장'이 되는데, 나중에 언급하기로 한다.

그런데 그를 '의사' '열사'로까지 말하지는 않았으나, 민족차별을 규탄하는 '옥중 투사'로 만든 것은 일본에서의 재판 지원운동이었다. 그것을 주도한 것이 좌익계와 진보파 지식인, 문화인들이었다. 일본에서 그들이 펼친 영웅화 운동이 없었더라면, 한국에서의 관심도 그다지 높아지지 않았을지 모른다. 앞서 지적한 것처럼 사건 당시에는 '당사자'인 재일 한국인·조선인 사회에서 오히려 당혹스러워했던 것이 대세였으니까.

'행복한 생활'에서
'방랑 생활'로

여기서 그의 생애와 사건에 이르기까지의 인생을 되짚어본다. 다음은 그가 석방되어 한국으로 건너간 뒤, 일본에서 출판된 자서전 〈나는 살아서〉(1999년, 神潮社 발간)를 주로 참고했다.

1928년 시즈오카현 시미즈시(淸水市)에서 태어났지만, 아버지는 그 이전에 부모가 정해준 결혼이 싫어서 한국(부산)을 떠나 도쿄로 날아왔다. 거기서 동향의 어머니와 결혼했다. 그가 태어날 당시 아버지는 약 20명의 직원을 거느리고 시미즈항에서 '인부 송출업'을 했고, '행복한 생활'이었다고 한다.

따라서 부모의 일본 도항(渡航)은 일본이 1941년 태평양전쟁 개전 후의 전시 체제 하에서, 나중에 '강제 연행'이라고 비난 받은 전시 동원에 의한 한반도로부터의 징용 노동자(징용공)의 일본 본토 파견과는 전혀 관계가 없다.

그보다 훨씬 이전의, 개인적인 사정에 의한 일본 도항으로서의 '돈벌이'

인 것이다. 더구나 일본에서는 조선인 가정이면서 여러 직원을 거느리고 '행복한 생활'을 했던 것이다.

그러나 다섯 살 때 아버지가 하역 작업 사고로 사망한 뒤 가족과 친척이 유산 문제로 다투었고, 어머니가 자녀(그와 누나, 여동생)를 데리고 집을 나가는 바람에 고난의 생활이 시작되었다. 일가는 소학교 운동장에서 '야숙 생활'을 했으며, 그가 "조선인에 대한 일본인의 민족차별을 온몸으로 느끼기 시작한 것은 이 무렵부터"라고 한다.

"교정 한구석에서 생활하고 있노라면 학생들이 달갑잖은 눈초리로 쳐다보는 것을 어린 마음에도 느꼈습니다. 우리가 족발을 먹는 모습이나 전통 민족의상을 입고 있는 어머니의 모습을 보고는 '조센징, 조센징'이라며 놀리기도 했습니다"고 자서전에 써놓았다.

자서전은 생활에서의 민족차별을 강조하느라 어딘지 과장되고 각색된 인상이 진하다. 그렇더라도 소학교 교정에서 야숙하며, 게다가 민족의상인 치마저고리 차림의 가난한 어머니와 아이들이 있다면, 그 학교 학생들뿐 아니라 누가 보더라도 이상한 풍경이다. 놀리기에 앞서 호기심의 대상으로서 '조센징, 조센징'이라고 부르리라.

일가는 그 후 근처에 허술한 판잣집을 지어 살게 되었다. 어머니가 리어카로 '쓰레기 줍기', 즉 폐품 수집을 하면서 생계를 꾸려가기 시작했다. 그럴 때 함께 있던 일본 아이들이 돌멩이를 던졌다거나, 소학교에 다니게 되어 점심시간에 동급생들에게 놀림을 당했다거나, 도시락을 뒤엎어 발로 밟았다거나, 그래서 싸우게 되면 자신만 선생님에게 야단을 맞았다는 등등이 '이유 없는 조선인 차별'로 적혀 있다.

그 결과 "학교는 우리들 조선인이 다닐 곳이 아니다"고 생각하여 가방을 강에 던져버리고 "어머니가 책을 사주어도 전부 바다에 버렸고, 학교에서 선생님이 몇 번이나 데리러 와도 끝까지 버텨서" 학교에는 가지 않았다고 한다.

학교 선생님이 학교로 오지 않는 그를 몇 차례나 데리러 왔다는 것은 오히려 조선인이라고 해서 일가를 차별하지 않았음을 뜻하지 않을까.

그것이 소학교 3학년 때로, 학교에 가지 않게 된 다음 친척의 소개로 공장에서 잔심부름을 하거나, '견습 점원'으로 일하는 사이에 '방랑 생활'을 시작한다.

어머니가 재혼하여 조선인인 계부(繼父)와 그의 사이가 나빠졌기 때문이다. 계부는 술을 마시면 어머니와 다투었고 "심할 때에는 사발로 어머니의 머리를 친 적까지 있었다"고 한다. 그래서 자신이 부부 싸움의 원인이라는 사실을 '어린 마음에도 느껴' 가출했다는 것이다.

그 후 역에서 누가 말을 걸어와 도쿄의 야채가게에서 일했는데, 그 집 아이로부터 "조센징은 더럽다"는 등 차별을 받아 시즈오카로 돌아가 버렸다.

어머니가 키우던 돼지의 먹이를 모으느라 근처를 돌아다닐 때 "조센징이다, 더러워! 더러워!" 하고 차별받고, 그 후로도 여러 곳을 떠돌면서 막일을 했으나 오래 버티지 못했으며, 돌아와 이내 가출하는 일이 거듭되었다고 한다.

그 이유로서 "조선인 차별은 항상 나에게 붙어 다녔다"고 한다. 한편으로 당시 단기간이었으나 '견습 점원'으로 일하러 다닌 곳으로 과자점, 가구점, 인쇄소, 세탁소 등등 여러 업종을 들었다.

그는 '차별'을 강조하지만, 그래도 조선인 소년을 여러 곳에서 채용해주었던 것이다. '견습 점원'이란 고용주의 가족과 함께 생활하면서 잔심부름 등을 하는 일이다.

라이플총과
다이너마이트로 무장

그런 뒤에도 방랑 생활이 이어졌고, 전쟁통에는 절도 등의 용의로 두 번 소년원에 들어갔다. 일본이 패전했을 때에는 만 16세의 소년원생이었다. 그는 이렇게 적었다.

"분하고 분하여 눈물을 철철 흘리며 울었습니다. 다른 조선인 원생들도 마찬가지였습니다."

그는 일본에서 태어나 일본에서 자랐으므로 당연히 일본어밖에 몰랐다. 일본식 이름은 어머니가 '가네오카 도키코(金岡時子)'였고, 본인은 '가네오카 야스히로(安廣)'였으므로, 가족을 비롯하여 그를 아는 사람들 사이에서는 '히로' '히로짱'으로 불렸다. 자서전에 따르면 낯익은 경찰관은 '히로 씨'라고 불렀다고 한다. 이 '히로'는 한국 이름 '희로(嬉老)'에서 따와 부모가 그렇게 지어준 것인지 모른다.

일본 패전으로 소년원에서 나왔으나 이번에는 남에게 부탁받은 쌀 판매 대금을 써버려 '사기 횡령죄'로 체포되었다. 그 뒤 경찰과의 트러블 등으로 징역 2년 4개월을 언도받았다. 출소 후에는 다시 요코하마에서 옛 일본군의 권총을 소지하고, 친구와 택시 강도 미수사건에 관여하여 8년간 복역했다.

1959년에 출소한 뒤 일본인 여성과 결혼했으나, 지인의 빚 독촉으로 '공갈죄'에 걸려 다시 복역. 1965년에 출소한 다음 시즈오카현 가케가와시(掛川市)에서 일본인 아내와 함께 잔술집을 열면서 야쿠자들과 알고 지내게 되었다.

그리고 자신의 바람기가 원인이 되어 이혼하고 가게를 처분했다. 카바레에서 알게 된 '후사코(房子)'라는 일본여성과 어울리면서 '건달'로 돌아가고 말았다.

이상이 '김희로 사건'에 이르기까지의 인생 기록인데, 사건이 있기까지 39년 동안의 인생에서 절반가량을 소년원과 형무소에서 지낸 셈이다.

그리고 그의 자서전에는 실로 많은 여성들의 이름이 등장한다.

소년원에서 탈주한 15세 때, 구마모토(熊本)에서 남을 돕다가 친해진 '게이코(惠子)', 시즈오카의 유곽에서 알게 된 '시즈코(靜子)', 18세에 결혼을 생각했다가 어머니의 반대로 못한 요코하마 출신의 '사와코(澤子)', 패전 후 처음으로 결혼했다가 헤어진 '소박데기 여자', 10년 가까이 함께 산 '가즈코(和子)', 그리고 '후사코' …. 이 중에서 '시즈코'만 한반도 출신이고 나머지는 다 일본인이었다. 그럼에도 그는 일본 사회의 '민족차별'을 줄곧 입에 담았던 것이다.

그의 여성 편력은 나중에 더욱 중요한 의미를 갖게 되지만 여기서는 언급하지 않기로 한다. 문제의 '김희로 사건'은 이렇게 발생했다.

1968년 2월 20일 저녁, 김희로는 먼저 시미즈 시내의 환락가에 있는 클럽 '민쿠스'로 차를 타고 갔다. 거기로 불러낸 현지 야쿠자와 그 똘마니(미성년)에게 라이플총을 난사하여 살해. 그런 다음 오이가와(大井川) 상류에 해당하는 스마타쿄온천으로 도주하여 심야에 현지의 여관 '후지미야'에서 경영자와 투숙객 13명을 인질로 잡고 농성에 들어갔다.

살해의 직접 동기는 김희로가 지인에게 준 어음이 부도가 났고, 그것이 야쿠자의 손에 넘어가 집요하게 빚 독촉에 시달렸기 때문이다.

따라서 사건은 당초 야쿠자 상대의 빚 독촉에 얽힌 트러블이 원인이라는 아주 단순한 살인사건이었다. 그런데 범인이 라이플총과 다이너마이트로 '무장'하고, 온천 여관에서 여러 명을 붙잡고 벌인 인질사건이 됨에 따라 크게 화제가 되었다.

김희로는 24일까지의 88시간에 걸친 여관에서의 농성에서 낯이 익은 경찰관이나 보도진을 부르기도 했고, 신문을 들여보내주도록 요구하기도 했다. 특히 텔레비전을 잘 활용했다.

텔레비전은 당시 뉴스쇼가 막 시작된 참이어서 시청률 경쟁이 심했다. 인기였던 NET텔레비전(일본교육텔레비전, 현재의 TV아사히)의 '기지마 노리오(木島則夫) 모닝 쇼'의 기지마 씨가 여관으로 전화를 걸어 행한 인터뷰가 길게 생방송되었다. 또 다른 텔레비전(TBS) 기자를 여관으로 불러들여 인터뷰에 응하는 등 '조선인으로서 차별당한 인생'을 웅변으로 들려주었다.

이 외에도 역시 텔레비전의 주문에 응하여 라이플총을 하늘을 향해 발사하기도 했고, 바깥으로 나와 경비 경찰에 위협사격을 가하거나 개를 쏘아 죽이기도 했다. 다이너마이트도 몇 개를 밖으로 던져 폭발시켰다. 그로 인해 당시 신문에 '라이플 마(魔)'라는 제목이 달리기도 했다.

취재진 중에는 맥주나 과자 등 '선물'을 들고 인질 현장인 여관으로 달려가 눌러앉는 자도 있었다. 김희로도 인질과 함께 여관 안에서 '술판'을 벌이기까지 했다.

이런 사건이 '극장형 범죄'라고 불리는 것처럼 텔레비전 시대를 배경으로 일본 전국을 뒤흔들었다.

　그런데 인질사건이라고 하면 범인에게는 반드시 요구가 있기 마련이다. 김희로는 무엇을 요구했던가.

　그는 야쿠자를 살해한 뒤 시미즈 경찰서로 들이닥쳐, 평소 '조선인 차별'을 하던 형사를 처단한 다음 자살하려고 했다. 그러나 그게 불발로 그쳐 스마타쿄까지 도망쳤다고 한다. 거기서 농성할 때 그 형사의 이름을 대면서, 텔레비전 앞에 서서 '조선인 차별에 대한 사죄'를 하게 하라고 시미즈 경찰서에 요구했다.

　경찰로서는 사태 해결을 위해 시미즈 경찰서 서장과 지목된 형사가 "만약 그런 일이 있었다면 사죄합니다"(자서전에서)라고 텔레비전을 통해 밝혔다. 김희로는 여관에서 함께 텔레비전을 보던 인질이 "저래서야 무슨 말인지 알 수 없다"고 하자 이튿날 다시 사죄방송을 하도록 요구했다.

　그는 그래도 납득이 가지 않았다. 그러나 어머니가 "멋지게 죽어라"고 했다는 말을 전해 듣고 죽을 각오는 하고 있었다고 한다. 그런데 나흘째에 취재진으로 가장한 수사원들에 의해 체포되어 사건은 막을 내렸다. 자살은 하지 않았지만, 체포될 때 혀를 깨물어 부상을 당했다.

　문제가 된 시미즈 경찰서 형사의 '차별 발언'인데, 김희로가 자서전에서 밝힌 것은 이런 이야기였다.

　사건이 일어나기 한 해 전 7월의 어느 날 밤, 시미즈 시내의 번화가를 어슬렁거리고 있자니 '현지 폭력단과 재일 조선인 무리'가 다투고 있었다. 가까이 가서 보니 그 가운데 야쿠자 부하였던 그의 사촌이 있었다. 경찰관이 달려와 수습하려고 할 때 어느 형사가 "네놈들 조센징은 일본에 와서 제대로 하는 일이 없어!" "조센징은 조선으로 돌아가!"라고 욕을 했다는 것이다.

　하지만 본인은 그 자리에서 형사와 다툰 게 아니었다. 현장에서 벗어난 다음, 전화로 항의하며 다툰 것 외에는 그 뒤로도 직접 접촉은 없었다. 그런데 자서전에는 "이제까지 받아온 차별과 굴욕감이 단숨에 치밀어 올랐습니다"고 썼다. 이듬해 살인, 인질사건과 그 후 재판에서는 이것을 사건의 배경이자 동기로 강조했다.

"그 자는
예사 인간이 아니다!"

여기서 이야기는 한국으로 돌아온다.

김희로가 일본에서 석방되어 한국으로 오기로 정해졌을 때, 나는 친하게 지내던 대선배인 월간 잡지 〈겐다이(現代) 코리아〉의 발행인 겸 편집인 사토 가쓰미(佐藤勝己) 씨(1929~2013년)에게 서울에서 전화를 걸었다. 김희로의 사람 됨됨이를 물어보기 위해서였다.

사토 씨는 니가타현 출신으로, 1950년대로부터 한국(조선) 문제와 재일 한국인(조선인)의 인권 옹호운동 등에 매달려온 전후 일본의 '코리아 워처'의 선구자 가운데 한 사람이다. 만년에는 북한에 의한 일본인 납치문제에서 구출 운동의 선두에 선 것으로 잘 알려졌다. 납치 피해자인 요코타(橫田) 메구미 씨 일가 역시 니가타에서 살고 있었다.

그에게 전화를 건 것은 김희로가 재판 투쟁을 전개할 때, 그는 좌파 계열의 진보적 지식인과 문화인들에 의한 지원단체인 '김희로 공판 대책위원회'의 추천으로 특별 변호인이 되어, 피고인 김희로와 자주 옥중에서 접촉하고 있었기 때문이다.

사토 씨는 김희로보다 한 살 어렸고, 니가타에서 태어난 뱃사람 출신이었다. 김희로와 마찬가지로 아직 10대였던 일본 패전 직전, 타고 가던 화물선이 간몬(關門)해협에서 미군 기뢰에 부딪쳐 침몰할 때 구사일생으로 살아남은 사람이었다.

일본 패전 후 1948년에 선원으로 미국 샌프란시스코를 방문했을 때, 처음으로 미국 대도시 풍경을 바라보며 "일본이 어떻게 이런 나라와 전쟁을 벌였을까?" 하고 질렸다는 이야기를 나에게 들려준 적이 있었다. 이것이 전중파(戰中派) 청년이 가졌던 세계관의 대전환이었다고 한다.

그 후 건강을 해쳐 니가타에서 선원 조합의 일을 하고 있을 때, 일본 공산당원이 되어 조총련계 사람들과의 인연이 맺어졌다.

앞 장에서 소개한 조총련계 한국인의 북한 귀환운동에서는 귀환자들이 니가타에 집결하여 니가타 항구에서 북한으로 떠났던지라 그 역시 적극적으로 이를 지원했다. 본인도 말했지만 '사회주의 환상'에 사로잡혀 있던 시절이었다.

그는 '김희로 사건'이 일어나기 3년 전인 1965년, 원래 일본 공산당 계열이었던 '일본 조선연구소'의 사무국장이 되었다. 사건 재판에서 특별 변호인으로 추천된 것은 그 경력에서 드러나듯 그가 대학교수를 비롯한 소위 지식인이 아니라 갖은 고초를 겪은 사람이고, 더구나 조총련계 한국인들과의 교류 경험이 있었기 때문이다.

사토 씨는 김희로의 어머니와도 몇 차례 만났다. 특별 변호인은 간수(看守)를 배제하고 수감자와 몇 시간이건 이야기를 나눌 수 있는지라 김희로로부터 '여자 이야기'를 비롯하여 많은 인생담을 들었다. 사토 씨가 같은 세대였고, 변호사 등 지식인과는 다른 세계를 살아온 인간이어서였던지 어딘가 공감을 느꼈던 것 같다고 한다.

그러나 내가 사토 씨에게 전화를 걸었을 때, 그가 맨 먼저 한 말은 "그자는 예사 인간이 아니다. 웅변으로 사람을 끌어들이는 면이 있긴 하지만, 격정가(激情家)로 울컥 하면 무슨 일을 저지를지 모르니까 인터뷰할 때는 조심하는 편이 낫다"였다.

그런데 사토 씨는 도중에 김희로에 의해 특별 변호인에서 해임된다. 그것은 1심 최종 변론준비로 시즈오카 형무소 미결 감방으로 면회를 갔을 때 일어났다. 그 경위는 사토 씨의 저서 〈비화로 엮는 나와 조선〉(2014년, 晩聲社 출간)에 따르면 이랬다.

{그에게 의견을 구했다.

"민족차별이 있으니까 이번 사건이 일어난 것이다. 일본 사회의 민족차별에 책임이 있다"고 주저 없이 주장했다.

"잠깐, 민족차별은 재일 한국인 전체가 받고 있지만 다른 사람은 살인을 저지르지 않았다. 당신 개인에게도 책임이 있는 게 아닌가" 하고 내가 반론을 폈다. 그의 안색이 변했다.

"당신 같은 일본인에게 그런 말을 들을 이유가 없다."

"그렇다면 묻겠는데, 다른 재일 한국인은 어째서 당신과 같은 행동을 하지 않지?"

"용기가 없는 탓이다."

"사람을 죽이는 게 용기인가?"

"당신이 변호를 해주지 않아도 그만이다. 해임하겠다."

그는 의자에서 일어나 살의를 드러내면서 절규했다. 철망이 없었더라면 아마 나를 죽였으리라는 생각이 얼핏 들었다.}

서재나 다름없는 독방에서
초밥까지 먹었다

　김희로의 옥중 생활은 그로서는 지원운동을 등에 업고 의기양양한 '투쟁'이었기에 당연히 대단히 반항적이었다. 여기에 대해 형무소 측은 종기를 만지듯 조심스러운 대응이었다. 본인이 그렇게 회상하고 있다. 먹고 싶은 것은 무엇이든 사주었다. "초밥이 먹고 싶다"고 하면 간수가 자전거를 타고 가서 사왔고, 족발을 원하면 멀리 떨어진 재일 한국인 거주 지역으로 달려가 수소문했다. 독방에는 자물통도 채워지지 않아 자유로이 들락거렸다고 한다.

　그 결과 옥중임에도 불구하고 그는 카메라까지 반입하여 지녔다. 그 카메라로 찍은 독방 사진을 면회하러 온 사토 씨에게 보여주었는데 "서재라고 해도 지나치지 않을 정도로 훌륭했다"고 사토 씨는 깜짝 놀랐다. 김희로는 독방에서 금붕어도 길렀다. 본인 자신이 옥중 생활이 '특별대우'였다고 밝혀 놓았다.

　그리고 사토 씨를 위시한 변호인단을 가장 놀라게 만든 것이 '식칼 반입

사건'이었다. 김희로는 간수를 '자기 편'으로 꼬드겨 만일의 경우에 자살용으로 쓴다면서 식칼까지 들여오도록 했다. 간수는 동정심에서 도와주었으나, 나중에는 그게 약점으로 잡혀 그가 하자는 대로 하지 않을 수 없었다.

김희로는 식칼을 면회 온 사토 씨와 변호인단에게 보여주는 바람에 탄로가 났다. 문제의 간수는 나중에 자살했다.

김희로는 자서전에다 "상냥한 지원자였던 구리다(栗田) 씨(간수)를 내가 죽음으로 몰고 말았다"면서 '미안함과 후회'를 표현했다. 하지만 사토 씨는 "식칼 반입사건으로 K간수가 자살했을 때, K간수에 대한 애도의 의사표시조차 없었다는 사실에 나하고는 삶의 방식에서 메워지지 않는 간격을 느꼈다"고 했다.

재판에서 구형(求刑)은 사형이었다. 하지만 판결은 불행했던 가정환경이 정상 참작되어 무기징역이었다. 김희로와 지원자들이 거듭 강조하여 흡사 '정치범'인 양 주장했던 '민족차별'이라는 동기는 거의 받아들여지지 않았다. 대신 살인과 인질 감금 등 '흉악한 행위'에 엄중한 처벌이 내려졌다.

김희로는 31년의 옥중 생활에서 두 번 옥중 결혼도 했다. 처음은 사건 전에 동거하던 '후사코'라는 일본 여성이었다. 두 번째는 구마모토 형무소에서 복역하던 1979년 '돈경숙(頓敬淑)'이라는 한국 여성과의 결혼이었다.

이 한국 여성 또한 실로 기구한 '한일 인생 스토리'의 주인공이었다.

그녀는 26세였던 1974년, 서울에서 일본인 상대로 살인사건을 일으켰다. 사형 판결이 내려졌는데, 나중에 무기징역으로 감형되어 한국에서 복역 중이었다. 김희로가 그녀에 관해 알게 된 것은 일본의 주간지에 그녀가 저지른 사건이 실려 있었기 때문이라고 한다.

당시 그녀의 살인사건으로 일본인이 피해자가 된 현장에 달려간 일본대사관의 전직 외교관 마치다 미쓰구(町田貢) 씨(나중에 주한 공사로 퇴임)로부터 들은 이야기는 다음과 같은 것이었다.

피해자는 일본 대기업 주재원 부인으로, 현장은 '남산 외인아파트'의 자택. 부인은 칼로 온몸이 찔려 사망했고, 부엌은 온통 피범벅이었다. 남편인 주재원은 당초 단신 부임이었는데, 부인이 한국으로 온다고 해서 가족용 주거로 옮긴 지 얼마 되지 않았다.

남산 외인아파트는 지금은 없어졌지만, 서울 중심부로 한강이 바라보이는 남산 중턱에 있었다. 1980년대 초까지는 외국인 전용의 대표적인 고급 맨션으로, 일본인 가운데에는 비즈니스맨 외에도 외교관과 기자도 살고 있었다. 나를 포함하여 한국에서 오래 지낸 외국인에게는 그리운 곳이다.

사건은 가정부의 증언에 의해 단신 부임 시절 남편과 친했던 한국 여성의 범행으로 밝혀져 체포되었다. 당시 한국 신문은 그녀의 직업을 '접대부', 즉 호스티스라고 했다. 사건은 그녀의 질투에 의한 '현지처와 본처 사이의 치정 살인'으로 보도되었다. 신문에는 '탈선 일본인 섹스 동물에 대한 보복'이라는 제목도 붙어 있었다.

여담이지만 이것은 내 기억이 틀리지 않는다면 1965년의 한일 국교정상화 이후 일본인이 한국에서 살해된 유일한 사건이다. 한국은 반일 이미지가 강한 나라이지만, 의외로(?) 일본인이 살해되는 따위의 사건은 일어나지 않았다.

옥중 결혼 아내와의 기연(奇緣)

김희로에 의하면 '돈경숙'과는 옥중에서 수천 통의 편지를 주고받았다. 나중에 석방된 그녀가 구마모토 형무소로 면회 왔을 때 '영화배우 뺨치는 미모'에 감격했다고 한다. 그 뒤 매일처럼 면회 오는 그녀를 위해 형무소 가까이 아파트를 빌려 살게 했고, 나아가 그 다음에는 서울에 맨션까지 사주었다.

그런데 그는 "아내로서 한때는 정말이지 사랑했다"는 그녀에게서 보기 좋게 배신당한다. 옥중에서 출판한 책의 인세(印稅)와 어머니가 보내준 송금 등 약 3000만 엔을 그녀에게 맡겨두었는데, 석방되기 5년쯤 전 그녀는 그 돈을 갖고 달아나버리고 말았다.

이 여성과의 기연에는 또 다른 후일담이 있다.

김희로가 한국으로 '귀국'한 이듬해인 2000년 초, 이 여성이 나타난 것이다. 과거의 잘못을 빌고 "여생의 뒷바라지를 하고 싶다"면서 동거를 시작했다.

그런데 약 4개월 뒤 그녀는 집에 있던 현금과 예금통장 등 5000여만 원을 훔쳐 또 다시 도망쳤던 것이다. 이듬해 체포되는데, 경찰 조사에서 "그(김희로)의 폭언과 폭행을 견뎌내지 못하여 그 피해 보상으로 돈을 갖고 달아났다"고 말한 것으로 한국 매스컴이 전하고 있었다.

그러나 한국에서의 김희로의 여성 문제는 이것으로 끝이 아니었다. 이번에는 살인 미수사건을 일으켰다.

문제의 그녀가 도망친 뒤 다시 자신의 후원회에서 알게 된 40대 여성과 친해졌다. 그리고 그 여성이 '남편의 가정 내 폭력'을 호소했던지라 그녀의 집으로 들이닥쳐 남편을 감금하고 수제(手製) 죽창으로 상처를 입힌 다음, 방에다 불을 질렀다. 그로 인해 살인 미수와 방화, 감금 용의로 체포되었던 것이다. 2000년 9월의 일이었다. 이 사건으로 징역 3년의 판결이 내려졌다. 그렇지만 한국 당국이 온정을 베푼 것인지, 형무소가 아니라 치료감호소에 수용되었다. '성격 장애로 판정되었기 때문'이라고 한국 매스컴이 전했다.

'성격 장애'라니 참으로 그럴싸하다.

출소하여 얼마 뒤 살인 미수사건의 원인이 되었던 내연의 여성과 헤어지고, 2006년부터는 일본에서 생활한 경험이 있는 70대 여성과 함께 살았다. 그가 죽은 것은 2010년 3월 26일로, 만 81세. 사인은 전립선암이었다.

한국에서 생전에 그가 매스컴에 뉴스로 등장한 최후의 사진은 내연 여성 집에서 살인 미수사건으로 피를 뒤집어 쓴 모습이었다.

김희로 재판에서 한때 특별 변호인이었던 사토 가쓰미 씨는 김희로가 한국으로 '귀국'했을 당시 나에게 전화로 들려준 것과 똑같은 내용을 글로 남겼다. 〈겐다이 코리아〉 1999년 11월호에 게재된 '잊기 어려운 김희로 사건'이라는 제목의 글인데, 이런 식으로 적혀 있다.

{그의 결함은 성실하게 일하지 않고 겉치레만 번드레한 일만 몹시 좋아했다는 점이다. 당연히 수지(收支)의 밸런스가 맞지 않았다. 그것을 비합법적인 수단으로 처리한 것이 70년 인생 중에서 50년 가까이를 형무소에서 보내게 된 원인이라고 나는 본다.}

{그의 사건을 구체적으로 보면 (그때까지 일본 좌익 진영의 지배적인 사고방식이었던) 나쁜 것은 국가권력과 민족차별이라는 것만으로는 도저히 설명하기 어렵다. 개인의 책임까지를 합쳐 문제로 삼을 필요를 통감했다.}

{30년 전과 다름없는 김희로와 현실의 갭이 앞으로 김희로에게 어떤 행동을 취하도록 만들지 우려스럽지만, 부디 조용히 노후를 보내주기를 바랄 따름이다.}

타락한 영웅의
일본에 대한 망향

그것이 '조용한 노후'가 아니었음은 지금까지 밝힌 대로다.

이미 소개한 것처럼 한국에서의 노후를 김희로는 변함없이 격정가로 살았고, 여성 편력도 이어졌다. 그러나 거기에는 일본에서, 그리고 '귀국'하면서, 목청껏 외치며 민족차별을 규탄하던 '민족적 투사'의 면모는 없었다. 한국에서는 '타락한 영웅'으로 일컬어졌고, 그의 죽음에 대한 여론의 관심도 쓸쓸한 것이었다.

그가 죽은 뒤 유골은 생전의 본인 희망에 따라 어머니가 잠든 일본 시즈오카로 보내졌다.

실은 내 수중에 있는 그의 자서전 뒤표지에는 김희로가 직접 쓴 메시지가 사인과 함께 촘촘히 적혀 있다. 날짜는 죽기 약 한 해 전인 2009년 2월 19일. 당시 그와 인터뷰를 한 〈니시니혼(西日本)신문〉 고이데 히로키(小出浩樹) 서울지국장에게 참고 자료로 자서전을 빌려 부산으로 가면서 들고 갔고, 거기에다 그가 쓴 글이었다.

약간 길지만 일본에 대한 만년의 심경을 적은 글이므로 소개해둔다.

{어떤 사정이 있었던 간에 내 손으로 사람의 목숨을 **빼**앗았다는 사실 앞에서는 드릴 말씀이 없습니다. 그러나 당시 나는 상대의 사회적 지위와 입장을 잘 알고 있었습니다. 또한 전과 17범의 무서운 보스라고 인식하고 있었던지라 죽는가, 죽이는가의 선택 이외에는 수단과 방법도 없었습니다.

세월이 흐른 지금, 나는 한국에서 살면서 매달 절에 가서 부처님에게 기도를 올리고 있습니다. 일본을 아주 좋아하는 인간인 나는, 인생의 종착역에 닿으려고 하는 작금입니다만, 일본의 훌륭함과 배울 점, 가르쳐주는 것이 참 많습니다. 81세가 된 김희로이지만, 일본을 아주 좋아하는 인간인 것만은 여전히 변하지 않았습니다.

지금은 세계적인 불황의 여파가 밀려들어 어디든 살아남기 위해 필사적입니다. 그렇지만 나는 일본과 그 나라 사람들이 크게 발전하기를 진심으로 빕니다.

개인적인 일이라 죄송합니다만, 남아 있는 수명이 있다면 일본으로! 내가 태어난 땅! 사랑하는 일본으로 가서 내 눈으로 세계에서 가장 아름다운 후지산(富士山)을 보고 죽고 싶다는 생각입니다. 내 **뼈**는 가족이 일본에서 와서 가케가와에서 잠든 어머니와 함께…. 일본인 여러분의 일은 절대로 잊지 못합니다. 2009년 2월 19일, 부산에서 김희로}

여기에서는 김희로가 그토록 주장해왔던 '일본 사회에서의 조선인 차별'이라는 '민족문제'는 일절 언급하지 않았다. 사건은 살해한 희생자와 그 공양(供養)에 관해서만 적혀 있다. 그리고 일본에 대한 극도의 예찬과 망향. 이것이 무엇을 의미하는 것일까?

이것만 보면 이 글은 그가 반발하고 저항해온 '민족문제를 배제한 단순한 살인사건'이라는, 일본 치안당국의 사건관(觀) 및 재판 결과에의 복종을 뜻한다. 혹은 이것은 민족문제를 전면(前面)에 내세워 그를 지원한 전후 일본의 '반일적'인 좌익, 진보파의 사상적 패배이기도 하다.

그렇다면 김희로는 결과적으로 한국에 '귀국'함으로서 '민족의 영웅'이 아니었던 셈이다. 달리 표현하자면 일본은 그를 석방하여 한국으로 추방함으로써 그를 '민족의 영웅'에서 끌어내렸던 것이다. 이것은 일본 치안 사상(思想)의 멋진 승리랄까?

그러나 어떤 의미에서 일본 사회를 공깃돌처럼 가지고 논 그의 '만만찮음'을 떠올리자면, 이 메시지는 또한 살아남기 위한 하나의 퍼포먼스였는지도 모른다. 그의 마지막 바람은 태어난 고향인 일본으로의 귀환이었기 때문이다. 하지만 그는 일본정부에 의해 일본으로의 재입국이 인정되지 않는다는 조건 아래 한국으로 출국했다.

그에게 일본으로의 강렬한 망향의 심정이 있었음은 분명하다. 여성 편력의 마지막에 일본에서 생활한 경험을 가진 노녀(老女)를 최후의 '반려(伴侶)'로 삼았던 것 역시 그것을 말해준다. 그로서는 일본이라는 나라와 일본 사회가 대관절 무엇이었을까? 그는 진짜로 한국인(조선인)이었을까?

사람에게는 '허상과 실상'이 있다. 김희로는 한국과 일본의 역사를 배경으로, 그리고 한국과 일본을 무대로, 그야말로 그 허상과 실상을 곰곰 떠올리게 해주는 처절한 인생을 산 인물이었다.

14

김현희(金賢姬)는
왜 '마유미'가 되었나?

한국과 일본의 고생은 지정학적인 숙명

김현희의 일본어는
완벽했다

1988년 서울올림픽이 개최되기 한 해 전인 1987년에 일어난 대한항공 (KAL) 여객기 폭파사건. 사건 현장은 동남아시아 미얀마 앞바다의 안다만 해상이었지만, 한반도 분단 이후 북한이 한국을 상대로 저지른 최대의 테러였다. 승객 다수를 태운 국제 민간항공기를 비행 중에 폭파시킨다는 것은 역사적으로도 대단히 드문 범행이다.

사건은 남북 대립의 산물이며, 서울올림픽 저지를 노린 북한에 의한 한국 파괴공작의 일환이었다. 그런데 실은 이 사건에 '일본'이 깊숙이 간여되어 있었다. 북한은 '일본'을 이용하여 그런 대담하고도 최악의 국제적 테러 사건을 일으켰다. 그 '일본'의 상징이 사건의 주인공인 '마유미' 김현희였다.

그녀는 '하치야 마유미(蜂谷眞由美)'라는 일본인 여성으로 위장하여 일본 여권을 소지하고 범행을 저질렀다. 김현희가 체포되지 않고 사건의 진상이 밝혀지지 않았더라면, 사건은 '일본인의 범행'이 되었을 가능성마저 있었던 것이다.

북한의 테러 공작원 김현희는 일본인으로 위장하느라 북한 공작기관에서 철저한 '일본인화 교육'을 받았다. 그때의 일본어 선생이 '이은혜(李恩惠)'라고 불렸다. 일본에서 납치되어 간 일본인 여성 '다구치 야에코(田口八重子)'였다.

　여기서 대한항공기 폭파사건은 나중에 새삼 일본을 진감(震撼)시키게 된다. 북한에 의한 일본인 납치사건과 겹쳐지기 때문이다. 일본인 납치사건도 궁극적인 목적은 북한의 한국에 대한 파괴공작이었다. 그런데 그렇다면 한국에 대한 북한의 국가 테러에서 왜 하필 '일본'인가?

　이것은 한국과 북한, 혹은 한반도라는 존재가 전후, 또는 현대에 있어서도 일본에 얼마나 '위험한 존재'인가를 가리켜 주는 일이다. 그 배경에는 한반도의 남북, 한국과 북한의 대립이 있다. 그것은 일본으로서는 여간 '골칫거리'가 아니다. 이 '골칫거리'가 어디서 비롯되는가, 그리고 어째서 그렇게 되었나? 이 자리에서 그것을 생각해보기로 한다.

　나는 김현희를 몇 차례 만났다. 맨 처음은 사건과 연관된 인터뷰였다. 그 후 그녀가 '한 명의 시민'으로서 살게 되고부터는 원고 청탁 등으로 자주 접촉했다.

　사건 후 외국인 기자단과의 첫 기자회견(1990년 6월 20일) 때, 나는 "당신은 일본어가 유창하다고 들었는데, 다음 질문에는 일본어로 대답해주면 고맙겠다"고 테스트를 시도했다. 그 대응은 훌륭했고, 그녀의 일본어는 실로 자연스럽게 흘러나오는 말투였다.

　공작원으로서 일본인화 교육의 성과를 충분히 느끼게 해주었다. 당시의 인상으로 지금도 기억하고 있는 것은 질문하는 사람과 좀처럼 눈길을 마주치지 않고, 마치 '부잣집 외동딸'처럼 부끄럼을 타는 모습이었다. 그것은 사건 뒤 체포되어 아직 한국 사회에 적응하지 못한 불안 심리에서 온 것이었을까?

김현희에 대한 외신 기자회견에서 질문하는 저자(1990년).

그로부터 30년, 이제는 두 아이를 키우는 한국의 어머니로서 딱 부러지게 할 말은 한다지만….

김현희는 1987년 12월 체포된 다음, 1989년 한국 법원에서 사형 판결을 받았다. 그러나 '북한 국가 테러의 산 증인'으로서 사면되었다. 그 후 한국인과 결혼하여 두 아이를 두었고, 가정주부로서 조용히 살게 되었다.

그녀가 기자회견이나 인터뷰 등 외부와의 접촉이 허용된 것은 1990년 이후이다. 나아가 본인의 의사로 자유롭게 움직일 수 있게 된 것은 2000년대에 들어가서부터다. 그래도 여전히 당국의 '보호'를 받는다.

따라서 외출에는 반드시 경호원이 따라붙는다. 지방도시에서 사는 그녀는 언제나 당국이 파견한 경호원과 함께 상경했고, 면담 시에는 경호원이 가까이서 대기했다. 길거리를 걸을 때에는 몇 미터 뒤를 경호원이 따른다. 이 같은 엄중한 보호는 북한에 의한 납치 등 '보복 테러'를 경계해서이

사건 30년 후에 김현희 씨와 인터뷰하는 저자(2017년).

다. 그러므로 그녀와의 직접 접촉은 어렵고, 나 역시 항상 그녀의 남편에게 연락한 다음 만났다.

이처럼 불편하고 엄중한 환경은 아마 평생 이어지리라.

그녀는 사건 당시 25세였으니까 태어나 25년 동안 북한에서 산 셈이다. 그런데 사건 후 한국에서 지내고 있는 시간은 벌써 30년이 되었다. 이제는 북한보다 한국에서의 삶이 길어진 것이다.

그렇지만 가정주부가 되고 아이들의 어머니가 된 이래, 그녀를 만나 이야기를 나눌라치면 불가사의하게 여겨지는 게 있다. 인터뷰가 아니라 세상 돌아가는 잡다한 이야기를 나누는 가운데, 그녀의 말투에서 북한 사투리를 느끼게 되는 것이다. 말끝을 밀어붙이는 듯한 북한 사람들 특유의 악센트가 외국인인 내가 '어라?' 하고 어리둥절해하리만치 분명히 남아 있다.

사건 직후의 기자회견이나 인터뷰에서는 그런 느낌을 받지 않았다. 그런데 그녀가 나이를 먹어감에 따라 도리어 말투에서 태어난 고향인 북한 사투리가 나타나는 것처럼 느껴지는 것이다.

보통은 타향살이가 길어지면 고향 사투리는 잊는 법이다. 더구나 그녀의 경우 20대의 북한 공작원 교육에서는 북한 출신을 철저하게 감추도록 훈련받았다. 그래서 한국에서의 기자회견 등 공식적인 자리에서는 그녀의 말투에서 '북'을 느끼지 못했던 것인지 모른다.

그것이 이제 와서, 아니 지금도 여전히 어딘가에 북한 사투리가 남아 있다는 것은?

주부로서, 어머니로서, 자연체(自然體)로 살아감으로 해서 인간 문화의 핵심인 말은 어린 시절의 기억(원형?)으로 돌아가는 것일까.

그 같은 그녀의 말투를 접할 때마다 떠오르는 게 있다. 한때 그녀를 둘러싸고 유포된, 실로 어처구니없는 "김현희는 북한 공작원이 아니다. 가짜다. 사건은 한국의 모략이다"던 괴설(怪說)이 그것이다.

사건 발생 후 북한은 자신들의 범행을 은폐하느라 '한국의 자작자연(自作自演)' '김현희는 한국 모략 정보기관 요원'이라고 주장했다. 6·25전쟁을 비롯하여 곤란한 처지가 될라치면 모조리 '적의 모략'이라고 생떼를 쓰는, 늘 하던 수법의 조작 캠페인을 전개하는 것이다. 특히 일본에서는 조총련이 선두에 서서 일본 사회, 그 중에서도 일본 미디어에 대한 정보공작에 혈안이 되었다. 당시 나는 일본에 있었기 때문에 직접 그것을 체험했다.

당연히 그것은 북한 당국의 지령을 받아 하는 것이지만, 이 같은 북한의 정치공작으로서의 모략 수법은 제11장 '6·25전쟁이 시작되었다'에서 이미 자세하게 소개했다.

그러나 6·25전쟁에서는 저명한 작가 마쓰모토 세이초를 위시한 일본 사회가 그 모략설에 크게 기울어졌지만, 이번에는 다행히 대부분의 일본 미디어가 거기에 놀아나지 않았다. 일본에서는 이미 '북한 신화'의 붕괴가 이뤄지고 있기 때문이다. 그래도 일부 출판물에서는 '김현희의 수수께끼'니 'KAL기 폭파 사건의 진상'이니 하면서 이른바 '김현희 가짜 설'을 질리지도 않고 퍼트렸다.

그런데 불가사의(?)하게 당시 테러의 피해자였던 한국은 물론, 일본에서도 거의 상대조차 해주지 않았던 이 '김현희 가짜 설'이, 사실은 나중에 다른 곳도 아닌 한국에서 부활하여 김현희를 괴롭혔다. 그 사이에 한국에서 대관절 무슨 일이 일어났는가.

한국에서는 북한에 대한
적대감이 후퇴했다

KAL기 사건 뒤 한국에서는 1990년대 이후의 소위 '민주화의 진행'에 의해 커다란 변화가 생겨났다. 그 중 최대의 변화는 단적으로 말하자면 좌익 및 친(親)북한 사상의 해금이며, 북한에 대한 적대감의 후퇴였다.

다시 말해 북한에 대한 사고방식이 그때까지의 대립과 적대에서, '같은 민족'이라는 유화적(宥和的)인 것으로 크게 바뀌었다. 그리고 북한에 대해서는 그 독재나 과거를 묻기보다 같은 민족으로서 교류와 협력, 지원이 들먹여지기에 이르렀다.

그 같은 변화의 상징은 북한에 유화적인 좌익·혁신계의 김대중, 노무현 정권(1998~2008년)의 탄생이며, 이들 정권 하에서 실현된 남북 정상회담이었다. 그로 인해 정상회담에서는 6·25전쟁의 책임 문제나 KAL기 사건을 비롯하여 북한이 저지른 테러사건 등 '과거'는 일체 불문에 부쳤다.

그런 변화가 한국 내의 좌익, 친북 세력의 기세를 올려주었다. 그리고 그것이 결과적으로 KAL기 사건에 의문을 던져 김현희를 둘러싼 환경을 곤란하게 만들었던 것이다. 여기에 대해 언급하기 전에, 한국 사회를 크게 바꾼 민주화에 관해 간단하게 이야기해둔다.

한국은 1979년 10월의 박정희 대통령 암살사건으로 18년 간 이어진 군사정권이 막을 내렸다. 박 정권 하의 경제발전으로 한국은 잘살게 되었으며, 경제력에서 북한을 능가하게 되었다. 그런데 경제건설 우선의 박 정권은 나중에 '개발 독재' 등으로 비판받듯이, 정치적인 안정을 명분으로 언론자유를 비롯한 자유와 민주주의를 제한하고, 야당 세력도 심하게 다루었다.

정치적 자유를 제한하는 명분으로서 특히 '북의 위협'을 강조했다. 북한과는 대결 자세를 취하여, 좌익이나 친북 세력은 철저히 억압하는 '철권(鐵拳) 정치'가 길게 이어졌다.

그런데 갑작스러운 대통령 암살사건으로 박 정권은 끝났다. 그러자 당연히 야당 세력이 기세등등해져 정치판을 흔들었다. 그 결과 한국은 정치 혼란에 빠졌다. 그래서 다시 정치 안정을 위한 전두환 장군 등 '신군부'가 정국 수습에 나서면서 새로운 군사정권으로서 전두환 정권(1980~88년)이 스타트했다.

여기에 대해 군사정권 반대와 민주화를 요구하는 학생운동이 활발해졌다.

전두환 정권은 1987년 여름, 대규모 반정부 데모에 직면하여 사태 수습을 위한 야당 정치가의 활동 해금과 대통령 직접선거로의 개헌, 언론자유 등 민주화에 나섰다. 이해 12월의 대통령 선거는 최초의 민주화 선거가 되었다.

이 같은 민주화 상황은 1988년으로 예정되어 있던 서울올림픽 개최와도 관계가 있다. 국교가 없는 소련과 중국 등 공산권 국가들을 참가시키려면 정치사상의 완화라는 민주화가 불가피했다. 민주화와 올림픽 개최는 한국이 국제적으로 인지(認知)의 폭을 넓히는 큰 찬스였다.

그러나 한국과 문자 그대로 먹느냐 먹히느냐의 제로섬 게임으로 체제 간 경쟁을 벌여온 북한으로서는, 거꾸로 중국과 소련 등 공산권이 참가하는 서울올림픽 개최는 체제 패배를 의미했다.

따라서 김현희의 KAL기 폭파 테러는 북한이 서울올림픽 저지를 노려 '불안한 남한'을 국제적으로 인상지으려 한 파괴 공작이었다(김현희의 자백에서).

KAL기 사건의 발생은 1987년 11월 29일이며, 그녀가 체포되어 중동의 바레인에서 서울로 이송되어 온 것이 대통령 투표일(12월 16일) 하루 전이었다. 한국의 여론은 당연히 이 사건으로 다시금 '북의 위협'이 높아졌다.

이것은 대통령 선거에서 보수 여당 후보로 출마한 군인 출신의 노태우(盧泰愚)에게 유리했고, 결과도 노태우 당선이었다. 이것은 나중에 '모략설'의 하나의 근거로 이용된다. 다만 당시 노태우가 당선된 원인은 따로 있었다.

민주화 투쟁의 결과로서 새 헌법 아래 행해진 선거였으므로 민주화를 주도한 야당 세력의 당선은 확실했다. 그런데 야당 진영의 두 지도자, 김대중과 김영삼이 후보 일원화에 실패했다. 둘 다 입후보하여 야당 진영이 분열된 것이 그들의 최대 패인이었다.

군인 출신이면서 최초의 민주화 정권이 된 노태우 정권(1988~93년)은 언론자유와 좌익사상, 노동운동의 해금, 공산권과의 국교 정상화 등 민주화 정책을 추진했다. 신문 발행이 자유로워졌고, 친북적인 좌익 신문 〈한겨레신문〉이 창간된 것도 바로 이 무렵이었다.

그렇지만 '북의 위협'론이 크게 후퇴하고 북한에 대한 유화적인 분위기가 널리 퍼지는 것은, 정치적 군인의 추방 등 군부 개혁을 밀어붙인 김영삼 정권(1993~98년)을 거쳐 김대중, 노무현 정권이 되고 나서였다.

민주화 시대에는 군사정권 시대에 탄압당한 야당과 반정부 인사들이 정권을 쥐었다. 그들은 스스로의 정당성과 정통성을 과시하느라 '과거 부정'에 열을 올렸고, 보복 정치를 전개했다. 특히 '북의 위협'을 이유로 한 것에 대한 선악의 평가가 완전히 뒤집어졌다.

군사정권 시대에 많은 활동가가 체포, 투옥되었다. 그들이 관련한 여러 친북, 좌익계 반정부 운동이나 공안사건 역시 민주화 운동으로 재평가되었다. 북의 '스파이 사건'으로 반공법이나 국가보안법 위반으로 체포되었던 사람들조차 이번에는 '민주화 인사'가 되어 보상을 받고 복권했다.

그런 흐름 속에서 김대중 정권(1998~2003년)은 북한에 대한 지금까지의 비판과 대결 정책을 전환하여 소위 '햇볕정책'으로 일컬어지는 대화와 교류, 지원과 협력의 유화 노선을 택했다. 그 결과가 2000년, 김대중 대통령이 평양을 방문하여 김정일과 포옹한 사상 최초의 남북 정상회담이다.

정부는 물론 미디어도 "북한이 싫어하는 것은 하지 말라" "북한을 자극해서는 안 된다"는 분위기로 바뀌었다.

그 결과 '북의 위협'의 상징이자 '북한 국가 테러의 산 증인'인 김현희의 설 자리가 없어졌다. 이렇게 해서 김현희 소식은 일단 사라져버렸다.

그녀로서는 마침 출산과 육아의 시기와도 겹쳐졌는데, 그 환경은 흡사 '국내 망명'과 같은 상태로 변하고 말았다. 그리고 보다 좌익 색깔이 강하고, 친북파가 사회적으로 더 영향력을 가졌던 노무현 정권(2003~08년)이 들어서자 그녀에게는 노골적인 압력까지 가해지게 되었다.

그것이 KAL기 사건에 대한 한국 모략설과 김현희 가짜설의 재연(再燃)이었다.

노무현 정권 아래에서는 과거의 정치적 사건에 대한 평가를 뒤집느라 가령 정부기관으로 '진실 화해를 위한 과거사 정리위원회'가 설치되었다. 이 위원회는 좌익과 친북 세력의 의향을 반영하여 'KAL기 사건 의혹'의 재조사에 나서서 김현희 가짜설을 새삼 끄집어내기에 이르렀다.

여기에 편승한 한국 매스컴은 준(準)국영인 KBS를 비롯하여 텔레비전 3국 모두가 KAL기 사건의 '수수께끼'니 '진상'이니 하면서 특집 프로그램을 경쟁적으로 내보냈다. 그것은 흡사 북한의 의향을 반영한 '김현희 깨부수기'를 위한 캠페인과 같았다.

여기에는 사건 직후 일본에서 유포된 북한의 허위 정보가 그대로 활용되었다. 당시 의혹설을 쓴 일본인 저자도 크게 대접받았다. 사건이 한국 정보기관의 모략이었다고 하는 엉터리 소설까지 출간되어 인기를 끌었다.

나중에 김현희로부터 들은 이야기지만, 그 무렵 한국의 정보기관조차 좌익, 친북 세력의 영향을 받고 있었다. 그들은 김현희 가짜설 등 사건의 의혹을 부풀리려는 텔레비전 프로그램에 출연하도록 '강요'하기도 한 모양이었다. 물론 그녀는 거부했다.

현 정권의 영향을 받아 정보기관이 '과거의 정보기관 성과'까지 발로 차버리는 사태에 이르렀던 것이다.

모략 '김현희 가짜설'에 대한 반격

그녀는 당시 서울에서 살고 있었다. 신변 안전을 위해 주소는 극비였음에도 불구하고 (지금도 그렇지만), 정보기관에서 정보가 유출되어 텔레비전 등의 취재진이 수시로 자택으로 들이닥쳤다. 텔레비전은 그녀의 자택 영상을 당당하게 공개했다.

공포에 질린 그녀는 어린 자녀들을 데리고 이사 갈 수밖에 없었다. 이리저리 주소지를 바꾸는 '도망자 생활' 끝에 마지막에는 서울을 떠나 남편의 고향 가까운 지방에서 살게 되었다. 이 모두가 인권과 민주주의를 줄기차게 떠벌리는 좌익, 혁신 정권 아래서의 일이다.

김현희는 2008년 보수파인 이명박 정권이 탄생한 것을 계기로, 노무현 정권 하에 경험한 그 같은 이상한 일들을 외부에 폭로했다. 한국 사회가 좌익과 반정부파를 중심으로 하여 "이것이 진상이다"는 식으로 죄다 안다는 듯이 다시 문제 삼았던 '김현희 가짜설'에 대한 반격에 나섰다.

노무현 정권 아래서의 '김현희 괴롭히기'의 실태를 탄원서로 만들어 정부 당국에 보냈다. 나아가 그 실정(實情)과 심경을 호소하는 장문의 편지를 2008년 가을에 발표했고, 그것이 보수계 한국 미디어에 소개되었다.

200자 원고지로 100매가 넘는 그 전문은 지금도 내가 간직하고 있다.

거기에는 '북한 국가 테러의 산 증인'으로 태어나(!), 소위 '폭로자'로서 북한의 진상을 한국 사회에 전해온 그녀를 에워싼 역전 현상이 분노로 채워져 있다. 민주화로 탄생한 좌익 정권 아래에서 정보기관과 미디어(특히 텔레비전)가 한 패거리가 되어 북한의 모략 선전인 '김현희 가짜설'을 퍼트리고 있었던 것이다.

이 건을 계기로 나와 김현희와의 접촉도 재개되는데, 이런 에피소드가 있었다. 이 에피소드에는 12장에서 소개한 일본 공산당 기관지 〈아카하타〉의 전 평양 특파원 하기와라 료 씨가 등장한다.

김현희는 소녀 시절 외국의 빈객(賓客)을 맞이하는 환영행사 등에서 손님에게 꽃다발을 전하는 '화동(花童)'을 한 적이 있다. 일시적으로 남북 대화가 행해진 1972년, 평양을 방문한 한국정부 대표단의 환영식에서 그녀는 다른 소녀들과 함께 꽃다발을 전달했다. 그런데 이 현장에서 평양에 주재하던 하기와라 기자가 취재를 했고, 환영 풍경의 사진을 찍었다.

하기와라 씨는 당시 김현희의 존재를 물론 몰랐다. 그러나 1987년에 KAL기 사건이 터졌을 때, 당시 사진을 공개하고 그 가운데 김현희가 있었다고 밝혀 화제가 되었다.

또한 1972년의 이 현장에는 한국정부 대표단의 일원으로 이동복(李東馥) 씨가 있었다. 김현희로부터 꽃다발을 받은 사람이 바로 그라고 한다. 그는 그 후 대북 관계 요직을 거친 다음 은퇴했다. 최근에는 대북 인권단체인 '북한 민주화포럼'의 대표를 맡고 있다. 남북문제 전문가로 보수파 논객이다. 그 역시 당시 하기와라 씨를 몰랐다.

이동복 씨는 앞서 소개한 김현희의 '고발 편지'를 그녀가 가장 신뢰하는 인물로서 제일 먼저 보낸 상대이다. 따라서 김현희를 에워싸고 하기와라 씨와 이동복 씨는 불가사의한 인연으로 맺어진 셈이다. 그래서 세 사람은 2011년 7월 12일, 서울의 호텔에서 함께 만났다.

이 39년 만의 '기묘한 재회'에는 나도 자리를 같이 했다. 평양에서 찍은 당시 사진을 보면서 그 기우(奇遇)에 다들 분위기가 달아올랐다.

김현희는 여기에 앞서 2009년에는 일본인 납치사건의 피해자 가족들과도 처음으로 한국(부산)에서 만나 위로와 격려를 전했다. 그녀로서는 이같은 '북한 고발'이 자신의 테러로 희생된 사람들에 대한 속죄이기도 했다.

일본인 납치문제에 관해 그녀는 북한에서 공작원 교육을 받을 때 일본어를 가르쳐준 '이은혜'가 다구치 야에코였다는 대단히 중요한 정보를 일본에 알려주었다. 부산에서 있었던 일본인 가족과의 만남에는 다구치 야에코가 일본에 남겨둔 유아(遺兒)인 이즈카 고이치로(飯塚耕一郎) 씨와, 그녀의 오빠 이즈카 시게오(繁雄) 씨가 달려와 처음으로 대면했다.

김현희는 이즈카 고이치로 씨에 대해 "마치 내 아들 같은 기분이 들었다"고 한다. 그녀는 북한에서의 공작원 교육 시절 다구치 야에코(이은혜)에 대한 추억을 저서에서 이렇게 썼다.

{그녀는 술에 취하면 초대소 창밖을 바라보면서 "내 아이가 지금 몇 살일까?"라면서 손가락을 꼽으며 헤아렸고, 영문도 모른 채 끌려온 자신의 처지를 한탄했다. 어떤 때에는 바라보기도 딱하게 여겨질 만큼 비탄에 잠겨 슬프게 운 적도 있었다. 그럴 때 나는 그녀의 마음을 달래주려고 몹시 애를 썼다.}(《잊을 수 없는 여인, 이은혜 선생과의 20개월》, 文春文庫).

김현희는 이듬해 2010년에는 일본정부 초청으로 난생 처음 일본을 방문했다. '일본인화 교육'을 받은 그녀로서는 이것이 첫 일본 여행이었다.

그녀는 '이은혜'로 불린 다구치 야에코를 계기로 일본인 납치문제에 깊은 관심을 기울이고 있다. 그래서 나는 기회가 있을 때마다 납치문제와 납치문제를 둘러싼 북한 정세 등에 관한 코멘트를 부탁하거나, 연하장 대신 일본에 보내는 메시지를 받곤 했다.

 그런 일이 있었던지라 2011년의 동(東)일본 대지진 때에는 그녀가 재난자들에게 보내는 의연금으로 100만 엔을 나에게 가져오기도 했다. "일본으로 초청을 받기도 했고, 일본의 여러분들에게 신세도 많이 졌으니까"라는 말과 함께…. 이것은 〈산케이신문〉에 기사를 써 일본에 알렸다. 그녀는 "초등학생인 아이가 볼런티어 그룹의 일본 여행으로 규슈에 다녀왔다"는 이야기도 들려주었다.

KAL기 사건으로 발각된
일본인 납치사건

　여기서 이야기는 KAL기 사건 당시로 되돌아간다. 김현희가 왜 '하치야 마유미'였는가 하는 문제다.

　되풀이되지만 우선 그 테러사건은 서울올림픽을 앞두고 북한이 벌인 한국에 대한 파괴공작이었다. 김현희는 KAL기 폭파 테러의 임무가 주어졌을 때, 그 목적에 관해 공작기관 담당자로부터 이런 설명을 들었다고 한다.

　"이번에 수행하지 않으면 안 될 임무는 남조선 비행기를 떨어뜨리는 것이다." "남조선 비행기를 떨어뜨리는 이유는 88올림픽을 앞두고 남조선 괴뢰들이 두 개의 조선을 책동하고 있으므로 이를 막아 적에게 커다란 타격을 주는 것에 있다."(文春文庫,〈지금, 여자로서 김현희 전(全) 고백〉上에서).

　덧붙이자면 여기서 말하는 '두 개의 조선 책동'이란 중국과 소련 등 공산권 국가의 서울올림픽 참가를 가리킨다. 지금까지 북한과 국교가 있었을 뿐 한국과의 교류를 일체 거부해온 동맹국인 중국과 소련을 비롯한 공산권 나라들이, 서울올림픽 참가를 계기로 한국을 인정하기 시작한 것이다. 이런 변화가 당시의 북한으로서는 정치적, 외교적으로 견디기 어려운 타격이었다.

그래서 북한은 대한(對韓) 파괴공작을 감행하느라 '마유미'로 위장한 김현희라는 '일본'을 최대한 이용했다. 왜 하필 '일본'인가?

김현희는 '하치야 마유미'가 되고, 그 아버지로 위장한 공작원 '하치야 신이치(眞一)'와 함께 일본인 부녀 관광객으로 꾸몄다. 그들이 소지한 일본 여권은 조총련계 한국인의 협력을 받아 위조한 것이었다. 김현희의 '고백'에는 '하치야 신이치'는 KAL기 사건 이전에도 일본인으로 위장하여 한국에 잠입, 스파이 공작활동을 했다는 사실이 적혀 있다.

그들이 일본인으로 위장한 이유는, 일본인의 행동은 한국 및 국제 사회에서 경계를 받지 않았기 때문이었다. 일본과 일본인은 국제 사회에서는 대단히 안전하면서 안심할 수 있는 존재로서 정평이 나 있다. 일본인으로 꾸미면 의심받을 리가 없는 것이다.

KAL기 사건은 김현희에 대한 '일본인화' 교육을 담당한 '이은혜'가 납치 일본인인 다구치 야에코였음이 밝혀짐에 따라 일본인 납치사건으로 번졌다. 일본인 납치사건은 1990년대가 되어 표면화했으나, 납치 자체는 거의 1970년대 후반에 발생했다.

그렇다면 북한이 일본인을 납치한 목적은 무엇이었을까? 2002년 5월, 납치 일본인을 데려오기 위해 평양을 방문한 고이즈미 준이치로(小泉純一郎) 총리에게 김정일 서기가 이렇게 말했다.

{나로서는 1970~80년대 초에 특수기관의 일부가 망동주의(妄動主義), 영웅주의에 빠져 이런 일을 벌였던 것으로 생각한다. 두 가지 이유가 있으리라고 본다. 하나는 특수기관에서 일본어 학습이 가능하도록 하기 위해,

또 하나는 다른 사람의 신분을 이용하여 남(한국)으로 들어가기 위해서 다…}(2002년 9월 19일자 〈요미우리신문〉에서).

'다른 사람의 신분을 이용하여'라고 하는 것은 일본인 부녀로 위장한 KAL기 사건의 공작원 김현희와, '하치야 신이치'라 칭한 김승일(金勝一)이 바로 그랬다. 특히 김현희는 바로 그 납치한 일본인으로부터 일본어를 배웠다. 게다가 한국으로 들어가지는 않았으나 한국 자체라고 해도 될 '한국 항공기'에 올라 테러를 저지른 것이다. 범행에 이르기까지 어디서도, 누구에게서도 의심받지 않고!

이 테러에 일본이 직접 말려든 것은 아니다. 일본 여권의 위조라는 피해는 있었지만, 폭파 테러에 의한 희생자 등 직접적인 피해는 없었다.

그렇지만 곰곰 생각해보면 이 사건에는 '이은혜'로 불린 다구치 야에코를 통해 일본이 깊이 관여되어 있다. 다구치 야에코는 납치 일본인의 한 명이었다. 그 다구치 야에코는 김현희의 '일본인화' 교육을 담당했다. 결과적으로 일본인 다구치 야에코는 KAL기 사건을 위해 납치된 셈이다. 따라서 '일본'은 KAL기 사건의 직접적 피해자이기도 한 것이다.

다시 말해 일본은 북한에 의한 한국 파괴테러라는 한반도의 동족끼리 벌이는 치열한 싸움에 이용되고, 말려들고, 피해자가 되었다.

일본으로서 이 같은 구도는 '피해자'라는 말만 빼면 제11장에서 소개한 6·25전쟁과 마찬가지다. 아니 6·25전쟁 역시 전황(戰況)에 따라서는 일본이 피해자가 되었을지 모른다. 따라서 일본은 후방 기지로서 미국과 한국을 열심히 지원했다. 김현희의 KAL기 사건은 일본과 한반도의 남북관계를 배경으로 한 정치적 사건이라는 의미에서는 '6·25전쟁'의 연장선상에 있다.

국민의 안전보다
국가의 안전?

여기서 아직 미해결인 채 이어지고 있는 일본인 납치사건에 관해 간단하게 돌아보기로 한다. 우선 그 사건은 왜 일어났는가. 납치를 한 북한의 목적에 대해서는 김정일의 입을 통해 그 일단(一端)이 이미 밝혀져 있다.

문제는 일본 해안에서 일본 국민을 몰래 낚아채가는 그 대담무쌍함과, 그토록 많은 일본인이 납치되었음에도 어째서 20년 이상이나 문제가 드러나지 않았던가 하는 점이다.

여기에 대해 나는 이전부터 '일본 쪽의 문제'로서 신경이 쓰인 것이 있었다. 먼저 그걸 밝히기로 한다.

북한 공작원(스파이)의 일본 잠입은 예전부터 대략 그 얼개가 알려져 있었다. 이미 썼듯이 특히 6·25전쟁에서 일본은 후방 기지로서 '제2전선'의 위치에 있었고, 그 뒤를 포함하여 남북 대립의 '전쟁터'가 되었다. 일본에는 재일 조선인(한국인)이 많이 살고 있다. 북한으로서는 일본이 중요한 공작 대상이었다.

6·25전쟁이 한창이던 1952년 7월에 탄생한 파괴활동방지법(破防法)과 공안조사청(법무성)은, 그 목적의 중요한 부분이 일본을 무대로 한 북한에 의한 파괴공작 저지였다. 파방법은 일본 공산당에 대한 활동 규제의 의미도 컸다. 그것은 당시 일본 공산당이 국제 공산주의 운동에 편입되어 중국이나 소련, 북한과 생각을 같이 하고 있었기 때문이다.

일본은 1945년의 패전으로 한반도로부터 철수했다. 동시에 일본 지배에서 해방되어 '일본 국민'에서 벗어난 조선인(한국인)들은 전시 동원으로 일본에 와 있던 징용 노동자를 포함하여 대다수가 패전으로 폐허가 된 일본을 떠나 본국으로 귀환했다. 한반도는 남북으로 갈려 있었으나 독립국가가 태어났다.

그런데 그럼에도 불구하고 그 후 한반도로부터 많은 밀항자들이 일본으로 건너오게 되었다. 해방되어 일단 귀국했다가 밀항자로 다시 일본으로 돌아온 사람도 숱했다. 그 배경에는 북한의 공산화와 한국의 정치적 혼란, 그 결과로서의 6·25전쟁이라는 내전이 있었고 생활도 어려웠다.

전후의 일본에서 활약한, 혹은 지금도 활약하고 있는 재일 지식인들 중에는 그런 망명 밀항자였던 사람이 꽤 있다.

일본에서 일단 벗어나긴 했으나 그들에게 일본은 경제적, 정치적으로 새로운 '구원'의 장소가 되었던 것이다. 지금 돌이키면 기이한 이야기이지만, 거기에는 한반도와 연관된 반일 이미지 따위는 없다. 굳이 떠올리자면, 최근 유럽으로 밀려드는 아랍 세계로부터의 난민쯤일까. 그것은 과거 유럽 제국의 아랍 지배의 역사와 관계가 있을 것으로 여겨진다.

북한 공작원의 일본 잠입 역시 당연히 밀항이다. 아니, 정치적인 동기를 숨기고 밀항을 가장하여 일본에 잠입했다는 편이 맞을지 모른다. 그들은 일본 해안에서 밤에 몰래 상륙하는 경우도 있고, 김정일이 고백한 것처럼 '다른 사람의 신분'으로 합법적으로 잠입하여 재일 조선인(한국인)으로 거주하는 경우도 있다.

일본 치안당국은 당연히 가끔 그들을 적발하여 검거해왔다. 때로는 그것이 언론을 통해 발표되기도 했다. 그런데 일본인 납치사건에 관해서는 그 실태가 오랫동안 밝혀지지 않았다. 이것은 치안당국의 태만이며, 국민을 보호하지 못했다는 의미에서 커다란 책임 문제이기도 하다.

이 점에 관해서는 일본 치안당국(외사 경찰 등)의 체질과 관련있을지 모른다. 그들은 국가적인 안전보장, 즉 치안의 관점에서 북한 정보수집에는 열심이었으나, 국민의 신변 안전과 보호라는 중요한 일에서는 실패했던 것이다. 그런 의미에서 일본인 납치사건은 '국민의 안전보다 국가의 안전'을 우선(?)한 결과이며, 일본 치안 사상의 '맹점'을 폭로했다고 할 수 있다.

납치문제를 에워싸고는 이런 사실이 의외로 잘 드러나지 않은 문제여서 굳이 지적해두고자 한다.

일본인 납치사건을 용납한 일본 쪽의 문제로서는 그 이상으로 저널리즘의 책임이 크다. 전후 일본의 저널리즘에 오래 존재했던 북한 터부와, 그 배경에 뿌리를 튼 속죄사관에 관해서는 이미 거듭하여 지적해왔다. 거기서 오는 저널리즘의 북한에 대한 다소의 망설임이 납치사건을 낳았고, 또한 간과해왔다는 것이 내 견해다.

일본에서의 소위 '북한 스파이사건'이라는 것은 치안당국이 나름대로 발표해왔다. 일본에는 법률적으로 스파이 죄가 없는지라 대개는 입국관리법 위반이나 공문서·사문서 위조, 사기 등 별건(別件)으로 적발했다. 그러니 경종을 울리지도 않았고, 저널리즘의 관심 또한 그리 높지 않았다.

한반도 문제를 놓고 예전에 이치카와 하야미(市川速水) 〈아사히신문〉 서울지국장과 대담집을 출판하면서 나는 그런 사실을 언급한 적이 있다. 여기서 그 부분을 인용해둔다(朝日新書, 〈아사히 VS. 산케이 서울 發 어찌하나 어떻게 되나 한반도〉 2006년 발간).

{이것(북한 스파이 사건)에 가장 냉랭했던 것이 아사히예요. 안보나 치안 중시의 산케이는 이런 이야기가 좋았으니까 크게 다루어 왔지만, 아사히는 조그맣게 취급했어요. "당국의 주장만으로는 진실을 알 수 없다"고 말하고 있었으나, 거기에는 역사적 속죄의식이 작동하고 있었지요. 그들은 예로부터 일본에서 괴롭힘을 당한 가련한 존재이므로 스파이라고 하여 떠드는 것은 차별을 조장한다, 조용히 작게 보도하는 편이 낫다고…. 그것이 북으로 하여금 멋대로 굴게 하여 납치문제로 이어졌다고 봐요. 나도 전에는 〈교도통신〉에 있으면서 좌익적이었던지라 통감하지요. 일본의 전후적 가치관 속에서 커왔으니까 말이지요.}

{아사히 등의 스탠스의 영향으로 일본 국민도 북한 공작원의 존재를 의식하지 않는 상황이 되어 있었지요. (생략) 스파이 사건이건 납치 문제이건 그들을 비판하는 것은 차별과 편견을 조장하게 된다는 것이 당시 일본 저널리즘의 대세로, 그 결과가 납치 문제를 방치하기에 이르렀다고 말해도 무방하겠지요.}

북한과 그 대리 조직인 조총련은 당연히 일본에서의 그 같은 분위기를 잘 알고 있었고, 그것을 최대한 이용했다. 북한에 불리한 일이나 악(惡)재료는 모조리 '반공, 반공화국 모략'이고, '조선인 차별'이며, '부당한 정치적 탄압'이라면서 도리어 일본을 비난했다.

그들은 일본 측에 도사린 '조선'을 둘러싼 역사와 연관된 속죄의식을 이용함으로써 항상 비난을 물리치고 덤벼들었다. 북한에 의한 일본인 납치 사건은 그 같은 일본 사회의 특수한 전후적 '조선관'을 배경으로 하여 일어난 것이다. 이게 납치사건에 대한 '일본의 문제'이다.

김대중 납치사건은
왜 일어났는가?

　그런데 납치사건이라면 전후의 한일 관계에서 잊을 수 없는 김대중 납치사건(1973년)이 있다. 이것은 당시 한국의 야당 지도자로서 박정희 정권 비판을 전개하던 김대중이 묵고 있던 도쿄의 호텔에서 한국 정보기관(중앙정보부)에 의해 비밀리에 본국으로 끌려간 사건이다.

　사건은 한국정부에 의한 정치적 탄압으로 국제적으로 주목받고 비난이 들끓었다. 그리고 소위 '인권과 외교'의 타협점을 놓고 한일 관계가 극도로 긴장되었다.

　사건의 본질은 일본을 무대로 한 한국 내정상(內政上)의 불상사였다. 일본에서의 한국 공권력 행사라는 점에서 일본은 '국가 주권'을 침해당한 이른바 피해자였다. 그러나 일본은 외교적 배려에서 한국(박정희 정권)의 책임을 엄하게 따지지 않고, 정치적 결착으로 처리하여 내외로부터 오랫동안 비판을 받기에 이른다. 일본은 피해자였음에도 정치, 외교적으로 몹시 시달렸던 것이다.

그 결과 한일 관계의 개선은 박정희 정권의 종언(1979년) 뒤로 넘겨질 지경이었다. 간단하게 말해 버리자면, 일본은 전혀 관계가 없는 한국의 내부 갈등이라 할 격렬한 여·야당의 대립 정치에 끌려 들어가 된통 당한 셈이었다.

단지 이것은 당시 일본의 한국에 대한 영향력의 크기를 감안하자면, 반드시 관계가 없지도 않았다. 일본은 '반공의 방파제'로서 한국을 열심히 떠받치고 있었으니까 말이다. 한국의 정치적 혼란은 일본으로서도 낭패였다.

당시 김대중은 내심 일본을 무대로 자신의 정치적 주장을 전개함으로써 국제적으로 지지를 확대하고, 국내에서의 정치 기반을 강화하고자 했다. 그걸 위하여 일본 정계 등 각계와 활발하게 접촉했다. 거기에는 당연히 재일 한국·조선인 정치조직도 포함되어 있었다. 한국인인 그의 '일본을 무대로 한 정치공작'이라는 점에서는 북한과 조총련이 다른 한편에서 벌여온 일과 다를 바 없는 것이다.

북으로서도 남으로서도 이웃나라 일본은 그만큼 정치적으로 이용 가치가 있다. 그것은 때로는 본국의 정치 정세를 좌우한다. 그런지라 김대중 사건 후의 한국정부(박정희 정권)도 국내외에서의 정치적 타격을 회피 또는 축소시키느라 대일 공작을 전개했다. 한국으로서는 그 '성과'가 정치 결착이다.

또 하나의 테러사건도 있었다. 김대중 납치사건의 이듬해인 1974년, 재일 한국인 청년 '문세광(文世光)'에 의한 한국 대통령 저격사건이 발생하여 대통령 부인이 그 유탄을 맞아 타계했다. '문세광 사건'으로 일컬어진 대한(對韓) 테러사건이다. 여기에는 기본적으로 일본이 관계한 것이 아니었지만, 그걸로 끝나지 않았다.

사건은 오사카 거주 문세광 청년이 일본 경찰(간이 파출소)에서 훔친 권총을 지니고 서울로 건너가, 8월 15일의 '광복절 기념식전' 행사장에

VIP로 위장하여 입장한 뒤 저격에 이르렀던 것이다.

그는 한국 국적이었으나 조총련의 영향을 받아 범행을 저질렀다. 일본 정부 당국자는 "사건과 일본은 관계가 없다"고 발언했다. 그런데 이 발언으로 한국에서는 반일 운동이 불을 뿜었다. 한일 관계는 극도로 악화되었고, 흥분한 한국 미디어에는 국교 단절론까지 등장했다.

한국 측 주장은 "사건의 원인은 평소 일본에서의 조총련 단속이 충분하지 않았던 데 있으며, 일본 경찰의 권총이 범행에 사용되었으니까 일본에도 책임이 있다"는 다소 억지스러운 것이었다. 하지만 국민들에게 인기가 높던 대통령 부인이 희생됨으로써 여론의 분노가 들끓었다. 이 때의 반일은 일본대사관으로 데모대가 난입하여 일본 국기를 끌어내리는 등, 한국에서의 전후(戰後) 반일 역사에서 현재까지 최악의 사태로 기록되어 있다.

게다가 이 같은 반일 자세의 배경에는 그 전 해의 김대중 납치사건에서 고조되었던 일본에서의 한국 비난에 대항하는 정부 주도의 대일 견제, 즉 '앙갚음'의 의미도 없지 않았다.

그러나 이 사건에서도 일본은 크게 당혹스러운 처지가 되었지만, 그 근본 원인은 한반도에서의 남북 대립 또는 남남(南南) 대립이라는 정치적 사정이 있었다.

그건 그렇더라도 한국에 의한 김대중 납치사건이건 북한에 의한 일본인 납치사건이건, 그들은 어째서 일본에서 그리 손쉽게(?) 사람 사냥과 같은 정치적 사건을 일으키는 것일까?

이 같은 사건에서 공통적인 점은 한국(조선) 사이드에 "일본에 대한 국경 의식이 아주 희박하다"고 하는 것이리라.

KAL기 사건에서 김현희는 스스럼없이 일본인 행세를 했다. 김대중 사건의 김대중은 국내 정치를 스스럼없이 일본으로 끌어왔다. 한국정부(정보기관)는 그를 스스럼없이 붙잡아 일본 항구에서 태연히 본국으로 연행했다. '문세광 사건'의 재일 한국인 청년은 일본과의 국경을 넘어 한국으로 가서, 가당찮은 테러를 저질렀다. 북한의 일본인 납치사건에서 공작원들은 스스럼없이 일본에 상륙하여, 일본 해안에서 일본인을 멋대로 붙잡아갔다.

대담무쌍, 방약무인(傍若無人)…. 흡사 일본을 외국으로 여기지 않는 국경 무시였다. 왜 이렇게 되었을까?

일본이 과거에 한반도를 지배함으로써 그들과의 사이에 국경이 없어지고, 그들을 일본 국민으로 만든 역사의 후유증일까. 그렇다면 그것은 과거 지배의 '빚'인 셈이고, 일본으로서도 소위 자업자득이라고 할 수 있겠다.

그렇게 생각할라치면, 이는 최근 유럽으로 이슬람 세계와 아프리카 지역에서 난민이 쏟아져 치안 악화와 테러가 빈번히 발생하는 현상과 어딘가 겹치는 것처럼 여겨진다. 너무 극단적인 비교일지 모르나, 그 난민들에게는 물론 생존을 위해서라는 절박한 상황이 있긴 하지만, 그들 역시 옛 식민지 지배국이었던 유럽에 대한 국경 의식이 어딘가 희박해 보인다.

단지 한반도 사람들의 경우 예나 지금이나 국경 바깥으로의 이주, 유출, 유랑이 잦다. 요즈음 식으로 표현하자면 해외로의 이민과 도피, 불법 체류가 많다고 할까. 그런데 일본인으로서는 손쉽게 나라를 뛰쳐나가는 그들에게 '생활력이 강하다'는 인상과 더불어 '국경을 쉽사리 넘는 사람들'이라는 이미지가 진하다. 그 결과 그들은 우리 '섬나라 인간'과 달리 대륙계의 '반도(半島) 인간'으로서, 원래부터 국경 의식이 약할지 모른다는 짐작을 하곤 한다.

내가 굳이 쓴 '과거 지배의 빚'이라는 당돌한 표현에는 이론(異論)이 나올 수 있다. 다만 일본으로서 한국과 조선, 한반도와의 관계에서는 역사적으로 그런 면이 있을 수 있지 않을까 하는 이야기다. 혹은 일본의 이웃나라에는 그런 나라, 그런 사람이 존재한다는 것이다. 그런 점을 감안한 다음의 이웃나라 이해이고, 이웃나라와의 교류, 이웃나라에의 대응책이 아니면 안 된다는 이야기다.

한반도의 정치적, 사회적 갈등과 혼란이 때로는 일본을 낭패스럽게 하거나 피해를 끼친 것은 고대로부터 되풀이되어 왔다. 이것은 이른바 지정학적인 숙명일지 모른다. 숙명이라면 거기로부터 달아나기가 어렵다. 별수 없이 과거의 경험을 교훈으로 삼아 지혜를 짜내어, 낭패와 피해가 줄어들도록 숙명을 잘 '관리'하는 길밖에 없다.

15

김일성을 이긴 박정희

:

일본이 한반도에 남긴 유산

한국과 일본은 왜 오래 국교 회복을 하지 못했나?

일본과 한국과의 전후의 새로운 관계는 1965년 한일 국교정상화로 스타트되었다. 일본이 패전하여 한반도에서 철수한 이래, 꼭 20년이 지나 있었다. 이 공백 기간을 길다고 봐야 할까, 짧다고 해야 할까. 지금 돌이켜 보면 의외로 길었다는 생각이 든다. 국교정상화에 어째서 그리 시간이 걸렸을까? 우선 그 의미부터 적어본다.

1965년은 내가 대학을 졸업하고 신문기자가 된 이듬해이다. 이미 썼듯이 그해 초년병 기자로 첫 임지인 히로시마에 부임했다. 따라서 기자로서는 이 문제와 전혀 관련이 없다. 단지 학생 시절에 다소의 관심은 있었다. 수중에 있는 학생 시절 앨범을 보니, 캠퍼스의 학생들 주최 강연회에서 '일한(日韓) 국교정상화 반대'라는 슬로건이 강단에 걸린 사진이 있다.

1960년에 입학했으니까 나는 소위 '안보 세대'이다. 입학과 동시에 좌도 우도 모르면서 안보 반대투쟁 데모에 끌려 나가 좌(좌익)로 기울어져 버렸다.

'안보 반대 투쟁'이란 미일 안전보장 조약 개정, 즉 새로운 안보 조약에 대한 반대이며, 단적으로 말하자면 미일 동맹 강화 반대라는 좌익과 야당 진영의 정치운동이었다. 당시는 한창 동서 냉전이 펼쳐지고 있었으므로 반대운동은 중국과 소련, 혹은 북한 등 반미 공산세력에 동조하는 것이었다. 따라서 미국이 강하게 밀던 한일 국교정상화에 대해서도 좌익, 야당 진영은 '미 제국주의 비판'의 일환으로 당연히 반대했다.

한일 국교정상화에 대해 일본 국내의 야당이나 좌익 세력들은, 그것이 북한과 적대적인 한국(그들은 오로지 남조선이라고 불렀지만)을 일방적으로 편드는 것이라서 괘씸하다고 비난했다. 여기에는 6·25전쟁 항목에서 자세히 쓴 것처럼, 당시의 북한 예찬 무드도 관련이 있다. 좌익적이었던 나 역시 비슷한 시각에서 한일 국교정상화 문제를 멀찍이 떨어져 바라볼 뿐이었다.

정부와 자민당 및 보수파는 안보적 관점에서 당연히 지지, 찬성했다. 그러나 앞서 말한 것처럼 당시는 이른바 전후적 분위기 아래에서 한국의 존재감은 약했다. 더구나 일반 여론의 한국에 대한 평가는 부정적이었고, 국교정상화 문제에도 그다지 관심이 높지 않았던 것으로 여겨진다. 내가 적극적인 관심을 지니게 되는 것은 훨씬 나중의 일이고, 하물며 그에 대한 긍정적인 평가는 당시의 내 머리 속에는 전혀 없었다.

이야기는 어째서 한일 국교정상화가 늦어졌는가로 돌아간다. 여기에 대해서는 그동안 그저 '정상화 교섭이 난항했기 때문'이라는 한마디로 넘어갔던 것 같다. 하지만 아무래도 그게 아니라, 일본과 당장 국교정상화를 할 수 없었던 사정이 한국 쪽에 있었던 것이다. 그러면 이번에는 '한국의 반일 감정이 드세었으니까'라는, 언뜻 생각하기에는 알기 쉬운 설명이 뒤따른다. 그러나 실제로는 아무래도 그리 간단하지 않았다.

한국과 일본은 왜 오랫동안 국교를 정상화하지 못했을까? 어째서 그리

오래토록 관계가 끊어져 있었을까?

가설(假說)에 속하지만 결론부터 먼저 말하자면, 그것은 한국의 반일 감정이 드세었던 탓이 아니다. 도리어 그 반대여서 해방 직후의 한국에는 반일 감정이 없었다(아니면 약했다). 그래서 일찌감치 국교정상화를 하지 못했던 게 아닐까. 한국은 국교정상화에 앞서 국민들에게 반일 감정을 단단히 심어줄 필요가 있었고, 그로 인해 시간이 걸렸던 게 아닐까?

이런 패러독스(逆說)는 전후 한일 관계의 원점과 같다. 그러므로 확실히 해두었으면 한다.

제2차 세계대전 후의 세계에서 독립을 이룬 옛 식민지 국가와 옛 종주국과의 관계 정상화에 이토록 시간이 걸린 경우는 없었던 것으로 안다. 한국과 일본은 전쟁을 하지는 않았으나, 전승국과 패전국과의 관계 정상화에 있어서도 마찬가지다. 패전국이었던 일본은 전승국인 연합국과는 훨씬 빨리 강화조약(1952년 발효)으로 국교를 회복했다. 여기에 가담하지 않았던 소련과의 국교정상화도 1956년에 한국보다 먼저 맺었다.

그런데 한국은 일본과 전쟁을 벌인 전승 연합국이 아니었고, 아시아의 다른 옛 식민지 국가처럼 지배국인 일본과 독립전쟁을 벌여 독립한 나라도 아니었다. 실제로는 오히려 일본의 일부로서 연합국과 싸웠다. 그 결과 많은 사람들은 일본의 패전으로 별안간 닥친 '해방'에 당혹했고, 독립했다는 실감이 나지 않았다.

이미 소개한 것처럼 한반도에서는 많은 젊은이들이 전쟁 중 일본의 승리 뉴스에 열광하고, 지원병 응모에는 줄을 지어 늘어설 만큼 일본인화되어 있었다.

일본 통치시대 35년 동안 자라난 세대, 해방 당시 나이로 35세 아래가 그랬다. 일본 통치시대에 일본식 교육을 받은 세대로는 40세 이하가 거기에 해당한다. 그들은 해방 후의 새로운 한국을 짊어질 새로운 중심 세대가 되어야 했다. 그런데 난감하게도 그들 대다수가 일본인화 되어 있었다.

그 결과 1945년의 해방과 독립은 그들에게 "우리는 일본인인가 한국인인가?" 하는 절실한 문제를 안겨주었다. 소위 아이덴티티의 동요였다.

"예, 당신은 오늘부터 한국인입니다"고 대답해주어도 쉬 실감하지 못했다. 신생 한국으로서 최대의 과제는 이제까지 일본인이 되어 가던 한국인을 다시금 진짜 한국인으로 되돌리는 일이었다.

일본 국내의 패전 직후 풍경의 하나로, 과거 군국주의 교육을 부정하기 위해 학교에서 먹으로 칠하여 지운 교과서를 사용했다는 기록이 남아 있다. 그러나 한국의 경우는 그 정도가 아니었다. 우선 한국어 교과서가 없었다. 언어는 물론 교육 내용도 일본인으로서가 아니라 한국인으로 키우는 내용으로 바꾸지 않으면 안 되었다. 이것은 상상하는 것만으로도 엄청난 일이다.

"우리는 일본인이 아닌 한국인이다"는 것을 가르치고, 일본인에서 벗어나 한국인으로 돌아가도록 만드는 가장 효과적인 방법은 과거의 일본, 즉 일본에 의한 통치시대를 철저하게 부정하는 것이었다. 일본이 얼마나 나쁜 존재이고, 얼마나 많은 나쁜 일을 저질렀으며, 얼마나 한국인을 괴롭혔는가를 철두철미하게 가르침으로써 한시 바삐 한국인으로 되돌아가도록 만들어야했다.

그렇게 하려면 과거에 일본이 지배한 역사는 잔혹하면 잔혹할수록 좋았다.

따라서 과거는 실제 이상으로 지나치게 어둡고 부정적으로 가르쳤다. "한국인의 반일 감정은 해방 후에 형성되었다"고 종종 말하는 까닭이 여기에 있다. 한국으로서는 새로운 한국인을 만들기 위해 그렇게 할 수밖에 없었던 것이다. 우리들 일본인으로서는 불쾌하고 불만이 있지만, 그 '안타까운 사정'은 충분히 이해가 간다.

한일 간의 국교정상화 교섭 자체는 일찌감치 시작되었다. 국교정상화를 향한 제1회 한일회담은 1952년 2월에 열렸다. 타결이 1965년 6월이니까 13년이나 걸린 셈이다. 이리 오래 걸린 이유의 하나로는 6·25전쟁이라는 한국의 혼란도 있다. 하지만 앞서 지적한 대로 그 최대의 이유는 '갑작스러운 해방'이 안겨준 한국의 국내 사정이었다.

한국인을 진짜 한국인으로 다시 바꾸기 위해 철저한 일본 부정, 일본 비난을 문자 그대로 '세뇌(洗腦) 작업'처럼 펼치는 마당에 숙적 일본과의 국교정상화, 관계 개선 따위는 할 수 없는 게 당연했으리라.

다시 말해 일본과의 관계 개선이나 새로운 교류가 시작되더라도, 다시금 일본인으로 돌아가 버리지 않을 '장치'를 한국 사회에 만들어 두는 것이 선결이었던 셈이다.

"좋은 일도 했다"는 것은
절대로 인정하지 않는다

국교정상화 교섭의 역사 중에서 가장 길게 교섭이 중단된 때가 있었다. 제3회 회담의 1953년부터 5년 동안이 그랬다. 그 이유는 제3회 회담에서의 이른바 '구보타(久保田) 망언'에 한국이 드세게 반발한 결과였다. 한국은 무엇 때문에 화가 났던가?

교섭의 커다란 쟁점은 소위 재산 청구권 문제였다. 일본의 통치가 끝난 뒤, 서로가 상대에게 남긴 재산을 어떤 식으로 청산할 것인가 하는 문제였다. 한국 측은 이 문제를 일본 지배에 대한 피해 보상적인 것으로 규정, 일본으로부터 일방적으로 받아야 한다는 입장을 주장함으로써 교섭은 난항했다.

이 과정에서 일본 측의 구보타 간이치로(貫一郎) 수석대표가 이렇게 말했다(高崎宗司 지음 〈검증 한일회담〉 岩波新書, 同 〈'망언'의 원형〉 木犀社).

"일본으로서도 조선의 철도와 항구를 만들거나 농지를 조성하거나 하여 (생략) 많은 해에는 2000만 엔이나 지출했다."

"(일본의 지출은) 일본을 위한 것뿐이 아니다. 조선의 경제에도 도움이 되었을 게 분명하다."

"(일본이 오지 않았더라면 우리가 좀 더 잘 되었으리라고 말하나) 잘 되었을지도 모르지만 잘못되었을 수도 있다. 개인적 의견으로 말하는데, 당시 일본이 가지 않았더라면 중국이, 러시아가 들어왔을지 모른다."

"귀국(貴國) 측에서 일본의 한국 통치의 마이너스 면만 말하니까 플러스 면도 있었다는 것을 말해두고자 한다."

일본의 한반도 지배와 통치와 연관된 핵심적인 쟁점인 소위 "일본은 좋은 일'도' 했다"를 둘러싼 대립이었다. 일본 측의 바로 이 '도'가 들어간 역사관은 이제 와서 일본에서는 일반적이다. 하지만 한국에서는 최근 경제와 문화, 사회사 등 각론적으로는 변화의 조짐이 있지만, 아직 총론적으로는 인정하지 않는다. 과거의 통치에 대한 전체 부정이 최대의 국책으로 강력하게 추진되었던 당시는 더욱 그랬다.

그 결과 한국 측에서는 "과거의 군국주의와 제국주의를 정당화하려고 한다"고 일본 비난이 분출했다. '구보타 망언'을 철회할 것을 요구했으나, 일본 측이 철회하지 않았기 때문에 교섭은 결렬되고 말았다(나중에 교섭을 재개하면서 철회).

구보타 수석대표는 일본 국회에서의 답변에서도 "총독부 정치의 나쁜 점이 있었음을 인정하면서도, 좋은 점도 있었다는 것은 일본으로서는 도저히 취소할 수 없는 일이라고 생각합니다"고 말하고 있다.

여기서 인용한 문헌의 저자인 다카사키 소지(高崎宗司) 씨는 소위 진보파의 전형적인 속죄사관 학자이다. 그래도 '구보타 망언'을 둘러싼 당시의 일본 여론에 관해서는 "일본인의 대부분이 구보타 발언을 '당연한 것을 당연하게 말한 것에 지나지 않는다'고 생각했다"(〈검증 한일회담〉에서)고 적어 놓았다.

'구보타 발언'은 1953년이니까 해방된 지 8년이 지날 무렵이다. 앞서 지적한 '한국 측 사정'으로 돌아가면, 6·25전쟁이라는 새로운 사정이 있기는 했으나 아직 한국인들로부터 '일본'이 충분히 빠져나가지 않았으리라. 일본 부정으로 새로운 한국인을 만드는 데 매달린 한국으로서는 "일본이 좋은 일도 했다"는 논리에 잠자코 있다가는 도로아미타불이 되고 만다.

그래서 한국은 거듭해온 '과거 완전 부정'의 일환으로 '구보타 망언'에 매달려 대대적인 비난을 퍼부으며 장기 교섭 중단이라는 강경책으로 나섰던 것이다. 그렇게 함으로써 한국인으로부터 '일본'이 더 빠져나가 한국인화가 한층 더 이루어지게 된다고 계산했던 것이다.

또 한 가지, 이 시기의 6·25전쟁이라는 요소도 따져볼 필요가 있을 듯하다.

이 전쟁은 남북의 내전이었다. 국토를 전화(戰禍)가 덮쳐 생활 터전이 초토화되고 마는 새로운 고난을 사람들에게 안겨주었다. 국토는 황폐해지고, 사람들은 전화에 쫓기고, 동족이 서로 으르렁거리며 대량의 살상자를 낸 참상은, 불과 5년 전까지의 일본 통치시대에도 없었던 일이다.

그냥 이대로 두면 "일제시대가 좋았다"는 말이 나올 판국이었다. 아니, 전화 속에서 사람들의 실감으로서는 그랬으리라.

실제로 북한에서는 그런 일이 일어났다. 공산주의화로 북한에서 쫓겨나 남으로 피난 온 사람들의 대다수는 그런 생각을 품었다. 그리고 그 다음, 최근의 기아와 생활고에 의한 탈북 난민들도 "일제시대가 좋았다는 소리를 자주 들었다"고 말한다.

이것은 타이완과 닮은 현상이다. "일본보다 나중에 온 것이 훨씬 나쁜 무리들"이었던 탓으로 일본시대의 평가가 도리어 높아졌다는 이야기다.

그러니 오히려 평온하고 안정되었던 기억 속의 일본 통치시대, 그 시대의 나쁘지 않았던 '과거'를 떠올리지 않도록 국내적으로는 한층 더 일본 부정, 일본 비판이 필요해진다. 한국으로서는 역시 그 같은 국내 사정으로 인해 일본과의 국교정상화에 나설 상황이 아니었던 것이다.

한편 국교정상화가 오래 실현되지 않았던 이유로서 "한국의 초대 이승만 대통령이 반일이었으니까"라는 소리를 종종 듣는다. 이건 알기 쉽다. 또한 틀린 말도 아니다.

그는 일본 통치시대에는 항일 독립운동가였고, 망명 정권인 이른바 '대한민국 상해 임시정부'의 간부에 오르기도 했다. 일본 패전 당시에는 미국에 체류하고 있었다. 영어가 능통하기도 하여 미국의 강력한 지원으로 초대 대통령이 되었다.

따라서 일본을 몹시 싫어한 것이 정설이었다. 그가 반일의 대일 강경파였음은 분명하지만, 그래서 일본과의 국교정상화를 기피했던 것은 아니다.

그 같은 감정보다 역시 신생 한국의 나라 만들기에 있어서 우선 필요한 것이 있었다. 그게 '일본'으로부터 벗어난 한국인 만들기였다. 그러나 그러려면 시간이 걸린다. 도중에 국교정상화라고 해서 반일이 느슨해져서는 낭패다.

국교정상화에 반대한
'신(新) 한국인'들

국교정상화 교섭은 그 후 미국의 중재 등으로 1958년에 재개되었다. 미국으로서는 북한이라는 아시아에서의 공산주의 위협에 대항하기 위해서는 한일 국교정상화와 일본에 의한 한국 지원이 어떻게 해서든 필요했다. 한·미·일에 의한 '반공 방파제'의 구축이다.

그 결과 국교정상화는 1965년에 간신히 실현되었다. 그리고 그 배경에는 한국에서의 정권 교체가 있었다.

독립운동가 출신으로 반일적인 이승만 정권은 1960년, 부정선거 의혹이 계기가 된 반정부운동(4·19 학생혁명)으로 무너졌다. 이승만은 예전에 머물렀던 하와이로 망명했다.

그 뒤 의원내각제로의 개헌으로 장면(張勉) 총리가 정권을 잡았으나 지도력 부족으로 좌익(친북) 세력이 활성화되어 정치 혼란에 빠졌다. 이로써 북한과 대치하는 군부에 체제상의 위기감이 높아져 한 해 뒤인 1961년 5월, 박정희 장군에 의한 쿠데타가 일어나 군사정권이 탄생했다.

한일 국교정상화는 이 박정희 정권의 손에 의해 실현되었다. 중국과 소련의 지원을 받는 공산주의 북한에 대항하려면 '경제발전이 절실'하다고 하여 일본과의 국교정상화를 결단했던 것이다. 경제발전을 위한 자금과 기술을 일본으로부터 빨리 도입하려는 것이 목적이었다. 당시 한국은 세계 최빈국(最貧國) 가운데 하나였다.

박정희는 옛 일본군(정확하게는 옛 만주군) 출신으로, 한국에서는 '친일파'로 여겨져 왔다. 그러나 이 또한 친일파였기에 국교정상화에 나선 것은 아니었다.

그는 일본 통치시대에 한국 내의 사범학교와 일본 육군사관학교에서 배웠다. 사범학교와 사관학교는 일본 근대화 교육의 심벌과 같은 곳이다. 그 경험자인 그는 당연히 일본에 친근감을 가졌고, 일본적인 사고방식의 소유자였다.

그렇지만 해방 후 한국 사회가 20년에 걸친 반일 교육을 받은 다음, 일본과의 국교정상화 결단은 간단하지 않았다. 따라서 그 동기는 '일본'이 아니라 어디까지나 '경제'라는 실리(實利)에 있었다. 그의 결단이 정확했음은 그 후 한국의 발전이 증명해준다.

하지만 그래도 박정희는 일본과의 국교정상화에 즈음하여 격렬한 저항에 부딪친다. "돈으로 민족적 자존심을 파는가?" "굴욕 외교는 반대다!" 등을 외치는 학생운동이 분출하여 정권을 뒤흔들었다.

박정희는 그것을 계엄령으로 봉쇄하고 국교정상화를 이루었다. 그런데 일본과의 국교정상화 반대의 선두에 선 학생들이야말로 해방 후 20년 동안 철저한 반일 교육을 받아 새롭게 다시 태어난 '신(新) 한국인'들이었다.

그들은 일본 통치시대의 경험이 거의 없었다. 말하자면 해방 후의 반일 교육으로 순수 배양된 '한국인다운 한국인'이었다. 그들은 박정희가 계엄령으로 억누르지 않을 수 없었을 지경으로 반일이었다. 그러니 나라를 쫓겨난 이승만이 좀 더 편안히 잠들지 않을까.

덧붙이자면 그는 한일 국교정상화가 실현된 바로 그해에 망명했던 하와이에서 타계했다. 지금 깨달은 것이나 이런 일치는 참 흥미진진하다.

살짝 비틀어 쓴다면, 그리고 한국의 입장에서 말하자면, 해방 후의 젊은 세대가 격렬한 반일로 저항하도록 키워졌으니까 국교정상화가 실현된 것인지도 모를 일이다. 그런 의미에서는 이승만이었더라도 이 시기에는 안심(?)하고 일본과 국교정상화를 이뤄낼 수 있었으리라.

국교정상화에 따른 일본과의 새로운 협력관계 설정은 일본으로부터의 경제 지원뿐만이 아니다. 국제사회에서 한국의 국가 신용도를 높이는 효과를 가져왔고, 이런 것들이 상호작용하여 1970년대 이후의 고도 경제성장으로 이어졌다. '북의 위협'에 시달려온 한국이 경제력(국력)으로 북한에 앞선 것은 1970년대에 들어와서다.

18년에 걸친 박정희 정권 시대에 굳이 일본적인 것을 찾자면, 가령 정권의 업적으로 내외에서의 평가가 정착된 '새마을운동'이 그렇다. 그 뿌리가 일본이라는 것이 내외 연구자들의 연구 결과이다.

이것은 농촌진흥 운동인데, 당시 어둡고 가난하며 침체되어 의욕을 잃고 있던 최빈국의 농촌을 공동작업 등을 통해 소득을 끌어올리고, 사람들에게 의욕을 불어넣어 밝고 살기 좋은 농촌으로 바꾸는 것이었다. 그 뿌리는 일본 통치 아래 우카키 가즈시게(宇垣一成) 총독 시절이었던 1930년대에 '근면, 자립, 자조, 협동, 애국'을 표어로 하여 전개한 농촌진흥 운동이 힌트가 되었다고 한다(최길성 히로시마대학 명예교수, 下條正男 다쿠쇼쿠대학 교수 등).

군인이 되기 전의 박정희는 청년 시절에 고향 농촌에서 소학교 선생을 하고 있을 때, 이 운동을 경험했다. '새마을운동'의 표어인 '자조, 자립, 협동'은 일본 통치시대의 농촌진흥 운동에서 따온 것이리라.

경제발전을 실현한 박정희 시대를 상징하는 국민적 구호였던 '하면 된다'는 일본어 '나세바 나루'를 고스란히 옮긴 것이다.

또 하나, 이것은 당시 경제 우선을 위한 정권 비판 금지 등 정치적 자유를 제한함으로써 야당 세력으로부터 엄청난 비판을 받았으나, 그 정치적 강권체제를 '유신체제' '유신헌법' 등으로 칭한 것도 마찬가지다. 그때까지 한국에는 그런 용어가 없었다. 분명히 '메이지유신'의 '유신'을 차용한 것이었다.

한국에
감사하자?

그런데 국교정상화 반대의 학생데모에서 분출한 반일 감정은 그 뒤로
도 박정희 정권 반대의 반정부 운동에서 유효한 민족적 애국 포퓰리즘(대
중영합)으로 계속 작용했다. 다음은 여담적(餘談的)인 이야기인데, 훨씬
세월이 흘러 반세기 이상 지난 다음, 박정희의 딸 박근혜(朴槿惠) 대통령
시대가 되어서도 이것이 '박근혜 끌어내리기'에 이용되었다. 가설적으로
말하자면 탄핵, 파면을 당한 그녀는 이른바 '아버지의 대역(代役)'으로 구
속되었다고도 할 수 있다.

단지 아버지 박정희는 '친일파'라는 민족적 배신을 의미하는 과거(트라
우마)를 짊어지고도, 오로지 '경제발전' '풍족한 삶'이라는 실리를 우선하
여 그것을 실현시켰다. 그리고 그 성과에 의해 '북의 위협'을 물리침으로서
트라우마를 이겨냈다.

박정희는 일본 통치가 한국에 남긴 커다란 '유산'이었다. 이 유산은 한
국의 민족주의에서 보자면 본래는 부(負)의 유산이었다. 하지만 박정희는

한일 국교정상화라는 결단을 내린 것을 비롯, 그 지도력으로 한국을 잘 살게 발전시킴으로서 그것을 플러스로 뒤집었다.

옛 일본군(육사 출신)의 경력 탓에 해방 후 민족적 배신을 뜻하는 '친일파'의 낙인이 찍힌 박정희는, 한국을 번영시킴으로서 거꾸로 애국자로 되살아난 것이다. 일본으로서는 이것이 일본 통치시대와 결부지어 '도'가 들어가는 역사관에 구애받지 않아도 충분히 납득할 수 있는 일이다.

그래서 나는 이제까지 한일 국교정상화 30주년이나 50주년을 맞을 때면, 신문 사설 등에서 '한국에 감사하자'고 썼다. 그러자 독자로부터 "그건 이상하다. 일본이 감사할 일은 아니다. 감사해야 할 쪽은 한국이 아닌가?" 하고 야단을 맞았다.

그러나 이런 비판은 오해라고 할까, 오독(誤讀)이다. 이미 썼듯이 박정희를 포함하여 한국은 일본의 '유산'을 살리고 활용하여, 그리고 새로운 일본과의 협력관계 속에서 나라를 발전시키고 국민의 삶을 풍족하게 만들었다. 해방 후의 한국에서도 '일본'이 그런 역할을 할 수 있었던 것은 일본으로서도 기쁜 이야기가 아닌가, 하는 뜻인 것이다.

다만 이 '일본의 감사'는 한국에서는 아직 받아들여주지 않는다. 일본의 플러스 유산은 공공연하게 인정하고 싶지 않기 때문이다. 마이너스에서 플러스로 바뀐 '일본의 유산'인 박정희에 대해서도, 한국에서는 아직 솔직하게 평가하지 않는다. 그러므로 그것은 곡절된 감정으로 바뀌어 딸 박근혜에 대한 부정으로 뒤집어 씌워진 것이다.

일본의 한반도 지배가 남긴 유산이라는 점을 생각할 때, 다른 한쪽인 북한에 관해서도 집히는 바가 있다. 박정희에 대비되는 김일성이다. 의외로 여길지 모르나 김일성에게도 '일본'의 그림자가 짙었다. 어떤 의미에서는 김일성 역시 '일본'으로 살고, '일본'으로 죽었던 것이다.

결론부터 먼저 말하자면, 일본은 해방 후 한반도의 남과 북에 박정희와 김일성이라는 '유산'을 남겼다. 그런데 박정희는 '일본'을 받아들여 활용함으로써 나라 만들기에 성공했다. 여기에 비해 김일성은 '일본'을 거부함으로써 실패했다. 이것이 현재의 한국과 북한의 '격차'가 되었다는 이야기이기도 하다.

'기아(飢餓)의 북과 포식(飽食)의 남'이라는 국민들 삶의 현실에서도 분명한 것처럼, 국가 경영에 성공한 남의 박정희에 견주어 북의 김일성은 왜 국가 경영에 실패했는가. 그것은 '일본'과의 관계 설정에서 차이가 났기 때문이다.

무엇보다 김일성의 인생은 반일이었다.

항일 영웅 전설이
북의 권력을 지탱했다

김일성은 해방 전의 소년 시절에 가족과 더불어 일본 지배 하의 만주로
건너갔다. 중국인 학교에 다녔고, 중학생 무렵부터 공산주의 운동에 가담
했다. 청년 시절에는 중국 공산당의 항일 무장 조직 멤버가 되어 만주를
무대로 항일 투쟁을 전개했다. 그러나 일본 관헌에 의한 토벌에 쫓겨 소련
으로 달아났고, 1945년 일본 패전 당시에는 소련의 하바로프스크 근처에
있었다.

거의 비슷한 무렵 남쪽의 박정희는 만주군관학교를 나와 만주국군 장
교가 되었다. 기이하게도 만주를 무대로 두 사람은 소위 '적(敵)과 우리
편'으로 나뉘었다.

김일성은 소련군의 대일(對日) 전쟁에 투입되는 국제부대에 가담하고 있
었다. 해방된 북한에는 소련군 군복 차림으로 소련군의 배를 타고 귀환했
다. 그리고 공산화를 추진하는 소련군의 추대를 받아 북한 최고 지도자
(인민위원회 위원장으로 나중에 수상)가 되었다. 33세 때였다.

이래서야 너무 젊다 못해 어리다. 그래서 그를 최고 지도자로 국민들을 납득시키기 위해 가장 효과적으로 써먹은 것이 일본 통치시대에 만주에서 일본 관헌과 싸웠다는 투쟁 경력이었다. '항일 독립운동의 영웅'으로서 그 경력은 과대 포장되어 퍼져나갔다.

김일성의 본명은 '김성주(金成柱)'다. 이밖에도 '김일성(金一星)'이라는 항일 활동가가 있었다. 그로 인해 진주 소련군이 그를 북한 군중들 앞에서 처음 소개하면서 "이 사람이 최고 지도자인 김일성입니다!"고 하자, 군중들 사이에서 탄성과 함께 고개를 갸웃거리는 사람도 많았고, 개중에는 '가짜다!' 하는 소리까지 들렸다고 한다. 너무 젊었기 때문이다.

나는 이 이야기를 〈산케이신문〉 서울지국에서 오래 기자로 일한 김영희 (金永熙) 씨로부터 들었다. 그는 해방 당시에는 평양중학 학생으로, 김일성이 처음 등장한 평양에서의 군중대회 현장에 있었던 것이다.

한국에서도 '김일성 가짜설'이 오래 이어졌고, 〈4명의 김일성〉(이명영 지음)이라는 연구서적까지 있다. 그야 어쨌든 김일성으로서는 이 '항일 독립 투쟁의 영웅' 전설이야말로 평생 권력을 유지하고 죽을 때까지 국민의 충성을 확보하는 수단이 되었다.

그것은 어떤 의미에서는 지금껏 이어지고 있다. 아들인 김정일, 손자인 김정은에 이르기까지 북한에서 권력 세습이 가능했던 것은 김일성이 "일본과 싸웠다"고 하는 '항일 영웅 전설' 덕분인 것이다. 북한에서는 '항일'이라는 민족주의의 혈통이야말로 최고 지도자의 권력 정통성을 보증한다. 그것이 국민의 충성심을 이끌어내고, 국가와 체제를 유지하는 비밀카드가 되어 있다.

'항일'도 '반일'도 일본이 있어야 성립된다. 김일성, 즉 북한도 결국 일본을 계속 의식함으로써 탄생했고, 그런 가운데 '일본'이라는 존재가 유지된 셈이다.

'친일'과 '반일'이 낳은 역설

일본 지배로부터 해방된 전후의 한반도에서는 일본에 협력한 과거는 굴욕이 되고, 반항한 과거는 영광이 되었다. 따라서 한국에서는 지금도 여전히 '친일파'라는 말이 '민족적 배신자'라는 뜻으로 정치적, 사회적으로 인격 부정에 가까운 비난과 매도(罵倒)의 효과를 발휘한다.

한편 일본 통치시대에 파출소나 경찰서에 잡혀간 경력이 있으면, 그것이 불량소년이었건 좀도둑이었건 해방 후에는 '항일 영웅'이 되었다는 이야기를 한국의 고로(古老)로부터 쓴웃음과 함께 종종 들었다.

그 결과 일본 육군사관학교 졸업의 경력을 가진 박정희의 과거는 '굴욕의 과거'였고, 항일 투쟁을 한 김일성의 과거는 '영광의 과거'였다. 그러나 이미 쓴 것처럼 앞쪽은 그 굴욕을 국가 경영에 살려 성공했으나, 뒤쪽은 과거의 영광에 만족함으로써 새로운 발전을 이루지 못한 채 실패했다.

박정희는 '친일'이라는 '과거의 패자(敗者)'였기에 미래를 향하여 노력했다. 김일성은 '항일'이라는 '과거의 승자'로서 과거에 안주한 탓으로 미래를 향해서는 실패했던 것이다.

　김일성이 북한에 남긴 것은, 과거의 영광을 자화자찬하는 무수한 동상과 벽화, 그리고 시신을 안치한 거대한 궁전을 위시한 기념비적 건조물이 압도적이다. 그는 생전에도, 사후에도 '일본과의 과거'에 안주했다. 그것이 그의 생애였다고 해도 과언이 아니다.

　김일성은 일본과의 국교정상화는 하지 못했다. 아니, 하지 않았다. 김정일 시대를 포함하여 일본과의 관계 개선을 모색하기는 했다. 박정희 시대의 한국이 경제발전을 이룩한 것에 자극받아, 일본의 협력에 의한 경제 재건을 시도하고자 했던 것이다. 그렇지만 일본과의 굴욕의 과거를 짊어진 박정희는 장래를 생각하여 정상화를 결단했다. 이에 비해 김일성은 영광의 과거에 매여 살았고, 미래를 향한 절박감이나 절실함이 없었기에 정상화에 나서지 않았다.

　이것은 여담이지만, 김일성이 생각한 '일본'에 관해서는 이런 에피소드가 있다.

　그가 소련군의 후원으로 귀환하여 평양에서 최고 지도자로서 스타트했을 무렵, 김일성의 자택에서 가정부로 일본인 여성이 일하고 있었다는 기록이 있다(마이니치신문사 발간, 〈1억 인의 昭和史〉). 이것은 상상이지만, 권력자의 사적인 세계였던 만큼 필시 그 권력 상황과는 관계없는 존재인 패전 후의 일본인이, 자질구레한 일들을 도와주는 인간으로서 가장 안전하고 안심할 수 있다는 판단을 내렸기 때문이 아닐까.

　그 가정에는 어린이 시절의 김정일도 있었다. 따라서 그는 일본 여성의 보살핌을 받은 셈이 된다. 그 후 2대째 권력자가 된 김정일은 일본 태생의 재일 조선인 고영희(高英姬)를 아내로 맞았고, 그 사이에서 현재의 3대째 최고 지도자 김정은이 태어났다. 그래서 어쨌다는 말이냐고 하는 이야기가 아니다. '일본의 발자취'와 연관된, 어디까지나 에피소드이다('일본을 둘러싼 김일성과 박정희'에 관해서는 文春新書 〈결정판 아무리 해도 일본을 벗어나지 못하는 한국〉에 자세히 썼다.).

한국도 그렇지만, 북한으로서도 '일본'에는 두 가지 의미가 있었다. 일본 통치시대의 일본과 해방 후의 일본이다.

과거의 일본은 해방 후에는 양쪽 다 당연히 부정했다. 특히 북한에서는 공산주의화랄까, 소련화에 의해 그것이 보다 철저하게 행해졌다. 일본 또는 일본적인 것, 일본에 협력하거나 일본의 영향을 받은 사람과 제품과 제도 등 모든 것을 부정하고 추방했다. 그 바람에 많은 사람들이 '월남자(越南者)' '실향민'이 되어 한국으로 탈출했다.

물론 북한에서도 공장 등의 시설은 남겨졌다. 앞서 소개했듯이 일본인 기술자에게 잔류 지시가 내려지기도 했다. 그러나 대세(大勢)나 체제에는 아무 영향이 없었다.

한편 한국에서는 공산주의화로 '남하(南下) 위협'을 증가시키는 북한에 대항하느라 일본 시절 유산을 많이 남겨 활용했다. 신생 한국은 미국의 지배 아래 들어갔기 때문에 나라나 사회의 기본적인 형태가 혁명적으로 변화하지 않았다. 그래서 일단 공산주의에 대항하는 국가 경영에 있어서는 과거의 '일본'을 활용하여 참고로 삼을 수밖에 없었던 것이다.

그것은 행정조직에서 법 제도, 기업경영, 인재, 경험, 사고방식, 문화 등 여러 분야에 다 해당되었다. 따라서 앞서 말한 '일본 부정, 신한국인 만들기' 작업에도 불구하고 '일본'은 나름대로 남았다. 아니, 남겨진 셈이다. 이것은 반일이었던 이승만의 딜레마이기도 했다.

이런 사실은 나중에 한국 내에서는 좌익이나 반정부파에 의한 체제 비판의 재료가 되었다. 현재에 이르기까지 이른바 '친일파' 비판이 정치적, 사회적으로 영향력을 가진 배경이 되기도 했다.

하지만 해방 후의 한국이 북한의 침략을 받으면서도 자유주의 세계의 일원으로 그럭저럭 버티고, 특히 일본과의 국교정상화 이후 급속도로 발전할 수 있었던 것은 그 같은 일본의 유산이 효과를 발휘했기 때문이다.

결국 한국은 과거의 유산을 살리고, 거기에다 새로운 일본을 더함으로써 성공했다. 그런데 김일성의 북한은 과거의 일본을 완전히 부정하고, 버렸다. 그러면서 스스로의 '항일의 과거'에만 집착하고 안주하며, 나아가 새로운 일본도 계속 거부한 탓으로 국가경영에 실패하고, 국민을 굶주리게 만들었다. 해방 후로부터 현재에 이르기까지 한반도에서의 남북한 발전의 격차에는 이 '일본'이 크게 작용했다는 것이 내 주장이다.

일본의 지배가 끝나고 일본이 떠난 다음의 한반도는, 미국과 소련의 지배 아래 남북이 동족에 의한 전쟁을 경험했다. 그 후 남북 분단이 고정된 채 어느 쪽이 이기느냐 지느냐 하는 치열한 체제 경쟁을 전개했다. 이 경쟁은 시대적으로는 거의 같은 시기에 태어나, 만주에서 기구하다고 해야 할 대조적인 인생을 보낸 김일성과 박정희의 전쟁이기도 했다.

김일성보다 후배였던 박정희는 정권 내부의 정책을 에워싼 대립으로 측근에게 암살당하는 장렬한 죽음으로 62년 인생의 막을 내렸다. 여기에 비해 선배에 해당하는 김일성은 도리어 오래 살았다. 이쪽 역시 돌연사이긴 했으나, 휴양지 호화 별장에서 82세로 자연사(심장병)했다. 두 사람은 죽음도 실로 대조적이었다.

두 사람이 싸운 결과에 대해서는 이렇게 적을 수 있으리라 믿는다. 즉 되풀이되지만, 한반도에서의 남북 대결은 일본을 받아들인 '친일'이 이끌던 남한이 이겼고, 일본을 줄기차게 거부한 '반일'의 북한이 졌다고…. 일본 통치가 끝나고 일본인이 떠난 다음에도, 한반도에는 이처럼 '일본'이 줄곧 남아 있었던 것이다.

역사와 인간에 대한 따뜻한 視線

　구로다 가쓰히로 기자와는 30년 이상 알고 지내는 사이이다. 1980년대의 민주화 운동, 90년대의 민주화 진통, 21세기에 접어들어 본격화된 이념 갈등과 핵 위기를 같이 취재하면서 많은 이야기를 나눴다. 그는 일본의 우파적 시각을, 나는 한국의 우파적 시각을 가졌으므로 독도, 위안부 등 이른바 역사·영토문제에는 다를 수밖에 없었다. 그럼에도 그를 만나 편하게 이야기할 수 있었던 것은 사실을 중시(重視)하는 기자 사이였기 때문일 것이다. 논평은 자유지만 사실은 신성하다는 게 저널리즘의 입장인데, 이 덕분에 기자들은 국적을 넘어서서 동질감을 가질 때가 있다. 나는 스스로를 '보수적 자유주의자(Conservative liberalist)'라고 부르는데 구로다 기자도 비슷하게 보였다.

　우파는 국익을 생각하는 애국자일 수밖에 없으니 다른 나라와 친하게 지내기가 어렵지만 사실 관계에 대한 합의가 있으면 파괴적인 관계로 악화되진 않는다. 이 책에는 한국인이 동의할 수 없는 해석이나 사실이 있지만 일본의 대표적 지한파(知韓派) 인사가 어떻게 생각하는가를 알 필요가 있다. 독도, 위안부, 박정희(朴正熙)에 대한 기술(記述)은 다수 한국인의 생각과 다르지만 사람은, 특히 외국인은 다른 생각을 할 권리가 있다는 점 또한 자명(自明)하다.

이 책에는 한일(韓日) 관계사의 뒤안길에서 있었던 사람 이야기가 많은데 자연히 애잔하게 느껴지는 부분이 많다. 역사와 인간에 대한 필자의 따뜻한 생각이 흥미를 돋운다. 특히 북한정권, 조총련, 일본의 언론·다수 지식인들·정부가 합작한 약 10만 재일동포 북송에 대한 솔직한 비판이 이 책('이웃나라에의 발자취')을 번역·출판하기로 결심한 한 이유이기도 하다.

구로다 기자와 나는 두 가지 점에서 의견이 일치한다. 북한정권에 대한 분노, 한국 현대사의 성취에 대한 호감이 그것이다. 원수 사이였던 두 나라의 다수(多數)가 이 두 가지 점을 공유하고 있으므로 그래도 "날씨는 맑으나 파고(波高)는 높다"고 할 수 있지 않을까? 날씨가 계속 맑으면 波高는 언젠가 낮아질 것이다.

趙甲濟(조갑제닷컴 대표)

날씨는 맑으나 波高는 높다

최장수 서울특파원이 들여다 본 韓日 현대사의 뒤안길

지은이 | 구로다 가쓰히로
옮긴이 | 조양욱
펴낸이 | 趙甲濟
펴낸곳 | 조갑제닷컴
초판 1쇄 | 2017년 12월 15일

주소 | 서울 종로구 새문안로3길 36, 1423호
전화 | 02-722-9411~3
팩스 | 02-722-9414
이메일 | webmaster@chogabje.com
홈페이지 | chogabje.com

등록번호 | 2005년 12월2일(제300-2005-202호)
ISBN 979-11-85701-56-1 03910

값 20,000원

파손된 책은 교환해 드립니다.